AJAX

AJAX

Francisco Charte Ojeda

GUÍAS PRÁCTICAS

Responsable editorial:
Víctor Manuel Ruiz Calderón

Diseño de cubierta:
Narcís Fernández

Realización de cubierta:
Cecilia Poza Melero

© EDICIONES ANAYA MULTIMEDIA (GRUPO ANAYA, S.A.), 2007
Juan Ignacio Luca de Tena, 15. 28027 Madrid
Depósito legal: M-49.592-2006
ISBN: 978-84-415-2134-6
Printed in Spain
Impreso en Closas-Orcoyen, S.L.

Índice

Introducción

¿Cuál puede ser el objetivo de un libro con un título como *AJAX*? Seguramente su catalogación como libro de informática ya pueda darle una idea, porque este libro debería encontrarse en la sección de informática de su librería, no en la que está dedicada a la de grandes clubes de fútbol: Ajax de Amsterdam, `http://es.wikipedia.org/wiki/Ajax_Amsterdam`; ni empresas ficticias de dibujos animados: Ajax de Disney, `http://en.wikipedia.org/wiki/Ajax_(Mickey_Mouse)`, ni productos desengrasantes y de limpieza: Colgate Ajax, `http://www.colgate.com/app/Colgate/US/HC/Products/Dishwashing/Ajax.cvsp`. AJAX, todo en mayúsculas, hace referencia a una combinación de tecnologías que facilitan el diseño de aplicaciones Web con ciertas características avanzadas. El propósito de este libro es aportar los fundamentos necesarios sobre esas tecnologías como para que un usuario con conocimientos básicos sobre informática sea capaz de empezar a aprovechar AJAX.

AJAX es el acrónimo de *Asynchronous JavaScript and XML*, un nombre que no recoge en realidad todas las implicaciones que tiene AJAX pero que, al menos, permite hacer referencia a este conjunto de tecnologías con una denominación realmente corta. Es mucho más cómodo decir "estoy programando una aplicación AJAX" que "estoy programando una aplicación Web que utiliza el objeto `XMLHttpRequest` para comunicarse asíncronamente con un servidor de aplicaciones, transfiere los datos mediante XML y usa DOM y JavaScript para actualizar la interfaz". La primera frase, además, queda más elegante sin llegar a ser pedante, porque sus amigos difícilmente reconocerán que no saben qué es AJAX. ¿Quién no sabe qué es AJAX hoy en día?

En los últimos dos años, desde que el término apareciese por primera vez en febrero de 2005 en documentos de la empresa Adaptative Path, AJAX se ha convertido, junto con Web 2.0, en uno de los términos más usados en informática. No es nada nuevo, ya ocurrió en su día con XML, servicios Web, SOA y otros tantos vocablos que tuvieron sus cinco minutos de fama. En el caso de AJAX, aparte de la fama, hay que reconocer que también hay una buena idea tras el término, una idea que puede mejorar de manera considerable la Web si se utiliza adecuadamente.

¿Qué es AJAX y qué no es?

Seguramente es mucho más fácil comenzar enumerando qué no es AJAX, eliminando rápidamente los conceptos equivocados que se tienen sobre esta expresión. AJAX no es:

- Ni un nuevo lenguaje de programación.
- Ni una herramienta para diseñar aplicaciones Web.
- Ni una nueva tecnología para el desarrollo de aplicaciones distribuidas.
- Ni un componente de interfaz para páginas Web.
- Ni una nueva forma de comunicar un navegador con un servidor Web.
- Ni un sustituto de PHP, ASP, JSP o cualquier otra tecnología de páginas de servidor.
- Ni un software que pueda descargarse de algún sitio de Internet.
- Ni un equipo de fútbol, una empresa de dibujos animados o una marca de detergentes.

Sabemos que AJAX no es ninguna de estas cosas, ni muchas otras que harían la lista obviamente interminable, pero esto no nos permite saber qué es realmente. No resulta fácil definir AJAX de manera breve, pero resumiendo las ideas principales que hay tras AJAX una lista bastante completa podría ser la siguiente:

- Se utiliza cualquier cliente Web, cualquier navegador, para acceder a una página que en realidad es la interfaz de una aplicación.
- La lógica de la aplicación está escrita en JavaScript y se ejecuta en el cliente.

- Mediante un cierto objeto el cliente solicita datos concretos al servidor.
- Se utiliza habitualmente XML para transferir los datos entre cliente y servidor.
- Nunca se actualiza la página completa en el navegador, sino que se van modificando partes de la misma mediante DOM.
- La interfaz se compone con XHTML y CSS, estándares W3C.
- Los datos se representan con XML, estándar W3C.
- La interfaz se actualiza mediante una implementación EcmaScript, como el citado JavaScript, y DOM, ambos estándares W3C.
- El pilar de AJAX es el objeto `XMLHttpRequest`, futuro estándar W3C.

Si le ha llamado la atención la cantidad de veces que se repite "estándar W3C", entonces ha captado uno de los aspectos más importantes de AJAX: está basado en el uso de estándares bien establecidos, como XHTML, CSS, DOM o XML, y otros que están camino de serlo, como la especificación del objeto `XMLHttpRequest`. Este hecho permite implementar aplicaciones AJAX utilizando cualquier tipo de servidor Web o servidor de aplicaciones, sobre cualquier sistema operativo y con cualquier lenguaje, y accesibles desde cualquier navegador Web actual. Puede usar, en el lado servidor, Mac OS X con Apache y PHP, Linux con Apache y Perl, Windows con IIS y ASP, Solaris con Java y JSP o bien cualquier combinación de estos elementos. El cliente siempre recibirá, en el navegador, una interfaz compuesta con XHTML/CSS y código JavaScript preparado para comunicarse con el servidor.

AJAX, una definición más formal

La Web, una infraestructura creada a principio de la década de los noventa con el único objetivo de compartir documentos, es una red compuesta de recursos que, hasta no hace mucho, eran intrínsecamente estáticos. Estáticos como lo son las páginas de un libro, de un manual o de una revista. En contraposición, las aplicaciones de ordenador siempre han sido programas que se instalaban sobre un cierto sistema operativo y se ejecutaban sobre él nativamente, interactuando con el usuario. La información que éste obtiene de la aplicación depende de sus acciones, no es un contenido estático.

Llevar la funcionalidad de una aplicación a la Web, permitiendo acceder a ella desde un navegador y sin necesidad de instalar programa alguno en el ordenador del cliente, es un objetivo que lleva años evolucionando. Algunos de los hitos de esta evolución han sido:

- El uso de formularios Web para transferir información al servidor y de programas CGI en el servidor para tratar los datos recibidos de las páginas.
- La aparición de tecnologías de páginas de servidor, como PHP y ASP, especializadas en la generación de contenido dinámico para páginas Web.
- La posibilidad de crear con lenguaje Java *applets* que se ejecutan en el interior de una página Web.
- La creación por parte de Macromedia de Flash y el complemento que permite ejecutar aplicaciones en el interior de un navegador.

La transferencia de datos mediante formularios y generación de contenidos en el servidor, ya sea mediante programas CGI o páginas de servidor, conlleva una actualización de la página completa en cada solicitud, es decir, la transferencia de una gran cantidad de datos desde el servidor al cliente y el refresco, por parte del navegador, de todo el contenido que estaba mostrando hasta ese momento.

Mediante *applets* Java y programas Flash se obtiene una mayor interactividad, sin necesidad de comunicaciones continuas con el servidor y transferencias de páginas completas, pero a cambio requieren la instalación de complementos en el navegador y, además, no son opciones basadas en estándares aceptados como tales, aunque lo sean de hecho, aparte de tener algunos inconvenientes relacionados con la accesibilidad.

AJAX obtiene lo mejor de los dos mundos: es independiente del servidor, no hay que instalar complemento alguno en el cliente, está basado en estándares y no es necesario transferir ni actualizar páginas completas. Las interfaces que es posible crear, mediante XHTML y CSS, se comportan como elementos dinámicos que se comunican esporádicamente con el servidor para obtener porciones concretas de datos, no páginas completas.

Para llegar a la consecución de los fines citados, una aplicación AJAX debe transferirse al cliente en la primera solicitud que éste realice, ejecutándose a partir de ese momento en el interior del navegador y respondiendo a los eventos de la interfaz: botones, listas simples o desplegables y otros controles a medida. Algunos de estos eventos provocarán que la aplicación envíe una solicitud al servidor para recuperar datos, de manera asíncrona, y actualice una parte de la interfaz. De esta manera, y a pesar de no tratarse de un programa instalado en el ordenador y ejecutándose nativamente, la experiencia que obtiene el usuario es muy similar a la que tendría trabajando con una aplicación corriente.

Ventajas y desventajas de AJAX

Una metodología no es mejor o peor por sí misma, sino solamente cuando se compara con otra diferente. Para deducir las ventajas y desventajas que nos aportaría el uso de AJAX hay, lógicamente, que tomar algún punto de referencia con el cual podamos comparar. AJAX basa su funcionamiento en la infraestructura de la Web, por lo que parece lógico que confrontemos sus características frente a las de una aplicación Web clásica. Dado que lo que persigue AJAX es conseguir que las aplicaciones se comporten, hasta cierto punto, como programas con interfaz nativa, también tiene cierto sentido efectuar esa comparación.

Comencemos enumerando las que podrían considerarse ventajas y desventajas respecto a los programas nativos:

- No es necesario instalar una aplicación AJAX, basta con introducir el URL adecuado en un navegador para obtener su interfaz y poder comenzar a trabajar. Punto a favor de AJAX.
- El usuario siempre accede a la última versión de la aplicación, basta con actualizarla en el servidor Web para que todos los clientes tengan esa actualización, sin instalaciones individuales. Punto a favor de AJAX.
- Una aplicación AJAX tiene un acceso limitado a los recursos locales del ordenador, en contraposición a un programa nativo que puede aprovechar toda la potencia del sistema donde se ejecuta. Punto en contra de AJAX.

- Los programas nativos solamente pueden ejecutarse sobre un determinado sistema operativo y, en ocasiones, tras instalar software adicional, mientras que las aplicaciones AJAX son independientes de sistemas y solamente precisan de un navegador. Punto a favor de AJAX.

- La forma en que el usuario interactúa con una aplicación Web, sea AJAX o no, básicamente siempre es la misma, mientras que cada programa nativo implementa su propio estilo de hacer las cosas, obligando al usuario a un aprendizaje previo. Punto a favor de AJAX.

- Una aplicación AJAX precisa muchos menos recursos, espacio en disco y memoria, que un programa nativo para hacer el mismo trabajo. Punto a favor de AJAX.

- Un programa nativo puede acceder a bases de datos locales o que se encuentren en una red interna, mientras que una aplicación AJAX debe transferir la información a través de redes habitualmente más lentas. Punto en contra de AJAX.

- En caso necesario, trasladar una aplicación AJAX a otras arquitecturas de hardware o software es realmente sencillo, todo lo contrario que lo que supone la migración de un programa nativo. Punto a favor de AJAX.

Bien, haciendo un recuento tenemos un 6 a 2 a favor de AJAX, por lo que podríamos decir que las aplicaciones AJAX ganan por goleada a los programas nativos. En realidad hay situaciones en las que la única alternativa será el uso de un programa nativo, cuando el rendimiento, la agilidad y el aprovechamiento de los recursos locales sean aspectos con mayor peso que otros que puede aportar AJAX.

Veamos ahora cómo sale parado AJAX cuando se le compara con las aplicaciones Web clásicas, frente a soluciones que se desenvuelven en el mismo entorno y empleando, básicamente, la misma infraestructura:

- Para responder a las acciones del usuario una aplicación AJAX actualiza partes de la página que actúa como interfaz, frente a la actualización completa de la página con el consiguiente parpadeo de las aplicaciones Web clásicas. Punto a favor de AJAX.

- Cuando es preciso obtener información del servidor, una aplicación AJAX solicita únicamente los datos que necesita y no una nueva página completa, resultando más ágil que una aplicación Web clásica. Punto a favor de AJAX.

- El navegador notifica al usuario, visualmente y de manera automática, cuándo una aplicación clásica está esperando la recepción de una nueva página. Esa notificación no tiene lugar para las aplicaciones AJAX. Punto en contra de AJAX.

- Un usuario puede avanzar y retroceder por las páginas de una aplicación Web clásica, una posibilidad que no se tiene automáticamente con AJAX puesto que no hay una integración con los botones de navegación. Punto en contra de AJAX.

- La funcionalidad de una aplicación AJAX es similar a la de una aplicación Web que utilice *applets* Java o Flash, pero sin necesidad de instalar complementos ni descargar pesados programas hasta el cliente. Punto a favor de AJAX.

- Para que una aplicación AJAX funcione es imprescindible que el cliente, el navegador, permita la ejecución de código JavaScript. Si el usuario ha desactivado el motor JavaScript del navegador las aplicaciones AJAX no funcionarán. Punto en contra de AJAX.

- Las aplicaciones Web clásicas son relativamente más fáciles de desarrollar que las aplicaciones AJAX, al no tener que ejecutar una lógica compleja en el cliente, usar DOM, XML, etc. Punto en contra de AJAX.

- La forma en que el usuario interactúa con una aplicación AJAX resulta mucho más fluida, más cercana a la de un programa nativo, que la que puede ofrecer una aplicación Web clásica. Punto a favor de AJAX.

Bueno, en este caso tenemos un empate a cuatro tantos por lo que, en principio, no parece que existan muchas razones para esforzarse a desarrollar aplicaciones AJAX frente a las aplicaciones Web que teníamos hasta ahora. No obstante, aspectos como la notificación al usuario de que está produciéndose una actualización o bien la integración con los botones de navegación se pueden solucionar en las aplicaciones AJAX, solamente hay que preparar el código adecuado para ello. Esto decanta la balanza del lado de AJAX una vez más.

Para darse cuenta de las ventajas que tiene una aplicación AJAX frente a una aplicación Web clásica, lo mejor es analizar la forma en que un usuario interactúa con una u otra para desempeñar una misma acción. Imagine que accede al sitio Web de su librería favorita para ver las últimas novedades y adquirir los títulos que piensa leer en sus próximas vacaciones.

Dependiendo de cómo haya implementado esta librería su sitio Web caben dos posibilidades:

- Llega a una página en la que hace clic sobre el enlace de últimas novedades, esto abre una nueva página con la lista de novedades en la que hace clic sobre los títulos que le parecen interesantes. Cada clic le lleva a una nueva página, con los detalles de cada libro, desde la que tiene que volver a la lista anterior para continuar su evaluación. Al final, cuando haya marcado los libros que desea adquirir, tendrá que pasar por un proceso de compra que seguramente se componga de varias páginas: datos personales y de envío, información de pago y confirmación final.

- Llega a una página en la que hace clic sobre el enlace de últimas novedades, éstas aparecen de forma casi inmediata en una lista dispuesta junto al enlace. A medida que elige títulos de la lista, los detalles sobre el libro seleccionado aparecen en un recuadro dispuesto en la parte central de la página. Los libros que va marcando para comprar se van apilando en otra lista. Finalmente termina el proceso de compra introduciendo sus datos de envío y pago en un área que se despliega automáticamente en la parte inferior de la página, al hacer clic en un botón recibe la notificación de que el pedido se ha tramitado.

En el primer escenario ha tenido que navegar adelante y atrás por multitud de páginas, las cuales se transfieren completas desde el servidor al cliente y éste tiene que mostrar una a una. Se emplea más tiempo en la transferencia y en el refresco.

En el segundo, más que una página parece que el navegador ha recibido una aplicación que ha utilizado prácticamente como usaría cualquier programa. Ha estado menos tiempo esperando, sin pausas de una página a otra, y su sensación final en general ha sido más agradable.

Objetivos de este libro

Si ha llegado hasta aquí tras leer los puntos previos de esta introducción, tendrá una idea global de cuáles son los beneficios que puede aportar AJAX al desarrollo de sus aplicaciones Web, así como sobre los elementos que tendrá que utilizar para alcanzar esa meta: JavaScript, XML, DOM, etc. El objetivo de este libro es conseguir que esas nociones generales sobre AJAX, que es lo que la mayoría de los usuarios y desarrolladores tienen actualmente, se conviertan en algo mucho más concreto y aplicable en la práctica.

Con las explicaciones y los ejemplos propuestos se persigue mostrar al lector cómo es posible convertir una red de contenidos, naturaleza propia de la Web original, en una red de aplicaciones con interfaces de usuario agnósticas en cuanto a hardware y software y que se comportan de forma ágil, que es una de las premisas de la denominada Web 2.0.

Como es obvio, ni el formato ni el tamaño lo permiten, en este libro no encontrará referencias completas sobre XHTML, CSS, DOM, JavaScript o XML, ni tampoco extensas discusiones filosófico-teóricas sobre la pureza de los diseños, las implicaciones del uso de determinados patrones u otros temas que, a pesar de su indudable interés, no tienen una aplicación práctica inmediata. Este libro es una guía práctica y, como tal, persigue que el lector tarde el menor tiempo posible en ponerse manos a la obra. Para conseguirlo se explican los conceptos teóricos que se consideran indispensables para cada tarea, ya sean de JavaScript, el funcionamiento del servidor, DOM o XML, minimizándolos frente al desarrollo de ejemplos prácticos que permitan obtener de forma inmediata una idea general sobre el funcionamiento de AJAX y cómo aplicarlo en cada caso.

Algunas referencias útiles

Para crear aplicaciones AJAX hay que partir de unos conocimientos básicos sobre diseño de páginas Web, con XHTML y CSS; proceso de datos en el servidor Web, inclusión de lógica en el cliente con JavaScript, manipulación de la estructura del documento mediante DOM, representación de datos mediante XML, etc. En este libro podrá encontrar algunas nociones, las indispensables, sobre esos elementos, pero para profundizar en todos ellos tendrá que recurrir a material más especializado. Hay multitud de libros sobre estos temas, pero posiblemente pocos que los resuman todos ellos en un millar de páginas como se hace en el título *La Biblia de HTML* (ISBN: 84-415-1783-5), de la misma editorial y autor. En ese libro encontrará todo lo que necesita saber sobre diseño Web, estándares, separación entre contenido y presentación, etc. Puede consultar el índice completo de este libro en `http://fcharte.com/Default.asp?libro84-415-1783-5`.

Una referencia indispensable siempre que se desarrolla algo relacionado con la Web es el *World Wide Web Consortium* o W3C, en `http://w3.org`, donde encontrará las especificaciones de XHTML, CSS, XML, DOM, EcmaScript, etc. Actualmente este organismo trabaja en la estandarización del objeto `XMLHttpRequest`, habiendo emitido un borrador de trabajo a fecha de junio de 2006. La última versión de este documento podrá encontrarla en `http://www.w3.org/TR/XMLHttpRequest`, téngalo siempre como referencia puesto que está destinado a ser la guía a seguir en el futuro.

Otra organización de referencia es *Open Ajax*, que se encuentra en `http://www.openajaxalliance.org`, una alianza formada por empresas como IBM, BEA, Borland, la Fundación Eclipse, Novell, Zimbra o bien la Fundación Mozilla. La finalidad de esta alianza es promover tecnologías AJAX que ofrezcan una compatibilidad total, sin que importen los sistemas operativos, navegadores, dispositivos usados para acceder a las aplicaciones, etc. Una de las primeras aportaciones de Open Ajax es el proyecto ATF (*AJAX Toolkit Framework*) que puede encontrar en `http://www.eclipse.org/atf`.

Cómo usar este libro

Como se indicaba al final de la introducción, que posiblemente acabe de leer, la finalidad de esta guía es conseguir que comience a crear aplicaciones AJAX en el menor tiempo posible, ofreciéndole para ello los conceptos necesarios sobre distintas materias y, especialmente, multitud de ejemplos que le ayuden a ver en la práctica cómo aplicar dichos conceptos.

Siempre que se escribe un libro es necesario partir asumiendo que el lector tiene unas ciertas bases, porque de lo contrario resultaría imposible escribir algo sin repetir una y otra vez las mismas ideas y conocimientos. Esto resulta especialmente cierto cuando el libro tiene las limitaciones de espacio de una guía como la que tiene en sus manos, en el que se asume que el lector es un usuario con conocimientos de informática suficientes como para componer una página HTML básica, instalar y configurar una aplicación en su sistema o bien distinguir entre lo que es un protocolo y un lenguaje.

Para leer esta guía no es necesario que sea un experto programador en JavaScript, pero sí que le resultará útil tener algunas nociones sobre programación. De igual manera, no es imprescindible que domine el diseño Web, pero si conoce XHTML y CSS le resultará mucho más fácil aprovechar lo que va a aprender a lo largo de este libro.

Estructura de la guía

Este libro está dividido en una docena de capítulos pensados, asumiendo que no tiene conocimientos previos de

AJAX, para leerse de forma secuencial, uno tras otro. Tómese cada capítulo como si fuese una clase particular en una academia, si falta un día (se salta un capítulo) le costará más trabajo entender lo del día siguiente.

Su primer contacto con AJAX lo experimentará de forma inmediata, en el primer capítulo que tiene a vuelta de página, desarrollando un sencillo ejemplo que le permitirá adquirir algunos conceptos fundamentales y hacerse una idea de lo que puede conseguir con AJAX. En dicho ejemplo utilizará el objeto `XMLHttpRequest`, mencionado repetidamente en la introducción, a cuya historia y estudio se dedica el segundo capítulo.

Las aplicaciones cuentan con una interfaz de usuario y una lógica que responde a los eventos que las actuaciones del usuario desencadenan sobre dicha interfaz. El tercer capítulo se ocupa de tratar los detalles relativos a la interfaz, mientras que en el cuarto abordaremos la codificación de respuesta a esos eventos y en el quinto se efectúa una introducción a Javascript. El ciclo básico de AJAX se completará en el sexto capítulo al estudiar la comunicación con el servidor, solicitud y recepción de datos.

En los capítulos siguientes se tratarán temas como los elementos que se configuran en el servidor de una aplicación AJAX, la transferencia de datos en formatos alternativos a XML, la creación de interfaces de tipo Web 2.0, las distintas bibliotecas y herramientas que existen actualmente para facilitar el desarrollo de aplicaciones AJAX y, finalmente, el futuro que le espera a esta combinación de tecnologías.

Uso de los ejemplos

La mayor parte de los capítulos de este libro incluyen código de ejemplo, programas completos o parciales cuyo objetivo es, por una parte, mostrarle cómo usar cada técnica descrita y, por otra, servirle como punto de partida para sus propios proyectos. El seguimiento de dichos ejemplos es una parte muy importante del aprendizaje que tiene por delante.

Para su comodidad esos ejemplos podrá encontrarlos en la Web de Anaya Multimedia. Introduzca para ello el URL `http://www.AnayaMultimedia.es` en su cliente Web habitual. Tras unos momentos verá aparecer un menú como el de la figura C.1, en el que deberá seleccionar la opción **Atención al cliente>Complementos**. De la lista que aparece, busque el elemento correspondiente a esta guía para obtener los ejemplos.

Una vez obtenido el paquete de ejemplos, comprimidos en un archivo ZIP, deberá descomprimirlo en una carpeta a la que puede dar el nombre que desee. Dentro de ella se creará una subcarpeta por cada capítulo de la guía y, en cada una de ellas, una subcarpeta para cada ejemplo.

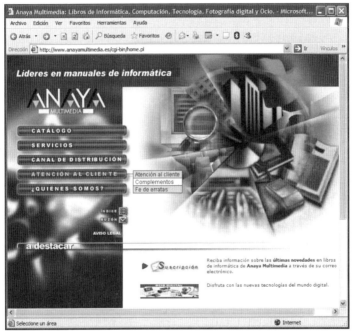

Figura C.1. Sede Web de Anaya Multimedia.

Convenciones tipográficas

El texto general de este libro está impreso con una tipografía clara que hace cómoda la lectura a pesar del pequeño tamaño de las páginas. De manera adicional, encontrará algunos elementos destacados usando los siguientes tipos o estilos de letra:

- *Cursiva*: Es un tipo que se usa para diferenciar térmi-nos anglosajones o de uso poco común.
- **Negrita**: Le ayudará a localizar rápidamente elemen-tos como las combinaciones de teclas para efectuar diversas acciones o los títulos de botones.
- `Mono espacio`: Diferencia elementos como los URL, nombres de funciones u objetos, elementos sintácti-cos del lenguaje JavaScript y, en general, todo lo que puede considerarse como código.
- **Menús y comandos**: Destaca sobre el texto todos los elementos relativos a interfaz de usuario, como pue-de ser el nombre de una opción de un menú, un co-mando o el título de una ventana.

1

Primer contacto

1.1. Introducción

La primera vez que se hace algo, en este caso va a desarrollar su primera aplicación AJAX, suele sentirse impaciencia, ilusión y, a veces, incluso miedo. Lo primero que he de decirle es que al terminar este capítulo no va a tener en su navegador un programa impactante, con una interfaz llamativa y una funcionalidad sorprendente. No se desilusione, pero su primer contacto con AJAX será a través de algo mucho más simple: una página con una lista de libros que, al seleccionar cualquiera de ellos, obtiene la descripción del servidor y la muestra en la página sin tener que refrescarla completa, como haría una aplicación Web típica.

A pesar de esa aparente simplicidad, la aplicación que va a crear reúne gran parte de los elementos de cualquier aplicación AJAX: una interfaz compuesta de XHTML y CSS, una lógica en el cliente escrita en Javascript, la utilización del objeto XMLHttpRequest para obtener datos del servidor y la actualización parcial de la página que actúa como interfaz. En este caso se va a prescindir de una lógica en el servidor que genere la respuesta a las solicitudes, optando por un mecanismo mucho más sencillo pero igualmente válido para este caso.

En la figura 1.1 puede ver la aplicación en funcionamiento. La parte superior de la página es estática y se obtiene al solicitar por primera vez el URL correspondiente. Al desplegar la lista y elegir uno de los tres libros disponibles, en la parte inferior, dentro del recuadro punteado, aparecerá la correspondiente descripción. Ésta se obtiene del servidor en el momento en que se cambia el elemento elegido en la lista, introduciéndose en el citado recuadro sin actualizar la página completa.

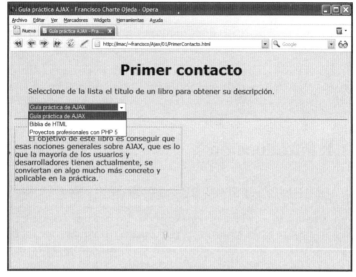

Figura 1.1. Aspecto de su primera aplicación AJAX.

1.2. Software necesario

Para poder ver en funcionamiento el proyecto a desarrollar en este capítulo precisará una cierta configuración de software. Los elementos que resultan indispensables serán los siguientes:

- **Un editor de texto**: La aplicación se compondrá de cinco archivos conteniendo código XHTML, CSS y Javascript. Para crearlos puede emplear cualquier editor que se tenga a mano, desde el vi de Linux o el Bloc de notas de Windows hasta programas más especializados como Emacs o bien cualquier editor para programadores.
- **Un servidor Web**: Los archivos de texto tendrán que alojarse en el directorio adecuado de un equipo en el que tenga un servidor Web en funcionamiento.

- **Un cliente Web o navegador**: La aplicación AJAX que vamos a crear no se ejecuta haciendo doble clic sobre un icono aparecido por arte de magia tras un proceso de instalación, sino que es necesario que un programa, el navegador, a partir de un URL facilitado por el usuario se ponga en contacto con el servidor, le solicite los documentos y los presente de forma adecuada.

No debería tener ningún problema en elegir un editor, crear con él unos archivos de texto y guardarlos en el sistema de archivos, ya sea de su propio ordenador o bien de otro equipo que tenga en su misma red. Dónde colocar esos archivos dependerá de la configuración de su servidor Web.

1.2.1. El servidor Web

Las aplicaciones AJAX no son simplemente páginas HTML que puedan abrirse directamente en el navegador, también contienen código, como va a ver de inmediato, que utilizará el protocolo HTTP (*HiperText Transfer Protocol*) para ponerse en contacto con el servidor del que se ha obtenido la página y solicitarle los datos adicionales que necesite. Ésta es la razón de que se precise un servidor Web, un programa que se ejecuta en un equipo y queda a la escucha, respondiendo a esas solicitudes HTTP.

Existen multitud de servidores Web disponibles, pero los más populares de todos son Apache e IIS (*Internet Information Server*). El primero se puede obtener gratuitamente de `http://httpd.apache.org` e instalarse sobre distintos sistemas operativos. La mayoría de las distribuciones de Linux, así como Mac OS X, incluyen este servidor Web y no hay más que ponerlo en marcha. El segundo forma parte de Windows XP Professional, Windows Server 2003 y otras versiones del sistema operativo de Microsoft.

Para saber dónde debe colocar los documentos que creará a continuación deberá proceder de una forma u otra según el sistema y servidor Web que emplee. Algunos casos habituales serían los siguientes:

- **Mac OS X**: Abra Preferencias del sistema, haga clic sobre Compartir y luego seleccione de la lista Servicios el elemento Compartir Web. En caso de que el servicio esté desactivado haga clic entonces sobre el botón correspondiente para iniciarlo, quedando el cuadro de diálogo tal como se aprecia en la figura 1.2. Los documentos deberá guardarlos en la subcarpeta Web de su carpeta de usuario, que también podría aparecer como Sites. No olvide configurar los permisos de esta carpeta, y los archivos que aloje en ella, a fin de permitir su lectura por parte del servidor Web.

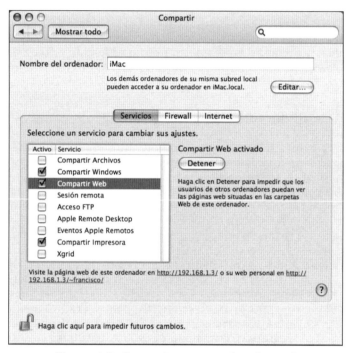

Figura 1.2. Comprobamos que Apache está en funcionamiento en Mac OS X.

- **Windows**: Busque en Panel de control>Herramientas administrativas el elemento Administrar servicios de Internet, Internet Information Server o similar y haga doble clic sobre el mismo. Se abrirá la consola de administración de IIS. Seleccione el elemento Sitio Web predeterminado y asegúrese de que está funcionando, haciendo clic en el botón **Iniciar** si fuese necesario. Para saber dónde debe colocar los documentos despliegue el menú contextual del citado elemento,

elija **Propiedades** y abra la página **Directorio particu-**
lar. Como se aprecia en la figura 1.3, el apartado **Ruta**
de acceso local indica cuál es el directorio raíz en el
que el servidor buscará los documentos. Asegúrese
de que el servidor permite el acceso anónimo y que
la cuenta de usuario asociada a ese uso está creada
adecuadamente, mediante las opciones de la página
Seguridad de directorios.

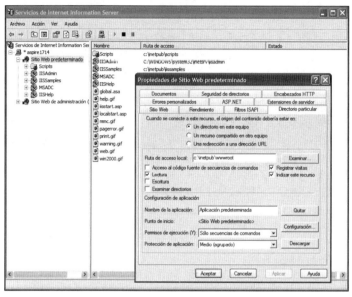

Figura 1.3. Configuración de IIS en Windows XP.

• **Linux**: Recurra a la utilidad de instalación de paquetes de su distribución de Linux para comprobar si tiene instalado Apache y, en caso necesario, agregar esta
aplicación. Desde la línea de comandos de una ventana de terminal puede usar `apachectl` para comprobar el estado de Apache, iniciarlo y detenerlo. Pruebe
a ejecutar `apachectl start` para iniciar el servidor. El directorio donde deberá alojar los documentos lo establece el parámetro de configuración
`DocumentRoot`, que podrá encontrar en el archivo
httpd.conf. Éste es el archivo de configuración de
Apache y normalmente se encuentra en /etc/httpd/

conf. En la figura 1.4 se puede ver resaltada la línea donde aparece dicho parámetro y su valor, en este caso /var/www/html. Si cambia el camino tendrá que reiniciar Apache para que vuelva a leer este archivo de configuración. Asegúrese de asignar los permisos adecuados a directorios y archivos para que Apache pueda leerlos.

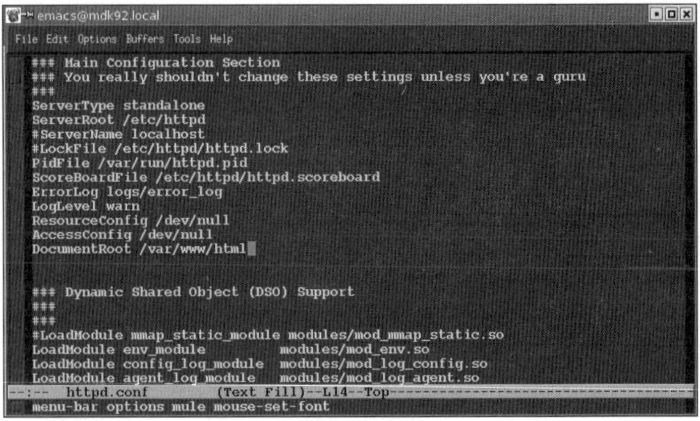

Figura 1.4. Comprobamos el directorio de documentos en el archivo de configuración de Apache.

Para comprobar que tiene su servidor Web funcionando correctamente, abra el navegador que emplee habitualmente e introduzca la dirección http://localhost. Debería obtener el documento raíz del servidor, que suele ser una página de bienvenida o administración según los casos.

1.2.2. El cliente Web

Mientras que la oferta de clientes Web es seguramente mucho más amplia que la de servidores, su configuración resulta mucho más simple. Las aplicaciones AJAX deberían funcionar exactamente igual en cualquier navegador siempre que se cumplan dos premisas: que reconozcan el objeto XMLHttpRequest y que tengan activado el uso de guiones Javascript.

El objeto XMLHttpRequest está disponible en las últimas versiones de los navegadores más populares. En la figura 1.1 puede ver la aplicación que vamos a desarrollar funcionando en Opera, navegador que cuenta con dicho objeto a partir de la versión 7.6, siendo la última disponible, en el momento de escribir esto, la versión 9.0.

La figura 1.5 muestra la misma aplicación funcionando en Internet Explorer. El objeto `XMLHttpRequest` nació en este navegador, desarrollado por Microsoft, concretamente en su versión 5.0. Como verá en el siguiente capítulo, existen diferencias puntuales entre unos navegadores y otros, especialmente entre Internet Explorer y el resto, a la hora de tratar el objeto `XMLHttpRequest`. En Internet Explorer es necesario activar la ejecución de objetos ActiveX para poder emplear este objeto, aparte de permitir el uso de guiones Javascript en los demás navegadores.

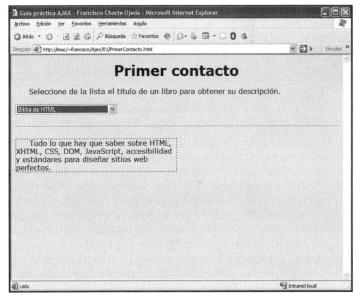

Figura 1.5. Internet Explorer fue el primer navegador en contar con el objeto XMLHttpRequest.

Los usuarios de Mac OS X utilizan para navegar, en su mayor parte, el programa Safari, al formar éste parte del sistema como Internet Explorer forma parte de Windows. En la figura 1.6 puede ver que este navegador ejecuta nuestro primer proyecto igual que lo hacen Opera e Internet

Explorer. Safari cuenta con el objeto `XMLHttpRequest` a partir de la versión 1.2, por lo que únicamente debe configurar la ejecución de código Javascript en las páginas.

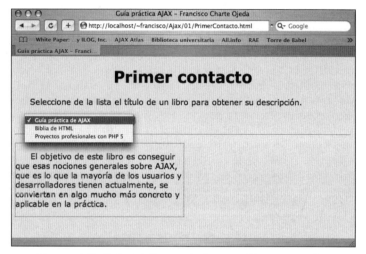

Figura 1.6. Safari 1.2 y posteriores están preparados para ejecutar aplicaciones AJAX.

El cliente Web que más ha crecido en los últimos años, en cuanto a número de usuarios, es la familia de Mozilla y sus derivados. La versión 1.0 de este navegador ya contaba con el objeto `XMLHttpRequest` y, además, la forma en que se implementó dicho objeto fue utilizada como guía por los desarrolladores de otros navegadores, de ahí que exista una mayor compatibilidad entre ellos. La figura 1.7 es una imagen de Mozilla sobre Linux ejecutando el proyecto que nos disponemos a crear en este capítulo. La única condición es que esté activada la ejecución de código Javascript, como en los demás navegadores.

1.3. Desarrollo del proyecto

Asumiendo que cuenta con el software apropiado y que lo tiene correctamente configurado, especialmente en lo que respecta al servidor y la localización de los archivos, comenzaremos el desarrollo de nuestro proyecto.

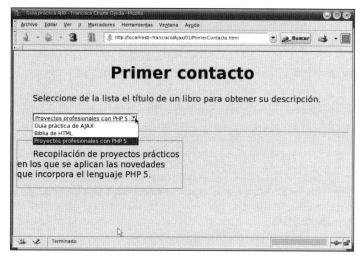

Figura 1.7. La implementación de XMLHttpRequest hecha por Mozilla fue seguida por otros navegadores.

Dicho proyecto se compondrá de los archivos que se describen a continuación:

- **PrimerContacto.html**: Contendrá el código XHTML y CSS que conformará la interfaz de usuario de la aplicación.
- **PrimerContacto.js**: En él se almacenará el código Javascript que ha de ejecutar el cliente, código que se comunicará con el servidor para obtener una descripción y mostrarla en la interfaz.
- **Descripcion01.html**, **Descripcion02.html** y **Descripcion03.html**: Cada uno de estos archivos contendrá la descripción de uno de los libros que el usuario podrá elegir mediante la lista dispuesta en la interfaz.

Desde el navegador se introducirá el URL adecuado para solicitar el documento PrimerContacto.html, la interfaz de la aplicación. Ésta ofrecerá la lista con los tres libros disponibles.

Al cambiar la selección en esta lista se desencadenará un evento que hará que se ejecute el código Javascript que, a la postre, será el que se comunique con el servidor y actualizará la interfaz, sin necesidad de refrescar la página completa.

1.3.1. Composición de la interfaz

Como puede apreciarse en varias de las figuras de puntos previos, la interfaz de nuestra aplicación será realmente sencilla y constará, básicamente, de tres elementos:

- Un título y un texto invitando al usuario a que elija un libro, en la parte superior de la página.
- Una lista desplegable con los títulos de tres libros.
- Una sección de texto, inicialmente vacía, en la que se mostrará la descripción del libro elegido.

Además de esos elementos, que son los visibles en la página, hay también otros que no resultan tan patentes pero forman parte de ella, como el formulario en el que está incluida la lista o la hoja de estilos que determina el tipo de letra y los colores de la página.

En el archivo PrimerContacto.html incluiremos, para empezar, las marcas que podemos considerar como firma del documento, indicando el tipo de información que contiene y su idioma. Esta firma será siempre idéntica, en todas las páginas XHTML que creemos, y se compone del código:

```
<?xml version="1.0" encoding="utf-8"?>
<!DOCTYPE html
   PUBLIC "-//W3C//DTD XHTML 1.0 Strict//EN"
    "http://www.w3.org/TR/xhtml1/DTD/xhtml1-
strict.dtd">

<html xmlns="http://www.w3.org/1999/xhtml"
      xml:lang="es" lang="es">
```

Tras estas marcas introduciremos en el archivo el encabezado del documento, definido por la marca <head>. Dentro del encabezado indicaremos el título de la página, que aparecerá en la parte superior del navegador; especificaremos la codificación en que se encuentra el documento, en este caso UTF-8; y haremos referencia a los guiones y hojas de estilo a incluir. En este caso el guión se encuentra en un archivo externo, mientras que la hoja de estilos, por su brevedad, se ha introducido directamente en el encabezado:

```
<head>
   <title>
     Guía práctica AJAX -
     Francisco Charte Ojeda</title>
```

```html
<meta http-equiv="Content-type"
  content="text/html;charset=UTF-8" />
<script type="text/javascript"
  src="PrimerContacto.js">
</script>
<style type="text/css">
   html,body {
       font-family: Verdana,Arial,Sans-serif;
       background: khaki; color: black }
   h1 { text-align: center }
   p { text-indent: 2em }
</style>
</head>
```

> **Nota:** *La codificación de caracteres, indicada mediante el parámetro* `charset` *de la marca* `meta`, *debe corresponder a la que utilice en su caso, al guardar los documentos. Personalmente he optado por guardarlos como UTF-8 y por ello éste es el valor que se asigna a* `charset`, *pero en su caso podría ser Windows-1252, en caso de que cree los documentos con un editor en Windows y no especifique una codificación diferente a la empleada por defecto; o podría ser ISO-8859-1, una codificación muy habitual también. Si la codificación indicada en* `charset` *no coincide con la usada realmente para guardar los documentos, lo único que ocurrirá es que algunos caracteres especiales, como son las letras acentuadas o las eñes, no aparecerán correctamente, siendo sustituidos por otros distintos.*

Luego tendremos el cuerpo del documento, identificado por la marca <body>, con los elementos que aparecerán en la página propiamente dicha. La marca </html> que hay tras el cuerpo nos indica que ahí finaliza también el propio documento:

```html
<body>
  <h1>Primer contacto</h1>
  <form id="principal"
    action="PrimerContacto.html" method="GET">
    <p>Seleccione de la lista el título de un
      libro para obtener su descripción.</p>
    <p>
    <select id="libro"
        onchange="RecuperaDescripcion()">
```

```
      <option value="01">
       Guía práctica de AJAX
      </option>
      <option value="02">
       Biblia de HTML
      </option>
      <option value="03">
        Proyectos profesionales con PHP 5
      </option>
    </select>
    </p>
    <hr/>
   </form>
   <div style="width:50%; border: dotted 1px">
     <span id="descripcion"></span>
   </div>
  </body>
</html>
```

La lista con los títulos de los libros corresponde a la marca `<select>`. El atributo `id` establece el nombre de este elemento, al que vamos a referirnos a partir de ahora como *control*.

Tenemos, por tanto, un control llamado `libro`. A pesar de su similitud con `id`, `onchange` no es un atributo sino un evento, con él indicamos que cada vez que cambie el elemento activo en la lista se invoque al método `Recupera-Descripcion()`, que aún no hemos definido y que se alojará en el archivo PrimerContacto.js.

Cada uno de los títulos disponibles en la lista, de los elementos que aparecerán en ésta, corresponde a una de las marcas `<option>` que hay dentro de `<select>`. Observe que cada elemento tiene asociado un valor que se fija con el atributo `value`.

Dicho valor servirá para obtener la descripción adecuada según el libro que se elija.

Por último, tras el formulario, tenemos el recuadro de texto llamado `descripcion` que hemos definido mediante la marca `<span>`.

Entre esta marca y la de cierre: `</span>`, no hay contenido alguno, por eso el recuadro aparecerá inicialmente vacío. Que dicho recuadro tenga un nombre nos servirá para poder manipularlo desde el código Javascript, alterando su contenido.

1.3.2. Lógica de la aplicación

En el encabezado del documento PrimerContacto.html, que será el que se solicite desde el navegador, se hace referencia desde una etiqueta `<script>` al archivo PrimerContacto.js. Esto causará que el cliente, el navegador, una vez reciba la página, solicite al servidor ese módulo con código Javascript, cuyo contenido vamos a analizar.

Lo primero que tenemos en dicho archivo es la declaración de una variable, a la que hemos llamado `objXML`, cuya finalidad será contener una referencia al objeto `XMLHttpRequest` del navegador. En principio el valor de la variable es `false`, indicando que no contiene referencia alguna:

```
// Referencia al objeto XMLHttpRequest
var objXML=false;
```

Tal como se ha visto en el punto anterior, la lista desplegable `libro` tiene un evento, llamado `onchange`, que invocará al método `RecuperaDescripcion()` cuando la selección cambie. El código de ese método es el siguiente:

```
// Función ejecutada al cambiar la selección
// en la lista de títulos de libros
function RecuperaDescripcion()
{

  try { // Procedimiento para crear un objeto
    // XMLHttpRequest compatible entre distintos
    objXML = new ActiveXObject('Msxml2.XMLHTTP');
  } catch (e1) { // navegadores Web
    try {
      objXML =
          new ActiveXObject('Microsoft.XMLHTTP');
      } catch (e2) {
      objXML = false;
    }
  }

  if (window.XMLHttpRequest)
    objXML = new XMLHttpRequest();

  if (!objXML &&
    typeof XMLHttpRequest != 'undefined')
    objXML = new XMLHttpRequest();
```

```
// Creamos el URL para solicitar la
// descripción que corresponda
var URL='Descripcion' +
   document.getElementById('libro').value +
   '.html';
if(objXML) // Si tenemos el objeto
{
   // Enviamos la solicitud al servidor
   objXML.open('GET', URL, true);
    objXML.onreadystatechange=ProcesaRespuesta;
   objXML.send(null);
}
}
```

La mayor parte del código de este método se ocupa de crear el objeto XMLHttpRequest, siguiendo para ello un procedimiento que analizaremos con mayor detalle en el capítulo siguiente y que, básicamente, tiene en cuenta las diferentes implementaciones de dicho objeto en los distintos navegadores que se usan actualmente. Ese fragmento de código, hasta la declaración de la variable URL, se repetirá en cada proyecto AJAX que desarrollemos y siempre será idéntico.

Una vez que tengamos el objeto XMLHttpRequest necesitaremos el URL del recurso que se va a solicitar al servidor. Este URL normalmente hará referencia a un guión de servidor, escrito en PHP, ASP, Perl, JSP o similar, e incluirá unos parámetros que permitan determinar la información que el programa necesita. En este caso, sin embargo, el URL se compone añadiendo al texto 'Descripcion' el valor del elemento elegido en la lista que, como recordará, puede ser '01', '02' o '03'. El operador + de Javascript usado con cadenas tiene como resultado la concatenación, de forma que la sentencia var URL=... lo que hace es asignar a la variable el valor 'Descripcion01.html', 'Descripcion02.html' o 'Descripcion03.html'.

Compuesto el URL, usamos el objeto XMLHttpRequest, cuya referencia guardábamos antes en la variable objXML, utilizando tres de sus miembros:

- open: Abre la conexión con el servidor indicando el método y el URL para la solicitud.
- onreadystatechange: A este evento del objeto XMLHttpRequest le asignamos el nombre del método que queremos que se ejecute cuando haya un

cambio de estado en dicho objeto, algo que ocurrirá, por ejemplo, cuando se reciba la respuesta del servidor. El método `ProcesaRespuesta()` lo tiene a continuación.

- `send`: Este método se encarga de enviar efectivamente la solicitud al servidor con la configuración establecida previamente por los demás miembros de `XMLHttpRequest`.

No se preocupe por los detalles relativos al uso de estos métodos y el propio objeto `XMLHttpRequest`, ya que nos ocuparemos de ellos en el capítulo siguiente con la extensión que merecen.

Por el momento, es suficiente con que sepa que este objeto se emplea para enviar una solicitud al servidor con unos determinados parámetros, de forma que la respuesta del servidor no llegará directamente al navegador, que actualizaría la página completa, sino que es interceptada y procesada por el propio objeto `XMLHttpRequest`. En este caso concreto, cuando se reciba la respuesta se invocará al método `ProcesaRespuesta()` que tiene a continuación:

```
// Función que se ejecuta al recibir
// la respuesta del servidor
function ProcesaRespuesta()
{
   if(objXML.readyState == 4) {
     // obtenemos la descripción y
     var texto = objXML.responseText;
     // la introducimos en la página
     document.getElementById(
         "descripcion").innerHTML = texto;
   }
}
```

En el interior de esta función se utiliza la misma variable `objXML`, que se definía al inicio del módulo, para comprobar si se ha recibido la respuesta del servidor y, en caso afirmativo, obtener la información devuelta mediante la propiedad `responseText`. Esa información será la descripción del libro que se haya indicado, texto que introducimos en el recuadro `descripcion` de la página HTML recurriendo al método `getElementById` y la propiedad `innerHTML`. En este momento la interfaz del programa quedará actualizada y el proceso llega a su fin.

1.3.3. Respuestas del servidor

Inicialmente, cuando un usuario abre su navegador e introduce el URL para obtener el documento PrimerContacto.html, lo que obtiene a cambio es dicho documento y el código Javascript analizado en el punto previo. Las descripciones de los libros, que habrán de mostrarse en la parte inferior de la página, se encuentran en el servidor y en principio no se envían al cliente. Solamente cuando se ejecuta el método RecuperaDescripcion() el servidor recibe la solicitud de enviar la descripción de uno de los libros.

El contenido de los archivos Descripcion01.html, Descripcion02.html y Descripcion03.html es un párrafo de texto en cada caso, conteniendo la mencionada descripción. Los tres párrafos, en el orden en que se almacenarán en los archivos, son los siguientes:

```
<p>El objetivo de este libro es conseguir que
esas nociones generales sobre AJAX, que es lo
que la mayoría de los usuarios y desarrolladores
tienen actualmente, se conviertan en algo mucho
más concreto y aplicable en la práctica.</p>
```

...

```
<p>Todo lo que hay que saber sobre HTML, XHTML,
CSS, DOM, JavaScript, accesibilidad y estándares
para diseñar sitios Web perfectos.</p>
```

...

```
<p>Recopilación de proyectos prácticos en los
que se aplican las novedades que incorpora el
lenguaje PHP 5.</p>
```

Aunque en este caso las descripciones se almacenan en archivos individuales, realmente podrían estar alojadas en una gran base de datos de una empresa real. En ese caso no se solicitarían al servidor directamente documentos, como se hace en este ejemplo, sino que se facilitaría como parámetro el código o ISBN del libro y un programa, ejecutándose en el servidor, se ocuparía de extraer la descripción, conectando con el servidor de datos y devolviendo dicha información al cliente. Lo interesante es que el navegador no tiene que actualizar la página completa cada vez que se consulte un libro, ni tampoco recibir todas las descripciones de todos los libros disponibles, lo cual supondría un volumen muy importante de información ya que una librería real cuenta con miles o decenas de miles de títulos.

1.4. Prueba de la aplicación

En el paquete de ejemplos, que puede obtener de la Web de Anaya Multimedia, encontrará una carpeta llamada 01, correspondiente a este primer capítulo, conteniendo los cinco archivos que componen este proyecto. Sólo tiene que colocarlos en el directorio adecuado, según la configuración de su servidor Web; ajustar los permisos de acceso si fuese necesario y, finalmente, abrir su navegador y solicitar el URL `http://localhost/01/PrimerContacto.html`, `http://localhost/~usuario/01/PrimerContacto.html` o similar.

Si al seleccionar un libro no obtiene su descripción, o en su lugar aparece un mensaje de error en la parte inferior de la página, asegúrese de que tiene el servidor Web en funcionamiento y correctamente configurado, que los archivos están donde deben y que los permisos permiten su lectura.

Los proyectos que se proponen como ejemplo han sido probados en Internet Explorer 6, Mozilla Firefox 1.5, Opera 9 y Safari 2.0, alojando los proyectos en IIS en Windows y en Apache sobre Mac OS X y Linux. No obstante, cualquier cambio de configuración, o modificación en el código de los documentos, podría provocar que la aplicación no funcionase.

Aparte de comprobar los aspectos antes mencionados, recurra a las ventanas de error y la consola Javascript de su navegador para obtener más ayuda. Opera y Mozilla cuentan con una consola que puede abrir, normalmente con una opción del menú **Herramientas**, y que le permite ver los problemas que surjan con el código Javascript. En el caso de Internet Explorer, cualquier error se notificará con un icono en la parte inferior izquierda del navegador. Haga doble clic sobre el mismo para abrir la ventana con la descripción del fallo.

En la figura 1.8 puede ver la consola de errores de Opera comunicando que se está haciendo referencia a una variable, llamada `obj1XML`, que no ha sido definida.

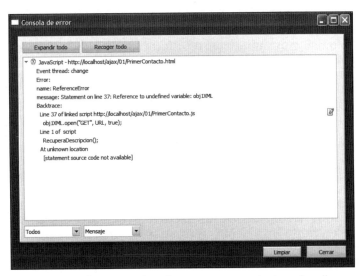

Figura 1.8. Las consolas de error nos ayudarán a localizar los problemas en la aplicación.

También puede probar este proyecto sin necesidad de contar con un servidor Web ni efectuar configuración alguna, accediendo al URL http://fcharte.com/Ajax/01/PrimerContacto.html. Esto le permitirá ver la aplicación en funcionamiento, pero no tendrá la posibilidad de efectuar modificaciones en la interfaz o el código Javascript para realizar sus propias pruebas y aplicaciones.

1.5. Resumen

Al terminar este capítulo ya tiene en funcionamiento su primera aplicación AJAX, un programa con una interfaz y funcionalidad sencillas pero que le ha permitido conocer algunos elementos fundamentales tal como el objeto XMLHttpRequest, la manera en que se vincula la interfaz con el código Javascript mediante eventos o el procedimiento para modificar una parte de la página sin tener que actualizarla completa. Todos ellos son temas que estudiaremos con mayor profundidad en los capítulos siguientes.

Una vez haya configurado el software que se indica al principio del capítulo, especialmente el servidor Web, no se limite a copiar los archivos de ejemplo y verificar que funcionan tal y como se ha descrito, úselos como punto de partida para desarrollos propios, en principio modificando la interfaz y el código Javascript para conseguir otros efectos. Puede probar, por ejemplo, a obtener del servidor no solamente la descripción del libro, sino también otros datos como el ISBN, las páginas o el precio. ¿Cómo transferiría esos datos desde el servidor al cliente? ¿Cómo los trataría éste para mostrar cada dato en un recuadro de texto individual? Intente buscar soluciones a estas propuestas, pero no se preocupe si por ahora le cuesta mucho o no lo consigue, porque a medida que vaya avanzando verá que resulta mucho más sencillo de lo que podría parecer en un principio.

En el capítulo siguiente nos ocuparemos del objeto `XML-HttpRequest`, piedra angular de toda aplicación AJAX, y sabremos por qué el procedimiento para crearlo es aparentemente tan rebuscado. Conoceremos sus miembros y cómo utilizarlos en distintos escenarios.

2

El objeto XMLHttpRequest

2.1. Introducción

A pesar de que el término AJAX y toda la repercusión que este conjunto de tecnologías está teniendo es algo relativamente reciente, siendo especialmente importante a partir de 2006, lo cierto es que los elementos que conforman AJAX no son precisamente nuevos. La novedad es, sin duda, la forma de utilizarlos conjuntamente para conseguir un cierto resultado: aplicaciones Web cuyo funcionamiento se asemeja al de los programas tradicionales.

El lenguaje Javascript se usa, desde que apareciese por primera vez en Netscape 2.0 en 1996, en multitud de páginas para aportar elementos dinámicos generados en el cliente, como menús desplegables, calendarios, etc. El protocolo HTTP es tan antiguo como la propia Web, lo mismo que HTML. CSS y XML tienen menos de una década, pero tampoco son unos recién llegados a esta escena.

Tampoco el objeto `XMLHttpRequest` es algo realmente nuevo, ya que existe desde hace tiempo en la mayoría de los navegadores más utilizados. En este capítulo conoceremos algo más sobre la historia de este objeto y, lo que es más importante, sabremos cuáles son los miembros con que cuenta y cuál es la finalidad de cada uno de ellos.

2.2. Un poco de historia

En septiembre de 1998 Microsoft anunció la versión 5.0 de Internet Explorer, su navegador Web, donde se incluían una serie de importantes novedades, entre las cuales se encontraba la biblioteca MSXML 2.0. Ésta biblioteca aportaba una serie de interfaces y objetos que facilitaban el uso de DOM y el trabajo con XML, elementos entre los que se encontraba un objeto, llamado `XMLHttp`, con una interfaz denominada `IXMLHttpRequest`. Dicho objeto permitía al código de las aplicaciones realizar solicitudes HTTP y procesar respuesta en formato XML, haciendo posible crear lo que por entonces se denominaban páginas DHTML (*Dynamic HTML*).

MSXML.DLL, la biblioteca que incluía el objeto `XMLHttp`, se distribuía conjuntamente con IE 5.0, por lo que formaba parte prácticamente de todos los sistemas Windows desde Windows 95 en adelante. Teniendo en cuenta que en los años siguientes Internet Explorer alcanzaría más de un noventa por ciento del mercado de los navegadores, y que Microsoft fue renovando la biblioteca MSXML con posteriores versiones más avanzadas y la implementación de distintos estándares del W3C, el uso del objeto `XMLHttp` se hizo relativamente popular.

En el momento en el que Microsoft creó la biblioteca MSXML, el modelo de componentes en uso en Windows era COM (*Component Object Model*). Los componentes que se desarrollaban siguiendo las directrices de este modelo podían ser usados en cualquier versión de Windows y desde cualquier lenguaje o aplicación, sin más que contar con una cadena de identificación del componente y la definición de su interfaz.

En el caso del objeto `XMLHttp` la cadena de identificación era `Microsoft.XMLHttp`, mientras que la interfaz, llamada `IXMLHttpRequest`, establecía los métodos y propiedades con que contaba dicho objeto. Además de emplearlo en el interior de páginas Web desde Javascript, el objeto `XMLHttp` podía utilizarse en el servidor y en cualquier otro tipo de programa capaz de usar componentes COM.

En el año 2002 la fundación Mozilla incluyó en Mozilla Suite 1.0 su propia implementación de del objeto `XMLHttp`, pero en lugar de hacerlo como componente COM se decidió que fuese un objeto nativo del navegador y que su nombre fuese `XMLHttpRequest`, en lugar de `XMLHttp`. En los meses siguientes los desarrolladores de Safari, en Apple; de Opera y otros navegadores siguieron los pasos de Mozilla, agregando un objeto nativo llamado `XMLHttpRequest` básicamente con las mismas posibilidades.

Actualmente, en 2006, la mayoría de los navegadores cuentan con dicha implementación nativa de `XMLHttp-Request` compatible con Mozilla. La excepción es Internet Explorer, pero la próxima versión de este navegador, IE 7 que estará disponible en breve, sigue el camino de los demás ya que es el que el W3C recomienda como estándar. Esto tendrá como consecuencia que en unos años, cuando IE 7 o versiones posteriores hayan dejado en el olvido a las más antiguas versiones de este navegador, pueda utilizarse un mecanismo simple y homogéneo para trabajar con `XMLHttpRequest`, independientemente de cuál sea el navegador que se emplee para acceder a la aplicación.

2.2.1. Estandarización de XMLHttpRequest

Hasta el momento no existe ningún estándar que pueda ser utilizado como guía a la hora de trabajar con el objeto `XMLHttpRequest`, aunque el W3C se encuentra ya elaborando dicho estándar y, hasta ahora, ha publicado dos borradores al respecto. La última versión siempre puede obtenerse de `http://www.w3.org/TR/XMLHttpRequest/` y, seguramente, en el momento en que lea esto habrá avanzado considerablemente en relación al estado en el que se encuentra ahora mismo, en el momento en que se escriben estas líneas.

En el actual documento se indica que el procedimiento para crear el objeto `XMLHttpRequest` desde ECMAScript, nombre con el que se denomina el lenguaje estándar en que está basado Javascript, es el siguiente:

```
var client = new XMLHttpRequest();
```

No se tiene en cuenta, por tanto, la implementación actual de este objeto en Internet Explorer como componente COM y que exige otro método de creación. En nuestras aplicaciones, no obstante, sí hay que tener en cuenta esa diferencia, al menos mientras Internet Explorer 6 y versiones previas sigan representando más del 75 por ciento de los navegadores en uso como ocurre en la actualidad. En un futuro, según se comentaba anteriormente cuando IE 7 deje en el olvido a versiones previas, podremos seguir las directrices del W3C. Si lo hiciésemos de inmediato, nuestra aplicación AJAX no funcionaría en tres de cada cuatro clientes según las estadísticas.

En este borrador, publicado en junio de 2006, se recoge también lo que se conoce como interfaz del objeto `XML-HttpRequest`, es decir, los métodos, propiedades y eventos con que cuenta dicho objeto. Lo que ha hecho el W3C es revisar las actuales implementaciones, en diferentes navegadores, y elaborar un mínimo común denominador que facilite la construcción de aplicaciones compatibles entre clientes. Más adelante, cuando se haya ratificado el estándar, es posible que se agreguen extensiones que los creadores de navegadores irán añadiendo con el tiempo.

2.3. Crear el objeto XMLHttpRequest

Volviendo al código del proyecto que se ha desarrollado en el capítulo previo, concretamente al método `RecuperaDescripcion()`, la porción dedicada a crear el objeto `XMLHttpRequest` sería la siguiente:

```
try {
  objXML = new ActiveXObject('Msxml2.XMLHTTP');
} catch (e1) {
  try {
    objXML =
        new ActiveXObject('Microsoft.XMLHTTP');
    } catch (e2) {
    objXML = false;
  }
}

if (window.XMLHttpRequest)
  objXML = new XMLHttpRequest();

if (!objXML &&
    typeof XMLHttpRequest != 'undefined')
  objXML = new XMLHttpRequest();
```

Nota: Para ser completamente correctos, lo que hacemos no es crear el objeto XMLHttpRequest sino una copia del mismo, lo que se denomina una instancia, obteniendo una referencia que guardamos en una variable. Imagine el identificador XMLHttpRequest como si fuese un molde, una plantilla, a partir de la que puede crear copias de

> *un mismo objeto. Esas copias se alojan en la memoria del cliente y lo que se guarda en la variable, `objXML` en nuestro caso, es la dirección de esa zona de memoria, lo que se conoce habitualmente como referencia a un objeto.*

Se ha seguido uno de los procedimientos más conservadores para crear una copia de `XMLHttpRequest` y recuperar la correspondiente referencia, intentándolo por cuatro vías distintas. Podríamos alcanzar el mismo objetivo implementando el procedimiento de distintas formas.

2.3.1. Creación de objetos

Un objeto es un componente de software, un bloque de líneas de código en las que se declaran variables, definen funciones o métodos y se empaquetan conjuntamente, de forma que otros programadores pueden utilizarlos sin conocer los detalles internos sobre su implementación. En Javascript el proceso para crear cualquier tipo de objeto consiste en usar el operador `new`, indicando a continuación el tipo del objeto y, si fuese necesario, los parámetros a entregar a su constructor. Un constructor un un método del objeto que se ejecuta automáticamente cada vez que se crea una copia del mismo.

En el código anterior vemos que el operador `new` aparece cuatro veces, dos de ellas para crear un objeto `ActiveXObject` y otras dos para crear directamente un objeto `XMLHttpRequest`. En el primer caso es necesario un parámetro, mientras que en el segundo los paréntesis vacíos denotan la ausencia de éstos.

El objeto `ActiveXObject` es propio de Internet Explorer y sirve en realidad para crear una copia de cualquier componente ActiveX (COM) registrado en el sistema. La cadena que se facilita entre comillas, como parámetro, es el nombre con el que se ha registrado ese componente. La primera versión de la biblioteca MSXML registraba el objeto que nos interesa como `Microsoft.XMLHTTP`, mientras que versiones posteriores como MSXML 3.0, 4.0, 5.0, etc., registran el objeto como `MSXML2.XMLHttp.3.0`, `MSXML2.XMLHttp.4.0`, `MSXML2.XMLHttp.5.0` etc. El uso de la cadena `MSXML2.XMLHttp`, sin agregar el número de versión al final, nos permite obtener la versión más reciente que se haya registrado en el sistema.

Observe que el proceso de creación del objeto `Acti-veXObject` se ha encerrado entre las instrucciones `try` y `catch`. En realidad estas palabras clave de Javascript forman parte de una misma construcción, conocida como control estructurado de excepciones.

Si ha utilizado otros lenguajes de programación actuales seguramente ya le resultará familiar. En un fragmento de código como el siguiente:

```
try {
    objXML =
        new ActiveXObject('Microsoft.XMLHTTP');
    } catch (e2) {
    objXML = false;
}
// if(objXML) ...
```

La instrucción que es ejecutada en primer lugar es `new ActiveXObject(...)`, intentando crear el componente cuyo identificador se facilita como parámetro. En el caso de que ese componente exista en el sistema y pueda crearse una copia sin problemas, se asignaría la referencia a la variable `objXML` y se seguiría por la línea `if(objXML)`, en la que se comprueba si la citada variable contiene o no una referencia. Solamente en caso de que no pueda crearse una copia del objeto, la mayoría de las veces porque el componente indicado no se encuentre registrado en el sistema, se pasará a ejecutar las sentencias que existan tras la palabra `catch`, asignando el valor `false` a `objXML`.

Tras la palabra `catch`, entre paréntesis, se facilita un identificador que actúa como una variable en la que se recoge información sobre el error que ha producido el fallo. En este fragmento la variable es `e2` y no lo utilizamos para nada, sino que asumimos que ese componente no está disponible y por ello, en el resto del código, probamos otras alternativas.

Nota: Al escribir código Javascript debemos tener en cuenta que dicho lenguaje diferencia entre mayúsculas y minúsculas. Esto significa que si un identificador, ya sea existente o creado por nosotros, aparece con una determinada combinación de mayúsculas y minúsculas, estamos obligados a usar esa misma combinación en todo el código del programa.

2.3.2. XMLHttpRequest como objeto nativo

Tras ejecutar las primeras líneas del método `Recupe-raDescripcion()`, concretamente hasta la llave que delimita el área correspondiente a los `try/catch` anidados, el objeto `objXML` puede contener una referencia al objeto `XMLHttpRequest`, en caso de que el navegador usado sea Internet Explorer, o bien el valor `false`. Esta última posibilidad indica que el programa está funcionando en otro navegador distinto, o bien en una versión de Internet Explorer que tiene desactivada la creación de componentes COM.

El resto de navegadores, incluyendo Mozilla Firefox, Apple Safari y Opera, implementan `XMLHttpRequest` como un objeto nativo, cuya disponibilidad podemos comprobar de dos maneras diferentes: por medio del operador `typeof` de Javascript, para verificar que el tipo `XMLHttp-Request` no es indefinido, o bien confirmando que la referencia `window.XMLHttpRequest` existe. En cualquiera de estos dos casos se puede recurrir al constructor `XMLHttp-Request()` para crear una nueva copia del objeto y obtener la correspondiente referencia.

Ejecutado todo el fragmento del método `Recupera-Descripcion()` indicado al principio del apartado 2.3, si la variable `objXML` continúa teniendo el valor `false` será porque el navegador no implementa `XMLHttpRequest` como objetivo nativo (no es Safari, Opera, Firefox o IE 7) ni tampoco permite la creación de los `ActiveXObject` indicados, por lo que podemos suponer que no es Internet Explorer, al menos IE 5 o posterior. Hay muy pocos usuarios que utilicen un navegador alternativo a todos los mencionados para acceder habitualmente a la Web.

2.4. Miembros de XMLHttpRequest

Un objeto, como se explicó anteriormente de forma muy breve, es un componente de software que cuenta con una interfaz que le permite comunicarse con el exterior. Dicha interfaz cuenta habitualmente con tres tipos de miembros:

- **Propiedades**: Son como variables internas al objeto, que en unas ocasiones podremos leer y modificar y en otras sólo leer. En nuestro programa usábamos la propiedad `readyState`, por ejemplo, para comprobar el estado del objeto.

- **Métodos**: Se implementan como procedimientos y funciones dentro del objeto, efectuando algún tipo de operación sobre el mismo. Para efectuar su trabajo los métodos pueden precisar parámetros. `open()` y `send()` son métodos del objeto `XMLHttpRequest`.

- **Eventos**: Un evento es una señal producida por algún suceso externo, por ejemplo la llegada de una respuesta desde el servidor, o bien generada internamente por el propio objeto. Se traduce en la ejecución de un cierto código asociado al nombre del evento. En cierta forma, un evento es como una propiedad a la que asignamos una referencia al método que queremos ejecutar cuando se produzca la citada señal. `onreadystatechange` es un evento.

Para acceder a cualquier miembro de un objeto se utiliza, en Javascript, la notación `objeto.miembro`, separando el nombre del objeto del nombre del miembro por un punto. Si escribimos:

```
objXML.send(null);
```

Estaremos invocando al método `send()` que pertenece al objeto cuya referencia tenemos en la variable `objXML`, mientras que si escribimos:

```
send(null);
```

Realmente estaremos ejecutando un método `send()` que deberá estar definido en algún punto de nuestro código.

2.4.1. La interfaz según el W3C

Según el documento que prepara el W3C, la interfaz expuesta por el objeto `XMLHttpRequest` debería ser la mostrada a continuación:

```
interface XMLHttpRequest {
  attribute EventListener onreadystatechange;
  readonly attribute unsigned short readyState;
  void open(in DOMString method,
   in DOMString uri);
  void open(in DOMString method,
   in DOMString uri, in boolean async);
```

```
void open(in DOMString method, in DOMString
  uri, in boolean async, in DOMString user);
void open(in DOMString method, in DOMString
  uri, in boolean async, in DOMString user,
  in DOMString password);
void setRequestHeader(in DOMString header,
  in DOMString value);
void send();
void send(in DOMString data);
void send(in Document data);
void abort();
 DOMString getAllResponseHeaders();
 DOMString getResponseHeader(
  in DOMString header);

 readonly attribute DOMString responseText;
 readonly attribute Document responseXML;
 readonly attribute unsigned short status;
 readonly attribute DOMString statusText;
};
```

Vea que hay dos tipos de elementos: los `attribute`, que son propiedades y eventos, y los métodos. Algunos de éstos aparecen varias veces, por lo que se dice que están sobrecargados. Un método sobrecargado puede aceptar listas de parámetros diferentes. Para llamar al método `open()`, por ejemplo, podemos facilitar entre dos y cinco parámetros, dependiendo de las necesidades de la aplicación.

Todas las propiedades están precedidas por la palabra `readonly`, lo que denota que solamente pueden leerse, nunca modificarse. La excepción es `onreadystatechange` que, en realidad, es un evento, aunque funcionalmente se utiliza como una propiedad a la que se asigna un valor. Cada propiedad tiene un tipo y un nombre, indicando el primero la clase de información que almacena y el segundo el identificador que tenemos que utilizar en nuestro código para recuperar esa información. La propiedad `responseText`, por ejemplo, es de tipo `DOMString`, es decir, una cadena de caracteres.

2.4.2. Esquema general de uso

A la hora de utilizar el objeto `XMLHttpRequest` para comunicar nuestra aplicación con el servidor seguiremos, por regla general, el mismo procedimiento una y otra vez. El esquema básico a seguir se compondrá de los siguientes pasos:

1. Obtención de una referencia a una copia del objeto `XMLHttpRequest`.
2. Uso del método `open()` para establecer los parámetros globales de la solicitud.
3. Establecimiento opcional de cabeceras de la solicitud.
4. Asignación de un método de respuesta para el evento `onreadystatechange` si se opta por operar de forma asíncrona.
5. Envío de la solicitud.
6. Tratamiento de la información recibida desde el servidor.

El primero de los pasos se ha descrito ya en un punto previo y, dada su relativa complejidad, lo más cómodo es aislarlo en una función propia, de tal forma que desde cada programa podamos obtener el objeto `XMLHttpRequest` con una simple llamada a dicha función. Ésta podría ser la siguiente:

```
// Esta función crea una instancia del objeto
// XMLHttpRequest y devuelve su referencia
function CreaXHR()
{
  var ref = false; // No tenemos objeto

  try { // Intentamos crearlo en IE 5 con
   // MSXML 3.0 o posterior
   ref = new ActiveXObject('Msxml2.XMLHTTP');
  } catch (e1) { // si no funciona
   try { // lo intentamos como IE 5 con MSXML 2
     ref =
        new ActiveXObject('Microsoft.XMLHTTP');
     } catch (e2) { // si no funciona
     ref = false; // no tenemos objeto
   }
  }

  // si no tenemos objeto y existe el tipo
  // XMLHttpRequest como nativo
  if (!ref && (typeof XMLHttpRequest !=
   'undefined' || window.XMLHttpRequest))
```

```
  // lo creamos directamente
 ref = new XMLHttpRequest();
 return ref; // devolvemos la referencia
}
```

Hemos llamado a la función `CreaXHR()`. Ya que `Crea-XMLHttpRequest()` parece demasiado largo, las iniciales `XHR` representan el nombre del objeto claramente. El procedimiento utilizado es, básicamente, el que se describió con anterioridad. Observe que la última sentencia, `return ref`, devuelve la referencia al objeto o bien el valor `false` si no fue posible crearlo.

Contando con esta función, que usaremos en el resto de los proyectos de ejemplo para evitar repetir una y otra vez el mismo código, el método `RecuperaDescripcion()` del proyecto del capítulo previo quedaría así:

```
function RecuperaDescripcion()
{
  objXML = CreaXHR();

  // Creamos el URL para solicitar la
  // descripción que corresponda
  var URL='Descripcion' +
    document.getElementById('libro').value +
    '.html';

  if(objXML) // Si tenemos el objeto
  {
    // Enviamos la solicitud al servidor
    objXML.open('GET', URL, true);
    objXML.onreadystatechange=ProcesaRespuesta;
    objXML.send(null);
  }
}
```

Todo el proceso de creación del objeto se reduce ahora a llamar a la función `CreaXHR()`, lo cual nos permitirá concentrarnos en los demás pasos del proceso.

2.4.3. Apertura de la solicitud

Asumiendo a partir de aquí que ya tenemos en alguna variable una referencia al omnipresente objeto `XMLHttpRequest`, no en vano este capítulo está dedicado en exclusiva a su estudio, procederemos a abrir la solicitud. Esta operación se lleva a cabo con el método `open()` y, en realidad, no se abre canal de comunicación alguna con el servidor, sino que sencillamente se inicializa el objeto para comenzar a configurar los parámetros de la solicitud.

Al llamar al método `open()` hemos de entregar un mínimo de dos parámetros, pudiendo agregarse opcionalmente un tercero, cuarto y quinto. Por orden, estos parámetros son los siguientes:

- El primer argumento será una cadena de caracteres indicando el método que se empleará para efectuar la solicitud. Los dos casos más habituales son `'GET'` y `'POST'`. El primero es el que se usa cuando se introduce un URL directamente en el navegador, mientras que el segundo es el empleado habitualmente al enviar los datos de un formulario.

- En segundo lugar hay que facilitar el URL correspondiente al recurso que se solicita. Normalmente será un URL relativo, conteniendo el nombre de un documento o un guión que se ejecute en el servidor e incluyendo, en caso de que sean precisos, los parámetros adecuados.

- A diferencia de los dos anteriores, el tercer parámetro no es una cadena de caracteres sino un valor de tipo booleano, es decir, solamente puede ser `true` o `false`. Con él se indica si la solicitud se procesará de forma síncrona o asíncrona. El valor por defecto es `true`, de forma que la comunicación se efectuará de manera asíncrona. Volveremos sobre este aspecto de inmediato.

- El cuarto parámetro también es opcional, utilizándose únicamente cuando el servidor, para aceptar la solicitud, exija una identificación previa. Este argumento será una cadena conteniendo el nombre de usuario.

- Por último, normalmente en combinación con el parámetro anterior, se facilitará la contraseña que permita al servidor autentificar nuestra identidad y decidir si dar respuesta a la solicitud o no.

En principio no precisaremos los últimos dos parámetros, que solamente se utilizarían en caso de que al conectar con el servidor nos comunicásemos con un programa que requiriese autentificación por nuestra parte.

Métodos de solicitud

El protocolo HTTP, utilizado para facilitar la comunicación entre cliente y servidor, contempla el uso de varios métodos diferentes. Los dos más usuales son GET y POST, siendo los mismos que se emplean al definir un formulario HTML, mediante el atributo method. Aunque, como acaba de decirse, existen varios más, en una aplicación AJAX que pretenda funcionar por igual en cualquier navegador solamente es seguro recurrir a los dos ya citados. Algunos clientes permiten el uso de otros, pero no es algo general en el momento actual.

El método GET se usa exclusivamente para recuperar información del servidor, considerándose un método seguro, según el W3C, en el sentido de que el usuario puede estar seguro de que no se producirá ningún efecto lateral o secundario. Los parámetros asociados a una solicitud GET aparecen como parte del URL, algo que es fácil ver cuando se envía un formulario HTML. Los datos de los campos aparecen en la barra de direcciones del navegador, separados del URL indicado por action mediante un carácter ? y concatenados con el carácter &. En una aplicación AJAX esto no resulta tan patente, porque la solicitud se controla desde el código Javascript y el navegador no tiene conocimiento directo sobre la misma.

A diferencia de GET, el método POST no se considera seguro, es decir, se asume que podría provocar un efecto secundario. Cuando se envía un formulario a un programa de servidor, por ejemplo, es habitual que se realice una modificación en una base de datos o algún trabajo similar. Esto podría provocar que la ejecución dos veces de la misma solicitud no produjese el mismo resultado, algo que en teoría no debería ocurrir con el método GET. Además, los parámetros asociados a la solicitud no forman parte del URL, sino que se envían en un bloque de datos independiente.

Otra diferencia entre los métodos GET y POST, derivada del hecho antes mencionado de que el primero se considera seguro y el segundo no, es que los navegadores asumen que el resultado de una solicitud GET puede ser almacenada localmente en caché, ya que la misma solicitud generaría siempre el mismo resultado. La información devuelta por una solicitud POST, por el contrario, no será almacenada nunca en memoria caché. Esto es algo a tener en cuenta en una aplicación AJAX, dado que el uso del método GET con solicitudes que deberían producir resultados diferentes podría, aparentemente, funcionar mal devolviendo siempre el mismo resultado.

2.4.4. Cabeceras de la solicitud

Una vez que tenemos abierta la solicitud, opcionalmente podemos añadir información adicional mediante el uso de cabeceras HTTP. Un parámetro de cabecera HTTP es una pareja formada por un nombre y un valor, por ejemplo:

```
Accept: text/html, text/xml
...
Cache-Control: no-cache
```

El primer parámetro indica que el cliente acepta, como respuesta a esta solicitud, texto en formato HTML o XML, y que la respuesta no debe ser almacenada en caché localmente por el navegador. Existen decenas de parámetros posibles, todos ellos descritos en el documento http://www.w3.org/Protocols/rfc2616/rfc2616-sec14.html relativo al protocolo HTTP.

Una aplicación AJAX puede utilizar los parámetros de solicitud para fines propios, definiendo parejas a medida que el programa que se ejecute en el servidor sepa cómo procesar. El establecimiento de esos parámetros, desde el código Javascript, se llevaría a cabo mediante el método setRequestHeader(). Para indicar, por ejemplo, que solamente se acepta como respuesta texto en formato XML, añadiríamos la sentencia siguiente al código:

```
objXML.setRequestHeader(
    'Cache-Control', 'no-cache');
```

Imagine los parámetros que se introducen en las cabeceras HTTP como propiedades adicionales que puede asociar a la solicitud y que, en su mayor parte, tendrán sentido únicamente en la medida en que el servidor, o un programa que se ejecute en él, sea capaz de procesarlas o aprovecharlas de alguna manera.

2.4.5. Operativa asíncrona

Al enviar una solicitud al servidor podemos optar por dos modos de funcionamiento diferentes: síncrono o bien asíncrono. El tercer parámetro del método `open()` establece si se utilizará uno u otro, optándose por defecto, como se indicara antes, por el valor `true` que representa un funcionamiento asíncrono.

Si entregamos al método `open()` como tercer parámetro el valor `false`, el funcionamiento del objeto `XMLHttp-Request` será síncrono. Esto quiere decir que al llamar al método `send()`, para enviar la solicitud al servidor, el código se detendrá en ese punto y esperará hasta recibir la correspondiente respuesta. Es decir, la interfaz de la aplicación quedaría aparentemente bloqueada. En este escenario no se produce el evento `onreadystatechange`, sino que es posible leer la respuesta de forma inmediata, en la instrucción siguiente a la llamada a `send()`.

Las aplicaciones AJAX son, por definición, asíncronas, tal y como lo indica la primera de las iniciales. Operar de esta manera permite que la aplicación continúe funcionando normalmente mientras se espera la respuesta de parte del servidor, dando la sensación de ser más ágiles. A cambio añade algo más de complejidad, puesto que no sabemos cuánto va a tardar en llegar la respuesta del servidor. Por ello se recurre al evento `onreadystatechange`, facilitando una referencia al método que deba ejecutarse cada vez que se produzca un cambio de estado en el objeto `XML-HttpRequest`. En dicho método comprobamos si se ha recibido la respuesta y, en caso afirmativo, se procede a usar la información como convenga.

Estado del objeto

Mediante la propiedad `readyState` podemos conocer en cualquier momento el estado en que se encuentra el objeto. De forma habitual, solamente necesitaremos esta información si operamos de forma asíncrona y, por tanto, se va a invocar a un cierto método cada vez que se produzca un cambio de estado.

En el ejemplo del capítulo previo verificábamos si `readyState` contenía el valor 4, porque éste indica que se ha finalizado la recepción de la respuesta del servidor. Los posibles valores de esta propiedad son los siguientes:

- **0**: Estado inicial del objeto, antes de realizar operación alguna sobre él.
- **1**: El método `open()` se ha ejecutado sin problemas.
- **2:** Se ha enviado la solicitud al servidor.

- **3**: Se han recibido las cabeceras HTTP de la respuesta, pero todavía no ha llegado el cuerpo asociado.
- **4**: Ha concluido la transferencia de datos desde el servidor hasta el cliente. La respuesta puede entonces procesarse.

El método asociado al evento `onreadystatechange` podría usar los diferentes estados para llevar a cabo algún tipo de notificación, mediante indicaciones en la interfaz de usuario.

Cancelación de una solicitud

Al operar de manera asíncrona el programa puede continuar realizando otras tareas, en el momento en que se produzca un cambio de estado se interrumpirá el flujo normal de ejecución y se transferirá el control al método asociado a `onreadystatechange`. Si hemos dispuesto en la interfaz la opción adecuada, por ejemplo un botón de cancelación. el usuario podría optar por interrumpir la operación. También tiene sentido anular la solicitud transcurrido un cierto tiempo, asumiendo que por la causa que sea, un error o fallo en la comunicación, el servidor no ha llegado a recibirla o bien se ha perdido la respuesta.

El método `abort()` cancela cualquier comunicación que exista en ese momento a cargo del objeto `XMLHttpRequest`, reiniciando el estado de éste que quedaría como si acabase de crearse. Obviamente esto tendrá sentido solamente antes de que la propiedad `readyState` llegue a tomar el valor 4, momento en el que la comunicación ha finalizado.

2.4.6. Envío de la solicitud

Tras la apertura, con el método `open()`, y posterior configuración de la solicitud, mediante los miembros que acaban de describirse en los puntos previos, llega el momento ahora de enviarla al servidor. Ésta es la finalidad del método `send()` que, teóricamente, se puede usar únicamente si `readyState` contiene el valor 1, es decir, el objeto `XML-HttpRequest` se ha abierto, pero no hay otras solicitudes pendientes de resolver.

El método `send()` puede tomar, opcionalmente, una cadena de caracteres a enviar al servidor, con información adicional a los parámetros incluidos mediante el método `open()`. Si se usa esta posibilidad será necesario indicar, mediante la cabecera `Content-Type` de HTTP, el formato de la información enviada.

Dependiendo de que el objeto esté operando de forma síncrona o asíncrona, el método `send()` bloqueará el programa hasta recibir la respuesta o bien, por el contrario, devolverá el control de forma inmediata, tal y como ya se ha explicado anteriormente.

2.4.7. Tratamiento de la respuesta

Independientemente del modo de comunicación por el que hayamos optado, síncrono o asíncrono, llegará un momento en el cual el estado del objeto nos indique que se ha recibido la respuesta del servidor. Dicha respuesta puede traernos la información que habíamos solicitado o, en caso de que surjan problemas, un mensaje de error. Por ello lo habitual es que comencemos comprobando la propiedad `status`.

En el protocolo HTTP hay definidos una serie de códigos de respuesta, por parte del servidor, que facilitan al cliente información sobre el resultado de su solicitud. La lista completa se encuentra en `http://www.w3.org/Protocols/rfc2616/rfc2616-sec10.html`, siendo algunos de los más habituales:

- **200**: La solicitud se ha procesado satisfactoriamente.
- **401**: No se tiene autorización para acceder al recurso solicitado.
- **404**: No se encuentra el recurso solicitado, generalmente por mala construcción del URL.
- **500**: Error interno del servidor.

Por regla general comprobaremos si `status` contiene el valor 200, en cuyo caso sabemos que la respuesta incluye la información solicitada. En caso de error, aparte del código también encontraremos una descripción textual en la propiedad `statusText`.

Obtención de cabeceras

La respuesta que nos envíe el servidor se compondrá de dos partes bien diferenciadas: una serie de cabeceras, en su parte definidas en el protocolo HTTP, y el cuerpo de la respuesta con la información solicitada.

El objeto `XMLHttpRequest` cuenta con dos métodos que permiten recuperar las cabeceras: `getAllResponseHeaders()` y `getResponseHeader()`. El primero devuelve todas las cabeceras, incluyendo nombres y valores, mientras que el segundo toma como parámetro el nombre de una cabecera y devuelve el valor asociado.

Para comprobar el formato de información que nos devuelve el servidor, por ejemplo, podríamos emplear el método `getResponseHeader()` de la siguiente forma:

```
if(objXML.getResponseHeader('Content-Type') ==
   'text/xml')
 ...
```

Mediante las cabeceras HTTP podemos saber qué servidor es el que nos responde: Apache, IIS, etc., la fecha y hora de la respuesta, el sistema operativo en el que se ejecuta el servidor, etc.

Una aplicación AJAX no suele necesitar la mayor parte de estos datos, ya que es un tipo de programa diseñado para comunicarse con un servidor Web en el que se han instalado partes de esa aplicación y, por tanto, lo normal es que lo conozcamos perfectamente.

Texto o XML

Dependiendo del tipo de información que nos devuelva el servidor, usaremos para recuperarla la propiedad `responseText` o bien `responseXML`. La primera es una cadena de caracteres, con cualquier formato, mientras que la segunda es válida exclusivamente cuando lo que se devuelve es un documento XML.

Aunque la X final de AJAX hace referencia explícita a XML, lo cierto es que en casos sencillos, como el del ejemplo que se ha desarrollado en el capítulo anterior, es habitual que el cliente devuelva una secuencia de caracteres y ésta se recupere mediante la propiedad `responseText`, pudiendo ser incluida directamente en el documento sin más tratamiento.

El uso de XML tiene la ventaja de que facilita la transferencia de información estructurada, que el cliente puede analizar como una serie de datos independientes pero relacionados entre sí. Más adelante conoceremos las bases de XML y aprenderemos a trabajar con este formato desde nuestras aplicaciones.

2.5. Estados y cabeceras en la práctica

Hasta aquí hemos conocido todos los miembros del objeto `XMLHttpRequest` comunes a la mayoría de navegadores, veamos ahora cómo usar en la práctica algunos de ellos. Concretamente queremos recibir una notificación de cambio de estado y ver las cabeceras que recibamos del servidor, para lo cual efectuaremos unos pequeños cambios en el proyecto del capítulo previo.

Comenzaremos modificando el documento PrimerContacto.html, agregando una nueva marca `<span>` a la sección `<div>` que ya teníamos al final. Esta sección quedará ahora como se muestra a continuación:

```
<div style="width:50%; border: dotted 1px">
  <span id="descripcion"></span>
  <hr />
  <span id="cabeceras"></span>
</div>
```

Hemos llamado `cabeceras` a un apartado de texto en el que pretendemos incluir las cabeceras.

A continuación editaremos el código del módulo PrimerContacto.js, concretamente el método `ProcesaRespuesta()` que quedará como se aprecia a continuación:

```
function ProcesaRespuesta()
{

  // mostramos el estado en una ventana
  alert(objXML.readyState);

  if(objXML.readyState == 4)
  // sólo si código HTTP = 200

    if(objXML.status == 200) {
      // mostramos las cabeceras
      document.getElementById(
        "cabeceras").innerHTML = '<pre>' +
        objXML.getAllResponseHeaders()
        + '</pre>';

      // obtenemos la descripción y
      var texto = objXML.responseText;
```

```
    // la introducimos en la página
    document.getElementById(
        "descripcion").innerHTML = texto;
    }
}
```

La primera sentencia emplea la función `alert()` para mostrar en una ventana el estado actual, que irá cambiando según la secuencia indicada anteriormente. A continuación, solamente si el estado es igual a 4, verificamos que la respuesta del servidor es satisfactoria y, en caso afirmativo, obtenemos las cabeceras mediante la función `getAll-ResponseHeaders()` y las introducimos en la página. El resto del código permanece igual. El resultado que generan estas modificaciones es el que se aprecia en la figura 2.1.

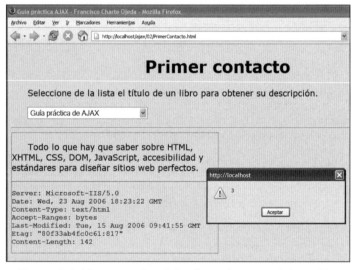

Figura 2.1. Vemos en la página las cabeceras del servidor y en una ventana emergente el estado del objeto.

2.6. Resumen

Una vez que conocemos todos los detalles sobre el objeto `XMLHttpRequest`, tema que ha ocupado este capítulo completo, estamos en disposición de crear aplicaciones

AJAX que aprovechen todas las posibilidades existentes: funcionamiento síncrono o asíncrono, envío y recepción de cabeceras HTTP, control del estado del objeto y de la solicitud, etc. Uno de los aspectos más importantes de una aplicación AJAX es la comunicación entre la interfaz, que se ejecuta en el cliente, y el servidor, y esa comunicación queda a cargo del objeto `XMLHttpRequest`.

El resto de elementos de una aplicación AJAX: la interfaz, la lógica que procesa los datos en el cliente o los elabora en el servidor, no tienen nada que ver directamente con `XMLHttpRequest`, pero son igualmente importantes. En el capítulo siguiente nos ocuparemos de estudiar algunos de los que afectan a la interfaz de usuario.

3

La interfaz de la aplicación

3.1. Introducción

Mediante AJAX podemos crear aplicaciones de las denominadas *de escritorio*, compuestas de una interfaz de usuario con la que interactuarán las personas que las utilicen y una lógica distribuida entre cliente y servidor. La interfaz de usuario es una parte fundamental de este tipo de aplicaciones, ya que es la vía mediante la cual se facilita y recoge información.

En las aplicaciones de escritorio clásicas la interfaz de usuario se genera, según la plataforma elegida, mediante la API Swing o bien AWT en Java, formularios Windows en Microsoft .NET, Qt en Linux, etc. Todas éstas son bibliotecas de componentes ligadas a una cierta empresa, lenguaje o sistema operativo. En una aplicación AJAX, por el contrario, la interfaz se compone mediante XHTML y CSS, dos lenguajes aceptados como estándares universales y que puede interpretar cualquier navegador, sin importar las diferencias entre sistemas operativos, plataformas, lenguajes ni ningún otro aspecto que, tradicionalmente, se convertía en obstáculo para el acceso a esa interfaz.

Para poder diseñar aplicaciones AJAX es fundamental, por tanto, conocer XHTML y CSS a fin de componer la interfaz de usuario. Obviamente en un libro de este tamaño resulta imposible abordar cada uno de los elementos y detalles de dichos lenguajes, existen libros específicos dedicados por completo a los mismos. Este capítulo nos servirá para tener una visión general de ambos, suficiente para crear interfaces de usuario sencillas para nuestras aplicaciones.

3.2. Estructura de un documento XHTML

El lenguaje HTML nació en paralelo a la propia WWW (*World Wide Web*), llamada coloquialmente Web, como un lenguaje pensado para intercambiar documentos entre los pocos usuarios que en principio tenía ese servicio. A pesar de que con los años fueron surgiendo distintas evoluciones de este lenguaje, lo cierto es que ciertas viejas técnicas y el peso de la herencia acumulada le han convertido en un lenguaje con muchas inconsistencias.

XHTML, cuya primera versión se convirtió en recomendación del W3C a principios del año 2000, ha sustituido a HTML poco a poco, siendo XHTML 1.0 el lenguaje preferente en la actualidad para la creación de interfaces de usuario Web. El W3C continúa trabajando, a mediados de 2006, en lo que será XHTML 2.0, pero pasará aún mucho tiempo hasta que los navegadores se adapten a ese nuevo estándar.

El lenguaje XHTML cuenta básicamente con los mismos elementos que HTML 4, salvo excepciones, pero sigue las reglas sintácticas de XML (*eXtensible Markup Language*), lo cual le aporta mucha más consistencia. XML es un estándar para la creación de lenguajes de marcas, empleado en multitud de ámbitos aparte de la propia Web. En cierta forma, XHTML es una aplicación creada con XML.

La especificación completa de XHTML 1.0 se encuentra en http://www.w3.org/TR/xhtml1/, pudiendo encontrarse en ella información sobre todos sus elementos, diferencias respecto a HTML 4, etc.

Los aspectos más importantes son los detallados en los apartados que tiene a continuación.

3.2.1. Reglas básicas

Antes de comenzar a escribir en nuestro editor el código de una interfaz de usuario XHTML, hemos de tener en cuenta una serie de reglas básicas que, en su mayor parte, son aplicables a cualquier documento XML y, por extensión, a XHTML. Las más importantes son las siguientes:

- Al procesar un documento XHTML se distingue entre mayúsculas y minúsculas, algo que no ocurría con HTML, siendo obligatorio que todos los nombres de elementos y atributos aparezcan en minúsculas.

- Todos los elementos no vacíos deben contar con una marca de apertura y otra de cierre, no asumiéndose, como en HTML, que el elemento se cierra automáticamente. En HTML el código siguiente sería válido:

```
<p>Un párrafo de texto<p>Otro párrafo
```

En XHTML este mismo código generaría un error, siendo preciso cerrar cada elemento de una manera adecuada:

```
<p>Un párrafo de texto</p><p>Otro
párrafo</p>
```

- Los elementos vacíos pueden abrirse y cerrarse en una misma marca disponiendo el carácter / delante de >. Por ejemplo, en HTML usaríamos la marca <hr> para introducir una línea horizontal de separación en el documento, mientras que en XHTML escribiríamos <hr />, indicando así que es una marca vacía y que, por tanto, no hay etiqueta de cierre. Sería equivalente a escribir <hr></hr>.

- Los documentos XHTML han de estar bien formados, lo que significa que cada elemento debe contener por completo a sus subelementos, sin solapamientos entre las etiquetas. Tomemos el siguiente ejemplo:

```
<span><p>Párrafo de texto</span></p>
```

Un documento que contuviese este código no estaría bien formado, porque no queda claro si el elemento span contiene por completo al elemento p. Lo correcto sería:

```
<span><p>Párrafo de texto</p></span>
```

- Los valores de los atributos tienen que ir siempre entrecomillados, incluso si no son cadenas de caracteres sino números.

Si utiliza alguna herramienta para componer las interfaces de usuario de sus aplicaciones AJAX, no tendrá que preocuparse por todos estos detalles ya que los productos de diseño en uso actualmente generan código XHTML correcto. No obstante, conocer estas normas le seguirá siendo útil puesto que en ocasiones tendrá que efectuar cambios manuales sobre ese código o bien el escrito por otros desarrolladores.

3.2.2. Elementos obligatorios

Sabemos que un documento XHTML se compone de elementos, cuyas etiquetas de inicio y fin se escriben en minúsculas, al igual que los atributos, y que los valores de éstos han de ir entrecomillados. Centrémonos ahora en cuáles son los elementos mínimos, los indispensables, para componer una interfaz básica.

Como se indicó anteriormente, XHTML es un lenguaje creado a partir de XML por lo que, en el fondo, todo documento XHTML es también un documento XML, aunque con unas marcas determinadas. Los documentos XML se han de iniciar siempre con la marca de proceso `<?xml`, mediante la que se establece la naturaleza del documento, la versión de la especificación XML a la que se ajusta y la codificación empleada para los caracteres. En la práctica, por tanto, la primera línea de todos nuestros documentos XHTML será la siguiente:

```
<?xml version="1.0" encoding="utf-8"?>
```

El siguiente elemento obligatorio es la declaración de tipo de documento, la marca `<!DOCTYPE`, propia de XHTML, en la que se indica cuál es la definición de tipo de documento o DTD (*Document Type Definition*) a la que se ajusta el código. Básicamente tenemos dos opciones: el tipo estricto o el de transición. El segundo permite usar en documentos XHTML algunos elementos de HTML 4 que actualmente se consideran obsoletos, por lo que optaremos preferentemente por utilizar el tipo estricto, incluyendo para ello las líneas siguientes:

```
<!DOCTYPE html
PUBLIC "-//W3C//DTD XHTML 1.0 Strict//EN"
"http://www.w3.org/TR/xhtml1/DTD/xhtml1-
strict.dtd">
```

Tenemos que tener en cuenta que las marcas `<?xml` y `<!DOCTYPE` no son elementos del documento, sino etiquetas de proceso. Ésta es la razón de que no cuenten con una marca de cierre asociada. Salvo estas dos excepciones, el resto del contenido del documento se compondrá de elementos XHTML anidados de manera correcta. Concretamente, deberá existir un elemento `html` conteniendo a un elemento `head` y un elemento `body`, el primero alojará como

mínimo un elemento `title` y el segundo será el contenedor de los distintos elementos de la interfaz. La estructura de bloques sería la mostrada en la figura 3.1.

Figura 3.1. Bloques fundamentales de un documento XHTML.

El elemento `html` es la raíz del documento, siendo obligatorio que cuente con el atributo `xmlns` estableciendo el espacio de nombres correspondiente a XHTML, es decir, el ámbito en el que se definen los distintos elementos de este lenguaje. También es habitual incluir los atributos `lang` y `xml:lang` para indicar el idioma del documento, siendo ambos equivalentes.

Dentro del elemento raíz habrá dos subelementos: `head` y `body`. El primero es la cabecera del documento, que usaremos para establecer su título, facilitar información adicional sobre la página e introducir enlaces a otros documentos tales como hojas de estilo o bien guiones Javascript. El segundo representa el cuerpo de la página, es decir, el contenido de la interfaz de usuario propiamente dicha. Será en este elemento, en `body`, donde introduzcamos encabezados que actúen como títulos, párrafos de texto, elementos de formulario, tablas de datos, etc.

Con todo, el mínimo documento XHTML válido que es posible crear, teniendo en cuenta los elementos obligatorios, la declaración de tipo de documento y la marca de proceso XML, sería el siguiente:

```
<?xml version="1.0" encoding="utf-8"?>
<!DOCTYPE html
PUBLIC "-//W3C//DTD XHTML 1.0 Strict//EN"
"http://www.w3.org/TR/xhtml1/DTD/xhtml1-
strict.dtd">

<html xmlns="http://www.w3.org/1999/xhtml"
     xml:lang="es" lang="es">
 <head>
   <title>
     Guía práctica AJAX -
     Francisco Charte Ojeda</title>
 </head>
 <body>
 </body>
</html>
```

A partir de aquí podríamos ir añadiendo nuevos elementos dentro de head y, especialmente, dentro de body.

3.2.3. Secciones de la interfaz

Centrándonos ya en el cuerpo del documento, el siguiente objetivo será establecer las distintas secciones que compondrán la interfaz de usuario. No existen unas directrices claras en cuanto a las secciones con las que tiene que contar una interfaz, pero es habitual disponer un título o encabezado que identifique la finalidad del programa, una serie de elementos para la visualización y entrada de datos, un área de opciones o botones de acción, etc.

En XHTML las secciones se delimitan mediante elementos div, que podemos imaginar como espacios rectangulares de la interfaz de usuario que visualmente, aunque no es algo opcional, pueden estar delimitados por un borde o contar con un color de fondo que les separe de las demás secciones. Un elemento div admite en su interior cualquier elemento de contenido de XHTML, incluidos otros elementos div, lo cual facilita la composición de interfaces relativamente complejas.

Un elemento similar a div, aunque con mayores limitaciones en cuanto a los elementos que puede contener, es `span`. Con éste se crean subsecciones que pueden contener imágenes, hipervínculos, controles de un formulario, atributos de estilo y otros elementos `span`. Dentro de un elemento de este tipo no puede introducirse, por ejemplo, una tabla, múltiples párrafos de texto o un elemento `div`.

De los distintos atributos con que pueden contar los elementos `div` y `span`, hay dos que nos resultarán especialmente interesantes:

- `id`: Este atributo nos permite asignar un identificador único a cada sección o subsección de la interfaz, identificador que servirá para operar sobre ella desde Javascript. Habitualmente se asigna un identificador únicamente a aquellas porciones de la interfaz que precisen un tratamiento dinámico, obviándose en los elementos que permanecerán invariables.
- `class`: Por medio de este atributo se asocia el elemento XHTML con un determinado conjunto de estilos visuales definidos mediante CSS. A este atributo le asignaremos el nombre del selector CSS que nos convenga, un selector que puede ser reutilizado por múltiples elementos del documento.

El uso de los elementos `div` y `span`, conjuntamente con los atributos `id` y `class`, permite separar claramente el contenido de la interfaz y su estructura, del diseño visual. Dicha separación nos aportará muchas ventajas, facilitando el mantenimiento de la interfaz y la actualización de su aspecto de manera independiente. El código mostrado a continuación corresponde al elemento `body` del documento Estructura.htm. Contiene varios elementos `div`, algunos de ellos anidados, y algo de contenido en forma de títulos y texto simple. Fíjese en el atributo `id` y `class` de cada uno de los elementos. La sección `cabecera` y `pie` comparten un mismo valor en el atributo `class`, lo que significa que tendrán un mismo estilo visual.

```
<body>
 <div id="cabecera" class="horizontal">
   <h1>Título de la página</h1>
 </div>
 <div id="cuerpo">
   <div id="opciones" class="lateral">
    <p>Opciones</p>
    <p><span id="listaopciones"></span></p>
```

```
    </div>
    <div id="contenido" class="central">
      <h2>Área de contenido</h2>
      <p>Aquí se introduciría el contenido</p>
    </div>
  </div>
  <div id="pie" class="horizontal">
    <p>Pie de página</p>
  </div>
</body>
```

Aunque cada sección de este documento tiene un identificador y un selector de estilo asociado, no hemos definido aún hoja de estilos alguna, por lo que la interfaz resultante será muy simple según se aprecia en la figura 3.2.

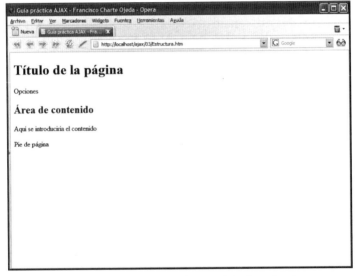

Figura 3.2. Estructura de una interfaz simple.

3.2.4. Organización del contenido

Establecidas las secciones en que se dividirá la interfaz, el paso siguiente será organizar el contenido de cada una de ellas empleando con este fin los elementos adecuados de XHTML. Una sección puede contener desde un simple párrafo de texto, por ejemplo como título o encabezado, hasta una compleja tabla de datos, pasando por listas, ordenadas o sin ordenar, hipervínculos, imágenes, etc.

Los elementos XHTML fundamentales para introducir contenido textual en la interfaz son los siguientes:

- `h1`, `h2`, `h3`, `h4`, `h5` y `h6`: Su contenido será un texto que aparecerá como un encabezado de nivel 1 a 6, siendo el de nivel 1 el que aparece con mayor tamaño.

- `p`: Este elemento representa un párrafo de texto y puede contener a otros elementos que alteren el estilo de porciones de dicho texto.

- `table`: Se utiliza para introducir en la interfaz tablas de datos. La tabla contendrá filas, representadas por elementos `tr`, y cada fila se compondrá de celdas, representadas por elementos `td`. La tabla puede tener o no bordes y, en caso de existir, éstos puede ser de distintos colores y grosor.

- `ol` y `ul`: Mediante estos elementos se crean listas ordenadas (con un índice de secuencia) y sin ordenar (con un bolo u otro carácter de entrada). Cada entrada de la lista se introducirá como un elemento `li`, sin importar que sea ordenada o no, siendo éste prácticamente el único elemento que pueden contener `ol` y `ul`.

- `a`: Las páginas Web suelen estar enlazadas con otras páginas relacionadas a través de hipervínculos, cuya definición se lleva a cabo mediante el elemento `a`. En una interfaz AJAX los hipervínculos no son tan habituales, ya que el usuario lo que espera, al actuar sobre este tipo de elemento, es acceder a otra página distinta, no efectuar algún tipo de operación sobre la actual. El hipervínculo, el elemento `a`, puede contener un texto o una imagen, sobre los que el usuario actuaría para activar el enlace.

- `img`: Con este elemento se introducen imágenes en la interfaz, facilitando la referencia a la imagen mediante el atributo `src`.

- `form`: Este elemento puede aparecer una o más veces en una sección de la interfaz, delimitando en cada caso un formulario XHTML.

Prácticamente todos los elementos citados pueden contar con los atributos `id` y `class` descritos anteriormente, así como con muchos otros de carácter más específico. Esto significa que cada elemento puede tener asociado un selector de estilo y un identificador que permitiría, desde código Javascript, acceder al contenido y atributos de cualquier elemento de la interfaz.

El fragmento de código siguiente muestra el elemento body con las secciones que habíamos definido en el punto anterior, pero con algo de contenido añadido en forma de una imagen que actúa como hipervínculo, una tabla y dos listas, una ordenada y otra sin ordenar. El resultado que se obtiene en el navegador, teniendo en cuenta que todavía no hemos establecido información de estilo alguna, es el de la figura 3.3.

```
<body>
 <div id="cabecera" class="horizontal">
   <h1>Título de la página</h1>
   <a href="http://fcharte.com">
    <img src=
    "http://fcharte.com/imagenes/torrebabel.gif"
    alt="Torre de Babel" />
   </a>
 </div>
 <div id="cuerpo">
   <div id="opciones" class="recuadro">
    <p>Opciones</p>
    <p><span id="listaopciones"></span></p>
   </div>
   <div id="contenido" class="recuadro">
    <h2>Área de contenido</h2>
    <p>Aquí se introduciría el contenido</p>
    <table border="1">
    <tr>
     <td>
      <p class="seccion">Temas</p>
      <ol>
       <li>Programación</li>
       <li>Diseño</li>
       <li>Sistemas</li>
      </ol>
     </td>
     <td>
      <p class="seccion">Encuadernación</p>
      <ul>
       <li>Tapa dura</li>
       <li>Rústica</li>
```

```
      <li>Bolsillo</li>
     </ul>
    </td>
   </tr>
   </table>
  </div>
 </div>
 <div id="pie" class="horizontal">
  <p>Pie de página</p>
 </div>
</body>
```

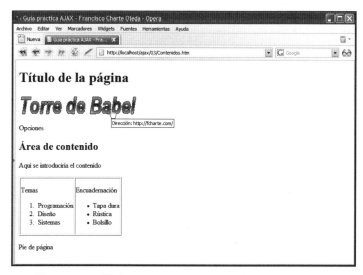

Figura 3.3. El documento con algo más de contenido.

3.2.5. Formularios

Las tablas de datos, imágenes y textos son habituales en cualquier interfaz de usuario, pero si hay un elemento fundamental de la interfaz de una aplicación AJAX ése es, sin duda alguna, el formulario XHTML. Cada formulario, como se ha dicho antes pueden existir varios, tendrá un identificador y una acción asociados. La acción establece el URL del guión de servidor al que se enviará la información, algo que se produce de forma automática, en las páginas Web básicas, cuando se hace clic en el botón de tipo submit. En una aplicación AJAX normalmente no se empleará ese procedimiento, en su lugar se ejecutará una lógica en el cliente que se encargará de comprobar la validez de los datos y, si son correctos, efectuar el envío al servidor.

Los formularios se componen de controles tales como recuadros de texto, listas simples y desplegables, botones de radio, botones de acción, etc. Cada control tendrá asociado un identificador que será útil tanto en el lado cliente de la aplicación, para validar el formulario con código Javascript embebido en la página, como en el lado servidor, donde un guión lo utilizará para recuperar su contenido.

De los controles que podemos emplear en un formulario XHTML, los representados por los siguientes elementos son los más comunes:

- `input`: Dependiendo del valor que asignemos al atributo `type` este elemento hará aparecer en la interfaz un control u otro, existiendo las posibilidades enumeradas en la tabla 3.1.

- `textarea`: Introduce en el formulario un área de texto con un número determinado de columnas y filas, que vendrá determinado por los atributos `cols` y `rows` respectivamente. Se usa habitualmente para permitir que el usuario introduzca un texto más o menos extenso.

- `select`: Se usa para ofrecer una serie de opciones, que habitualmente aparece en forma de lista desplegable, de las que el usuario puede elegir una o varias dependiendo de los atributos empleados.

- `button`: Elemento que permite introducir botones con contenido más elaborado que los que ofrece `input`, por ejemplo con un texto con formato o una imagen.

Tabla 3.1. Valores del atributo type del elemento input.

Valor	Control introducido en la interfaz
text	Recuadro para que el usuario pueda escribir una línea de texto.
password	Como el anterior pero manteniendo el texto oculto, adecuado para solicitar contraseñas.
checkbox	Un botón que el usuario puede marcar o bien desmarcar.

Valor	Control introducido en la interfaz
radio	Un botón de radio, utilizado para dar al usuario varias opciones entre las que puede elegir una.
submit	Un botón que envía el formulario al servidor según lo indicado por el atributo `action` del formulario.
reset	Un botón que restablece los valores del formulario a su estado inicial.
button	Un botón con un texto y función a medida.

Obviamente, aparte de los atributos citados cada uno de estos elementos puede tener muchos otros que encontrará perfectamente detallados en la especificación del estándar XHTML del W3C al que se ha hecho referencia ya anteriormente. El fragmento de código siguiente muestra un formulario en el que se emplean algunos de los controles citados, entre ellos un recuadro de texto en el que se solicita la dirección de correo electrónico, una opción que puede marcarse o desmarcarse, un conjunto de opciones entre las cuales se puede elegir una, una lista desplegable, un área de texto para comentarios y algunos botones. El aspecto del formulario, añadido a la interfaz que hemos ido componiendo a lo largo de este capítulo, sería el de la figura 3.4.

```
<form class="formulario"
  action="ProcesaFormulario">
 <span class="tituloFormulario">
  Datos personales
 </span>
 <p>
  Correo electrónico: <input id="email" />
 </p>
 <p>
  <input type="checkbox" id="boletin" />
  Suscribirse al boletín informativo<br />
  Formato del boletín:
  <input type="radio" id="enhtml" />HTML
  <input type="radio" id="enpdf" />PDF
 </p>
 <p>Profesión
  <select id="profesion">
   <option value="prof1">
```

```
  Diseñador</option>
  <option value="prof2">
  Programador</option>
  <option value="prof3">
  Administrador</option>
  <option value="prof4">
  Arquitecto</option>
  </select>
</p>
<p>Comentarios:<br />
  <textarea id="comentarios" cols="40"
    rows="5"></textarea>
</p>
<p>
  <input type="submit" />
  <input type="reset" />
  <button id="validar">
   <strong>Validar</strong>
  </button>
</p>
</form>
```

Figura 3.4. La interfaz tras añadir el formulario.

3.3. Estilo de la interfaz

Hasta ahora hemos aprendido a introducir en la interfaz de nuestra aplicación el contenido: títulos, tablas de datos, imágenes, listas y formularios, usando para ello XHTML. No nos hemos preocupado en ningún momento, sin embargo, del estilo visual de ese contenido.

Aunque XHTML cuenta con una serie de elementos que afectan al aspecto del contenido, incrementando o reduciendo el tipo de letra, usando atributos como negrita o cursiva, etc., la mayor parte de la información de estilo de una interfaz de usuario AJAX estará contenida en una hoja de estilos CSS. Ésta se almacenará, por regla general, en un archivo independiente al que se hará referencia desde el documento XHTML.

Mediante CSS podemos seleccionar la familia de caracteres para el texto, su tamaño y color, agregar efectos tales como bordes e imágenes de fondo a cualquier elemento, establecer la disposición de los elementos de una lista y los objetos decorativos asociados, fijar el espacio interno y externo de una tabla, etc.

Al igual que ocurre con XHTML, CSS es un estándar y su tratamiento completo requeriría varios cientos de páginas. Lo que se ofrece a continuación, por tanto, es una introducción muy básica y limitada por el espacio disponible, pero que será suficiente para facilitar la composición de interfaces para nuestras aplicaciones AJAX.

3.3.1. Selectores CSS

La sintaxis general de una hoja de estilos CSS será la siguiente:

```
selector1 { propiedades }
selector2 { propiedades }
...
selectorN { propiedades }
```

Cada selector determina los elementos a los que se aplicarán las propiedades contenidas entre llaves, pudiendo efectuarse una selección muy específica, afectando a un único elemento de la interfaz, o muy genérica, estableciendo atributos para todo el documento. Los tipos básicos de selector que podemos emplear son los siguientes:

- `elemento`: Si se usa como selector el nombre de un elemento, por ejemplo `h3`, las propiedades se aplicarán a todas las apariciones de dicho elemento en el documento.
- `.clase`: Utilizando como selector el nombre de una clase, que ha de ir precedido de un punto, las propiedades afectarán a todos los elementos que tengan dicha clase, es decir, que usen el mismo nombre en el atributo `class`.
- `#identificador`: Este tipo de selector afecta a un único elemento, aquél que tiene el identificador indicado en su atributo `id`.
- `*`: Éste es el selector universal, mediante el que se asignan las propiedades de estilo a todos los elementos del documento.

Estos tipos simples de selectores pueden combinarse de distintas formas. La composición `elemento.clase`, por ejemplo, afecta a los elementos del tipo y clase indicados, por ejemplo:

```
p { propiedades }
.seccion { propiedades }
p.seccion { propiedades }
```

El primer selector se aplicará a todos los elementos `p` del documento, el segundo a todos los elementos de clase `seccion` y el tercero es una combinación de ambos, que permite asignar propiedades específicas a los elementos `p` de clase `seccion`.

También pueden utilizarse selectores basándose en otros atributos de los elementos, o bien en las relaciones padre-hijo que tienen los elementos de un documento.

Si nos interesa asociar exactamente las mismas propiedades a varios selectores, no tenemos más que introducirlos uno tras otro separados por comas, en lugar de repetir la lista de propiedades entre llaves. Por ejemplo:

```
h2,h3 { propiedades }
```

Otros selectores de interés son los basados en lo que se denominan *pseudo-clases*, que seleccionan los elementos según su estado o posición. Por ejemplo:

```
li:hover { propiedades }
p:first-line { propiedades }
```

El primer selector afectará al elemento de una lista, concretamente al que se encuentre bajo el puntero del cursor en cada momento. El segundo hace referencia a la primera línea de cada elemento p del documento. Se puede encontrar toda la información necesaria sobre selectores CSS en `http://www.w3.org/TR/CSS21/selector.html`.

3.3.2. Propiedades CSS

La lista de las propiedades a aplicar a los elementos asociados a un determinado selector se compondrá de parejas propiedad-valor, separadas cada una de la siguiente por un punto y coma. Por ejemplo:

```
body { background-color: blue; color: yellow }
```

En este caso `background-color` es el nombre de una propiedad, concretamente la que establece el color de fondo del elemento, mientras que `blue` sería el valor que queremos asignar a dicha propiedad. Ciertas propiedades pueden ir seguidas de varios valores, por ejemplo:

```
h1 { border: solid 1px gray }
```

La propiedad `border` establece el borde alrededor de los elementos, en este caso en torno a los encabezados de primer nivel, fijando el tipo de trazo (`solid`), su grosor (`1px`) y color (`gray`).

Obviamente, para poder componer una hoja de estilos tenemos que conocer tanto las propiedades existentes, su número es muy extenso, como la lista de valores que acepta cada una de esas propiedades. Estas propiedades se agrupan en múltiples categorías: tipo y atributos del texto, colores de tinta y fondo, bordes de los elementos, atributos específicos para tablas, listas, etc.

Algunas de las propiedades que emplearemos con mayor frecuencia son las siguientes:

- `color`: Establece el color de primer plano de un elemento. Los colores se pueden indicar mediante su nombre, por ejemplo `red`, `black`, `yellow`, etc., o bien facilitando sus componentes RGB.
- `background-color`: Establece el color de fondo de un elemento. Alternativamente a un color de fondo se pueden usar las propiedades `background-image` y

`background-position` para colocar una imagen como fondo.

- `font-family`: Sirve para seleccionar una lista de familias de letra en orden de preferencia. Se usará una familia u otra dependiendo de la disponibilidad en el sistema donde se visualice el documento.
- `font-size`: Establece el tamaño del texto, que puede ser absoluto o relativo.
- `font-style`: Mediante los valores `italic`, `oblique` y `normal` de esta propiedad elegiremos el estilo del texto.
- `font-weight`: Se utiliza para determinar el grosor del texto. Algunos valores habituales son `normal`, `bold`, `bolder` y `lighter`.
- `text-align` y `text-indent`: Fijan la alineación y el sangrado del texto.
- `border`: Permite configurar el borde de un elemento, eligiendo el tipo de trazo, grosor y color.
- `margin`: Establece el margen externo alrededor del elemento.
- `padding`: Establece el margen interno, entre el borde del elemento y su contenido.
- `width` y `height`: Mediante estas propiedades se especifica el ancho y alto del elemento, ya sean en unidades absolutas o relativas.

Las propiedades `border`, `margin` y `padding` afectan al borde, margen externo e interno de los cuatro lados del recuadro que corresponda al elemento sobre el que se aplica. Si queremos modificar sólo uno de esos lados, recurriremos a las propiedades `border-top`, `border-left`, `border-right` y `border-bottom`, en el caso de los bordes, y análogamente para los márgenes.

De especial interés resultan las propiedades CSS que afectan al posicionamiento de los elementos y su visibilidad, como `position`, `float` o `display`. En la siguiente hoja de estilos de ejemplo se emplea `float` para conseguir que dos secciones de la interfaz, dos elementos `div`, aparezcan uno junto a otro:

```
/* Configuración general del documento */
body
{   background-color: Silver;
    color: black;
    font-family: Verdana,Arial,Sans-serif;
```

```
    text-indent: 1em;
}

/* Color y alineación de los encabezados */
h1,h2
{
    background-color: Gray; text-align: center
}

/* Atributos específicos de los elementos de
 clase recuadro */
.recuadro
{
    float: left; padding: 1em; margin: 1em;
    border: 2px solid white;
    border-bottom: solid black 4px ;
    border-right: solid gray 4px;
}

/* Atributos para elementos con identificadores
 concretos */
#opciones { width: 15%; }
#contenido { width: 70%; }
#pie
{
    float: left;
    border: dashed 1px;
    width: 100%
}
```

3.3.3. Enlace a hojas CSS externas

Una hoja de estilos, como la anterior, no nos servirá de
nada aislada en un archivo, por sí misma. Tendremos que
aplicarla al documento XHTML, de forma que el contenido
de éste llegue al navegador junto con la hoja de estilos. Es
trabajo del navegador combinar la información de ambos
archivos y aplicar los atributos al contenido.

El enlace entre el documento XHTML y la hoja CSS lo
efectuaremos mediante el elemento link, uno de los que
puede aparecer dentro del elemento head. link se utiliza
para incluir referencias a documentos externos que pueden
ser de diferentes de tipos, siendo necesario facilitar información sobre ellos mediante tres atributos:

- `rel`: Este atributo indica cuál es la relación que el documento externo tiene respecto a la página XHTML. En el caso de las hojas de estilo el valor a asignar es `stylesheet`.
- `type`: Establece el tipo MIME del documento referenciado, que será `text/css` para las hojas de estilo.
- `href`: A este atributo asignaremos el URI de la hoja de estilos, normalmente una referencia relativa conteniendo el nombre del archivo.

Suponiendo que tenemos el documento de ejemplo Contenidos.htm, que hemos ido componiendo a lo largo de este capítulo, solamente tendríamos que modificar el encabezado incluyendo el elemento `link`, como se hace en el fragmento siguiente, para conseguir que la interfaz aparezca en el navegador con el aspecto que se puede apreciar en la figura 3.5.

Figura 3.5. Aspecto de la interfaz tras aplicar la hoja de estilos.

```
<head>
   <link rel="stylesheet"
    type="text/css" href="Estilos.css" />
   <title>
     Guía práctica AJAX
   </title>
</head>
```

3.4. Resumen

Este capítulo nos ha servido para conocer los fundamentos de dos lenguajes, XHTML y CSS, que son indispensables
en la creación de aplicaciones AJAX ya que la interfaz de
dichas aplicaciones se compone con esos lenguajes. Hay que
poner un especial énfasis en que lo que perseguimos es diseñar una interfaz de usuario, no una simple página Web, siendo por ello importante que separemos el contenido, los textos,
controles, imágenes, tablas y listas definidos con XHTML,
del estilo de visual de ese contenido, definido con CSS. Esta
separación hará mucho más fácil tanto el desarrollo inicial
como el posterior mantenimiento de la aplicación.

Una vez que tenemos una interfaz, que por ahora se comporta exclusivamente como una página estática, en el capítulo siguiente conoceremos los eventos que pueden generar
los distintos elementos de la interfaz, así como algunos aspectos sobre su tratamiento. Será un paso más en la consecución de nuestro objetivo.

4

Respuesta a eventos

4.1. Introducción

La interfaz de una aplicación AJAX se compone, según hemos visto en el capítulo previo, de elementos XHTML y atributos de estilo CSS, lo cual permite su visualización en cualquier cliente Web actual, sin que importen las diferencias en las configuraciones de hardware y software entre los equipos de los distintos usuarios. Es una de las grandes ventajas de AJAX, no cabe duda.

Para que una página XHTML/CSS sea realmente una interfaz de usuario, y no una página de contenidos más, también será necesario que reaccione a los eventos apropiados de los elementos que componen esa interfaz, para lo cual es necesario incluir código Javascript debidamente enlazado a esos eventos. La finalidad de ese código dependerá mucho de la naturaleza de la propia aplicación, pero algunos casos típicos son la actualización de una lista de opciones a partir de una selección propia o la validación de los datos introducidos en un formulario. Para cualquiera de estas funciones el código Javascript manipulará la estructura del documento, su contenido y atributos, mediante DOM.

En este capítulo conoceremos algunos de los eventos que pueden utilizarse con distintos elementos XHTML, así como el procedimiento para enlazar dichos eventos con métodos escritos en Javascript. También obtendremos algunos fundamentos básicos sobre DOM (*Document Object Model*), un modelo de objetos que nos permitirá acceder a cualquier elemento del documento, obtener información sobre el mismo y modificarlo.

4.2. Eventos XHTML

Aunque en principio pudiera parecernos que el contenido mostrado en la ventana de nuestro navegador es un documento homogéneo, monolítico y estático, lo cierto es que
para el navegador existe un conjunto heterogéneo de elementos discretos y dinámicos que se combinan para obtener
el documento final. Cada uno de los elementos tiene asociada un área determinada de la ventana en la que se muestra el documento, de forma que las acciones del ratón sobre
dicha área se traducen en eventos generados por el elemento
correspondiente. Además ciertos elementos, especialmente los controles de un formulario, tienen la capacidad de
aceptar el foco de entrada del sistema, recibiendo los eventos generados por el teclado. Existen eventos generados por
el ratón y el teclado, de tipo genérico, así como eventos que
notifican el cambio de estado de un control, por ejemplo al
modificar su contenido o seleccionar una opción. Algunos
eventos se aplican a todos los elementos XHTML por igual,
mientras que otros son de carácter más específico.

Los eventos de los elementos XHTML aparecerán en el
documento como un atributo más, con un nombre y un valor
asociado. Dicho valor puede ser directamente código Javascript o bien el nombre de un método externo al que se invocará cuando proceda. Antes de entrar en estos detalles,
no obstante, vamos a conocer algunos de los eventos que
tenemos a nuestra disposición.

4.2.1. Eventos de ratón

Como en todas las interfaces de usuario actuales, en cualquier aplicación AJAX uno de los dispositivos de entrada
de datos más importantes es el ratón. El puntero del ratón
nos sirve para seleccionar elementos de una lista, marcar
opciones o actuar sobre los botones de la interfaz de usuario. El simple desplazamiento del puntero sobre un elemento puede provocar que éste reaccione de alguna forma. Los
eventos correspondientes a los sucesos generados por el ratón son los siguientes:

- `onclick`, `ondblclick`: Indican que se hizo clic o doble clic sobre el elemento. Un clic es una secuencia de
  pulsación y liberación rápida de un botón del ratón.

- `onmousedown`, `onmouseup`: Se producen al pulsar o liberar, respectivamente, un botón del ratón sobre el elemento.
- `onmousemove`: Comunica que el puntero del ratón está moviéndose sobre el área correspondiente al elemento.
- `onmouseover`, `onmouseout`: Indican que el puntero del ratón ha entrado o salido, respectivamente, del área que corresponde al elemento.

El evento `onclick` suele utilizarse con los botones dispuestos en la interfaz, para desencadenar algún tipo de acción cuando el usuario hace clic sobre ellos. Mediante los eventos `onmouseover` y `onmouseout` podría diseñarse una interfaz que fuese resaltando el elemento sobre el que se encuentre el puntero del cursor en cada momento, por poner un ejemplo.

4.2.2. Eventos de teclado

Aunque XHTML cuenta con atributos para asociar teclas de acceso rápido a los elementos, y los controles de los formularios que aceptan la introducción directa de datos por teclado no precisan intervención externa alguna, la mayoría de los elementos son capaces de generar los tres eventos de teclado siguientes:

- `onkeypress`: Este evento tiene lugar cuando se pulsa y libera una tecla.
- `onkeydown`, `onkeyup`: Son análogos a los eventos `onmousedown` y `onmouseup`, produciéndose cuando se pulsa y libera, respectivamente, una tecla.

En la práctica, cada vez que se pulse una tecla se producirán en secuencia estos tres eventos, primero `onkeydown`, a continuación `onkeyup` y por último `onkeypress`.

4.2.3. Otros eventos

Además de los asociados a teclado y ratón, válidos para cualquier elemento XHTML, hay una serie de eventos que son válidos sólo para ciertos elementos. Por una parte están los eventos `onfocus` y `onblur`, generados por aquellos elementos que son capaces de tomar el foco de entrada del sistema. Entre dichos elementos se encuentran los hipervínculos y todos los controles de los formularios. El evento `onfocus` comunica que el elemento ha adquirido el foco, lo que significa que desde ese momento todas las entradas por teclado irán dirigidas a él. Por su parte, el evento `onblur` indica que el elemento ha perdido el foco de entrada.

Los elementos `input`, `textarea` y `select` comprueban, cuando pierden el foco, si el estado en que se encontraban justo antes de tomarlo ha cambiado o no. En caso afirmativo generan el evento `onchange`, que nos servirá para saber si se ha cambiado un texto, el estado de una opción o el elemento elegido en una lista.

Hay eventos específicos para los formularios, asociados al elemento `form`, como `onsubmit` y `onreset`. El primero se genera justo antes de enviar el formulario al servidor, mientras que el segundo se produce al restablecer los valores de los controles a su estado inicial.

Finalmente tenemos los eventos `onload` y `onunload`, asociados al elemento `body`, que comunican cuándo se ha terminado de recuperar un documento en el cliente o bien cuándo se va a abandonar el documento.

4.3. Enlace entre eventos y código

Como se indicó anteriormente, los eventos aparecerán en el código XHTML en forma de atributos asociados a los elementos que interese, por ejemplo:

```
<div id="cabecera" onclick="...">
```

El valor asociado al evento, en este caso `onclick`, puede ser cualquier secuencia de sentencias Javascript. Esto nos permite efectuar tareas simples introduciendo el código directamente en la definición del atributo, pero no es una técnica aconsejable si se requiere el uso de varias sentencias. Un ejemplo sencillo de esta técnica es la mostrada en el siguiente fragmento de código:

```
<h1 onclick="alert('Has pulsado el título');">
 Título de la página
</h1>
```

Si lo introduce en un documento, comprobará que al hacer clic sobre este encabezado aparecerá una ventana con un mensaje (véase la figura 4.1). Esa ventana es la que abre la función `alert()` de Javascript.

Figura 4.1. Un clic sobre el título hace aparecer una ventana con un mensaje.

4.3.1. Funciones Javascript

Generalmente la acción asociada a un evento será algo más compleja que la simple visualización de un mensaje, siendo entonces recomendable introducir las sentencias apropiadas en una función Javascript, en lugar de escribirlas directamente en la definición del atributo.

Suponga, por ejemplo, que ante el clic sobre el título del ejemplo anterior lo que quiere no es mostrar un mensaje sino alterar el estilo que tiene el título. Para ello deberá obtener una referencia al elemento correspondiente y, a continuación, utilizar las propiedades de dicho elemento para modificar el estilo. Esto es lo que hace el siguiente fragmento de código, en el que se alterna el color de fondo de un título cada vez que se hace clic sobre el mismo:

```
<h1 id="titulo" onclick=
  "elemento=document.getElementById('titulo');
  if(elemento.style.backgroundColor=='#c0c0c0')
    elemento.style.backgroundColor='#0000ff';
  else
    elemento.style.backgroundColor='#c0c0c0';">
  Título de la página
</h1>
```

Utilizando esta misma técnica para componer toda la interfaz de una aplicación, al final obtendríamos una mezcla de código XHTML con Javascript que, aparte de no muy elegante, nos costará mucho mantener. En casos así lo mejor es utilizar el elemento `script` para introducir el código Javascript en la cabecera, ya sea directamente o haciendo referencia a un archivo externo que contenga dicho código, usando la definición del atributo únicamente para invocar a la función adecuada.

En Javascript las funciones son bloques de código, delimitados entre llaves, a los que se asigna un nombre. El bloque se inicia con la palabra `function`, seguida del nombre de la función, la lista de parámetros entre paréntesis y, finalmente, las sentencias a ejecutar. Por ejemplo:

```
<script type="text/javascript">
  function alternaColor() {
    elemento=document.getElementById('titulo');
    if(elemento.style.backgroundColor=='#c0c0c0')
      elemento.style.backgroundColor='#0000ff';
    else
      elemento.style.backgroundColor='#c0c0c0';
  }
</script>
```

Introduciendo este elemento `script` en la cabecera del documento, dentro del elemento `head`, tendríamos definida una función llamada `alternaColor()`. Para invocarla basta con usar su nombre como valor del atributo `onclick`:

```
<h1 id="titulo" onclick="alternaColor();">
  Título de la página
</h1>
```

El efecto final es exactamente el mismo: el color de fondo del título se alterna con cada clic. La diferencia es que en el código XHTML del documento solamente aparece el nombre de una función, no todo el código Javascript necesario para efectuar ese trabajo.

4.3.2. Enlace dinámico de eventos

La separación entre contenido de la interfaz, en forma de etiquetas XHTML, y el código Javascript encargado de efectuar las acciones asociadas a los eventos, puede ir aún más lejos gracias al enlace dinámico entre los eventos y las funciones Javascript. En lugar de agregar a cada elemento XHTML el atributo `onclick`, `onchange`, etc., con el nombre de la función que tiene que ejecutar, el vínculo entre el evento y el código Javascript puede establecerse desde una función Javascript que se ejecute automáticamente al recuperar el documento.

En varios de los ejemplos propuestos hasta ahora hemos recurrido a la función `getElementById()` para obtener una referencia a un cierto elemento de la interfaz, un objeto `element` que cuenta con propiedades y métodos definidos en el modelo de objetos DOM. Entre las propiedades de ese objeto aparecen también los eventos, a los que podemos asignar una referencia a una función Javascript. Tomemos, por ejemplo, el código siguiente:

```
function inicializa() {
    elemento=document.getElementById('opciones');
    elemento.onmouseover=colorAzul;
    elemento.onmouseout=colorGris;
}
```

Es una función que obtiene en la variable `elemento` una referencia al elemento `opciones` del documento actual, enlazando sus eventos `onmouseover` y `onmouseout` con sendas funciones Javascript. Hay que poner especial atención al detalle de cómo se efectúa esa asignación: aparece el nombre de la función sin los paréntesis, ya que no queremos llamar a esa función en este momento sino asociarla con un evento.

Contando con esta función, la definición del elemento `opciones` en el documento sería tan simple como la que se muestra a continuación, sin necesidad de incluir atributos adicionales aparte de `id`:

```
<div id="opciones">
  <p>Opciones</p>
</div>
```

Lo único necesario es asegurar que se invoca a la función `inicializa()` en algún momento, una vez que el cliente haya recuperado el documento completo. El lugar adecuado para llamar a dicha función es, por lo tanto, el evento `onload`. Podemos incluir ese atributo en el elemento `body`:

```
<body onload="inicializa();">
...
```

O bien optar por una asociación también dinámica, incluyendo la línea siguiente en nuestro guión Javascript:

```
window.onload=inicializa;
```

4.3.3. Separación de contenido, estilo y lógica

Una vez conocemos las diferentes técnicas que podemos usar para vincular los eventos de los elementos XHTML con el código Javascript ha llegado el momento de aplicar dicho conocimiento en la práctica con un ejemplo simple pero completo.

Comenzaremos creando una interfaz simple, con una lista de opciones como única sección. Obviando la marca de proceso XML y la declaración de tipo de documento, que serán idénticas siempre y no vamos a repetir, el contenido de nuestro módulo Contenidos.html sería el siguiente:

```
<html  xmlns="http://www.w3.org/1999/xhtml"
       xml:lang="es" lang="es">
 <head>
  <link rel="stylesheet"
    type="text/css" href="Estilos.css" />
  <script type="text/javascript"
    src="Eventos.js">
  </script>
  <title>
     Guía práctica AJAX -
     Francisco Charte Ojeda
  </title>
 </head>
<body>
  <h1>Título de la página</h1>
  <div id="cuerpo">
   <div id="opciones">
    <p>Opciones</p>
    <ul>
     <li>Inicio</li>
     <li>HTML</li>
     <li>CSS</li>
     <li>AJAX</li>
     <li>XML</li>
    </ul>
   </div>
```

```
    </div>
   </body>
</html>
```

En la cabecera del documento se hace referencia a la hoja de estilos Estilos.css, en la cual se configura la interfaz para que la lista de opciones aparezca en un recuadro con una cierta anchura y en una posición concreta:

```
/* Configuración general del documento */
body
{    background-color: Silver;
     color: black;
     font-family: Verdana,Arial,Sans-serif;
     text-indent: 1em;
}

/* Color y alineación de los encabezados */
h1
{
     background-color: Gray; text-align: center
}

/* Atributos para elementos con identificadores
 concretos */
#opciones
{
     position: absolute; left: 40%;
     width: 20%;
     padding: 1em; margin: 1em;
     border: 2px solid white;
     border-bottom: solid black 4px ;
     border-right: solid gray 4px;
}
```

Tal y como puede comprobar, no existe atributo alguno que haga referencia a eventos, solamente aparece en la cabecera la referencia al archivo Eventos.js. El contenido de este archivo será el siguiente:

```
// Funciones que cambian el color de fondo de
// uno de los elementos del documento
 function colorAzul() {
     elemento=document.getElementById('opciones');
     elemento.style.backgroundColor="blue";
 }
```

```
function colorGris() {
    elemento=document.getElementById('opciones');
    elemento.style.backgroundColor="silver";
}

// Esta función enlaza los eventos del elemento
// opciones con las dos funciones anteriores
function inicializa() {
    elemento=document.getElementById('opciones');
    elemento.onmouseover=colorAzul;
    elemento.onmouseout=colorGris;
}

// Enlazamos el evento onload con la función
// inicializa()
window.onload=inicializa;
```

La última línea no está dentro de ninguna función, por lo que se ejecuta automáticamente tan pronto como llega al navegador. En ese momento se asocia el evento onload con la función inicializa(), que se ejecutará una vez que la recepción del documento haya terminado. Entonces se enlazarán los eventos onmouseover y onmouseout del recuadro que contiene las opciones, el elemento opciones, con las funciones colorAzul() y colorGris(), que se encargarán de alterar el color de fondo del recuadro cada vez que el puntero del ratón se sitúe dentro o fuera del área correspondiente. En la figura 4.2 se ve la interfaz funcionando.

4.4. DOM

Ya sabemos que las interfaces de usuario AJAX se componen mediante marcas XHTML, es decir, como páginas Web. En este sentido pueden ser generadas mediante aplicaciones de diseño, la oferta es amplísima, que en ocasiones facilitan también la composición de las hojas de estilo. Una parte de la creación de la interfaz de la aplicación, por tanto, podemos prepararla sin necesidad de escribir código manualmente. No obstante, hemos de recordar que es necesario asignar identificadores a los elementos de la interfaz que van a contar con algún comportamiento dinámico, recurriendo para ello al atributo id. Sin ese identificador será difícil tratar los elementos desde el código Javascript.

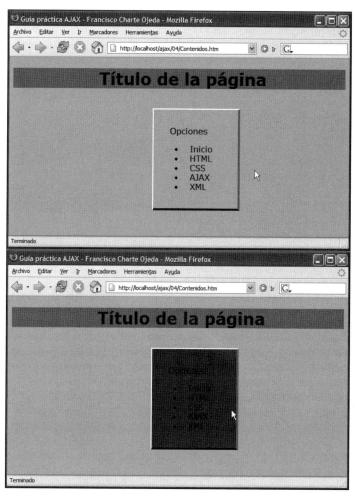

Figura 4.2. El fondo del recuadro cambia según donde se encuentre el puntero del ratón.

El comportamiento dinámico de las interfaces de usuario AJAX se obtiene mediante una combinación de código Javascript y la manipulación del contenido de los elementos XHTML o sus atributos. Esa manipulación se lleva a cabo mediante DOM, un estándar W3C que facilita el trabajo con documentos XML y HTML. En cierta forma, podríamos decir que Javascript es el lenguaje de programación y DOM el API o conjunto de servicios que podemos emplear para operar sobre la interfaz.

La especificación de DOM se divide en varios niveles o versiones, que el W3C ha convertido en recomendaciones oficiales desde 1998 hasta 2004. En `http://w3.org/DOM` puede encontrarse toda la información sobre DOM: especificaciones, herramientas, baterías de pruebas, etc. En dicha página encontrará un enlace que permite comprobar los elementos de DOM que contempla el navegador desde el que se está accediendo al documento. En la figura 4.3, por ejemplo, se aprecia que Opera soporta la mayor parte de las características del nivel 2 de DOM y algunas del nivel 3.

DOM Module	DOM Level 1	DOM Level 2	DOM Level 3
Core: basic methods (Level 1 and 2) and extensions for XML Namespaces (Level 2 only)	-	supported	2004
XML: extensions for XML 1.0	supported	supported	2004
HTML: extensions for HTML 4.0x (Level 1 and 2) and support of XHTML 1.0 (Level 2 only)	supported	supported	N/A
Views: used with the Level 2 CSS and UIEvents DOM modules	N/A	supported	N/A
StyleSheets: association between a style sheet and a document	N/A	supported	N/A
CSS: extensions for cascading style sheets	N/A	supported	N/A
CSS2: extensions for Cascading Style Sheets Level 2	N/A	supported	N/A
Events: generic events system	N/A	supported	N/A
UIEvents: basic user interface events	N/A	supported	N/A
MouseEvents: mouse device events	N/A	supported	N/A
MutationEvents: events for mutations in a DOM tree	N/A	supported	N/A
HTMLEvents: HTML 4.01 events	N/A	supported	N/A
Range: extensions to manipulate a range in a DOM tree	N/A	supported	N/A
Traversal: Alternative traversal methods of a DOM tree	N/A	supported	N/A
LS: Loading a document into a DOM tree	N/A	N/A	supported
LS-Async: Asynchronous loading of a document into a DOM tree	N/A	N/A	supported
Validation: Schema-oriented modification of a DOM tree	N/A	N/A	2004

Figura 4.3. Verificamos los elementos de DOM cuyo uso contempla el navegador.

Para poder codificar una interfaz AJAX funcional no es necesario conocer hasta el último detalle de DOM, pero sí tener un conocimiento básico de los objetos fundamentales de este modelo. En la especificación del W3C encontrará la descripción pormenorizada y precisa que resulta ideal como material de referencia. Lo que tiene a continuación es una introducción al modelo de objetos DOM.

4.4.1. Acceso a los elementos del documento

Desde el punto de vista de DOM, todos los elementos, atributos y contenidos de un documento XHTML son objetos `Node`. Estos objetos cuentan con una serie de propiedades comunes, pero también con aspectos específicos que diferencian a unos de otros. Un nodo que representa a un elemento XHTML es distinto al nodo que representa a un atributo o un texto. De todos esos nodos existe uno, llamado `document`, especialmente importante porque es la raíz del documento. Partiendo de `document` es posible recorrer la jerarquía de nodos del documento, mediante propiedades `childNodes`, `firstChild`, `nextSibling`, etc., así como obtener información sobre cada nodo sirviéndonos de las propiedades `nodeName`, `nodeType`, `nodeValue` y `attributes`.

Aunque mediante las propiedades citadas podríamos recorrer el documento XHTML de forma secuencial, realmente no es algo que resulte útil en la práctica, diseñando una interfaz AJAX. En una aplicación de este tipo los elementos clave de la interfaz cuentan con un identificador, o bien son de un tipo determinado, por lo que nos resultará mucho más fácil acceder directamente al elemento adecuado, en lugar de ir buscándolo secuencialmente, mediante las siguientes funciones del objeto `document`:

- `getElemensByTagName()`: Sirve para recuperar una lista de todos los elementos del documento que tiene un cierto nombre. Una sentencia como la siguiente, por ejemplo, recuperaría la lista de botones existentes en la interfaz:

  `document.getElementByTagName('button')`

- `getElementsByName()`: Similar a la anterior, pero en este caso se devuelve la lista de elementos del documento que tienen un cierto valor en su atributo `name`. Esto nos permitiría acceder a una colección determinada de elementos a los que hemos dado el mismo valor en dicho atributo, independientemente de su tipo.

- `getElementById()`: Es el método que hemos usado en la mayoría de los ejemplos propuestos hasta el momento. Devuelve el elemento que tiene el identificador que se indique en su atributo `id`. A diferencia de lo que ocurre con name, el atributo id no puede tener el mismo valor en más de un elemento, por lo que este método no devuelve una lista de elementos sino un elemento aislado.

Una vez que tenemos una referencia a un elemento de la interfaz, podemos recurrir a propiedades como id, title, lang, className, etc., para obtener información sobre el mismo en caso de que la necesitáramos. En la mayoría de los casos sabremos cuáles son las características del objeto que estamos manipulando, por lo que procederemos directamente a tratar su contenido y sus atributos.

4.4.2. Manipulación de atributos y contenido

Suponiendo que ya tenemos una referencia a un elemento, DOM nos ofrece múltiples métodos para obtener sus atributos, cambiarlos, eliminarlos, añadir y eliminar subelementos, alterar el contenido, etc. Algunos de esos métodos son:

- getAttribute(): Recupera el valor del atributo cuyo nombre se indique como parámetro.
- setAttribute(): Modifica el valor del atributo. Este método precisa como parámetros el nombre del atributo y su nuevo valor.
- removeAttribute(): Elimina el atributo cuyo nombre se facilite como argumento.
- appendChild(): Añade un nuevo nodo como subelemento del elemento actual, como por ejemplo un nuevo párrafo de texto al final de una sección del documento.
- removeChild(): Elimina uno de los nodos del elemento.
- replaceChild(): Sustituye un nodo del elemento por otro nuevo.

Los métodos appendChild() y replaceChild() precisan para su funcionamiento una referencia a un nuevo nodo, que se va a añadir o bien va a sustituir a uno de los existentes. Ese nuevo nodo hay que crearlo, para lo cual recurriremos a los métodos createElement(), createTextNode() y createAttribute() del objeto document, según los casos.

4.4.3. Adición dinámica de elementos

Valiéndonos de algunos de los aspectos que hemos conocido sobre DOM, vamos a crear una interfaz en la que se vayan añadiendo elementos de forma dinámica. Concretamente partiremos de un formulario vacío, al que se añadirá un nuevo botón cada vez que se haga clic sobre el formulario. Dichos botones, además de con un título, responderán también a la pulsación cambiando el color del título, es decir, no serán objetos estáticos de la interfaz sino que tendrán asociada una determinada función, aunque sea muy sencilla.

El código del documento XHTML, al que llamaremos UsoDOM.html, será el siguiente:

```
<html  xmlns="http://www.w3.org/1999/xhtml"
       xml:lang="es" lang="es">
 <head>
  <link rel="stylesheet"
    type="text/css" href="Estilos.css" />
  <script type="text/javascript"
    src="UsoDOM.js">
  </script>
  <title>
      Guía práctica AJAX -
      Francisco Charte Ojeda
  </title>
 </head>
 <body>
 <form action="" id="opciones">
 </form>
 </body>
</html>
```

Observe que se hace referencia a la misma hoja de estilos que teníamos de ejemplos anteriores, por lo que el selector #opciones afectará al formulario puesto que éste tiene el identificador opciones. El formulario, por tanto, aparecerá con un recuadro alrededor, que será el área en la que deberemos hacer clic con el ratón para añadir nuevos elementos.

Lo único que añadiremos a la hoja de estilos, al archivo Estilos.css, será el selector siguiente:

```
.opcnula {  color: gray }
```

Este selector establece que aquellos elementos que tengan el valor `opcnula` en el atributo `class` aparecerán en color gris.

Hasta aquí no tenemos nada especial, solamente una página con un formulario vacío llamado `opciones`. En la cabecera del documento, sin embargo, se hace referencia al archivo UsoDOM.js, que contiene el código que se muestra a continuación:

```javascript
// Una variable para ir incrementando
 var indice=0; // el índice de opción

 // Función a ejecutar cada vez que se haga clic
 // en el formulario
 function anadeOpcion() {
   // obtenemos el elemento que representa al
   // formulario
   var elemento =
      document.getElementById('opciones');
   // y creamos un nuevo elemento input
   var opcion=document.createElement('input');

   indice++; // incrementamos el contador

   // Configuramos los atributos del nuevo
   // elemento para que se comporte como botón
   opcion.setAttribute('type', 'button');
   opcion.setAttribute('value',
      'Opción ' + indice);

   // le asignamos al evento onclick el código
   // que tiene que ejecutar
   opcion.onclick = function(e) {
     if(!e) { // en el caso de IE
       e=window.event;
       e.srcElement.setAttribute(
         'className', 'opcnula');
     } else { // en los demás casos
       this.setAttribute('class','opcnula');
     }
   }

   // Añadimos el nuevo botón al formulario
   elemento.appendChild(opcion);
 }
```

```
// Función de inicialización
function inicializa() {
    elemento=document.getElementById('opciones');
    elemento.onclick=anadeOpcion;
}


// Enlazamos el evento onload con la función
// inicializa()
window.onload=inicializa;
```

La ejecución automática de la función `inicializa()`, cuando el navegador haya recibido por completo el documento, se encargará de asociar el evento `onclick` del formulario con la función `anadeOpcion()` definida con anterioridad. En dicha función se utiliza el método `create-Element()` de `document` para crear un nuevo elemento `input`, recurriendo al método `setAttribute()` de éste para configurar sus atributos `type` y `value`.

El bloque de código más interesante seguramente sea el que asocia una función con el evento `onclick` del nuevo botón. En lugar de efectuar una asignación del tipo `opcion.onclick=mifuncion;` y escribir la función `mifuncion` en otro punto, se ha optado por definirla *in situ*. En el código de esta función, a la que no es necesario asignar uno nuevo ya que se asocia directamente con el evento, se comprueba si el navegador que está ejecutando la interfaz es Internet Explorer, en cuyo caso se ejecutan unas ciertas instrucciones, o bien cualquier otro, caso éste en que la variable `e` no será nula y se ejecutarán las sentencias que hay tras `else`.

Cuando se haga clic sobre uno de los botones añadidos dinámicamente, en lugar de sobre el fondo del formulario, queremos que el texto del botón pase a mostrarse en gris. Para ello tenemos que modificar un atributo, concretamente el atributo `class`, asignándole el valor `opcnula` que es el selector que habíamos añadido a la hoja de estilos. Puesto que los botones se han ido añadiendo dinámicamente y no cuentan con un identificador único, aunque podríamos haberlo añadido, no podemos utilizar el método `getEle-mentById()` para obtener el elemento correspondiente. Aquí es donde entra en escena la referencia `this`, para la mayoría de los navegadores, o bien `window.event.src-Element`, para Internet Explorer 6 y anteriores. Esas referencias representan al elemento que ha generado el evento, es decir, al botón sobre el que se ha hecho clic. Usaremos, por lo tanto, el método `setAttribute()` de ese elemento para modificar la clase.

En ciertos lenguajes la palabra `class` está reservada, es el caso de Javascript, por lo que cuando una propiedad o un atributo tienen ese nombre se opta por cambiarlo. Una referencia del tipo:

```
opcion.class='clase';
```

provocaría un error porque la palabra `class` se interpreta de una forma especial, no como el nombre de una propiedad o atributo. Ésta es la razón de que en la mayoría de los navegadores se opte por el identificador `className` para hacer referencia al atributo `class` de XHTML. Esta limitación, sin embargo, no afecta a las referencias que van entrecomilladas, del tipo:

```
opcion.setAttribute('class','valor');
```

Al estar entrecomillada, `'class'` no representa ningún caso especial para Javascript y no es más que una secuencia de caracteres como cualquier otra. Internet Explorer, no obstante, mantiene el cambio de denominación también en ese caso. Ésta es la razón de que para ese navegador se emplee la notación:

```
opcion.setAttribute('className','valor');
```

Si ejecutamos nuestra interfaz, accediendo al archivo UsoDOM.html desde el navegador, y hacemos clic sobre el formulario veremos cómo van añadiéndose botones. Un clic sobre cualquier botón cambiará el color del texto, como se aprecia en la figura 4.4.

4.4.4. Propagación de eventos

Un comportamiento que seguramente no le parezca muy lógico, en cuanto al funcionamiento de este último ejemplo, es que al hacer clic sobre un botón determinado no solamente se cambie el color de su texto sino que, además, se añada un nuevo botón al formulario. Lo que ocurre es que se está ejecutando tanto el evento `onclick` del botón como el del formulario porque, al fin y al cabo, el botón forma parte del formulario. Es el procedimiento habitual en que se propagan los eventos en una interfaz XHTML.

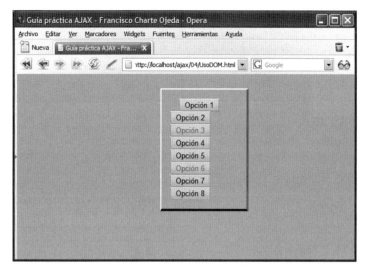

Figura 4.4. La interfaz tras añadir varios botones al formulario.

Que éste sea el comportamiento habitual no significa que no podamos cambiarlo. Podemos interrumpir la propagación de los eventos en el punto que nos interese, en este caso cuando el evento `onclick` esté siendo procesado por el botón. La forma de hacerlo difiere según que el navegador sea Internet Explorer o cualquier otro.

En Internet Explorer el objeto `window.event` tiene una propiedad, llamada `cancelBubble`, que determina si ha de cancelarse la propagación del evento. Basta con asignarle el valor `true` para efectuar esa cancelación. Para los demás navegadores nos serviremos del método `stopPropagation()` que expone el objeto recibido como parámetro por la función asociada al evento, en este caso la variable `e`.

Resumiendo, para que al hacer clic sobre un botón el evento no se propague al formulario tendremos que modificar el código asociado a `opcion.onclick` dejándolo como se muestra a continuación:

```
opcion.onclick = function(e) {
  if(!e) { // en el caso de IE
    e=window.event;
    e.srcElement.setAttribute(
      'className', 'opcnula');
```

```
    e.cancelBubble=true;
  } else { // en los demás casos
    this.setAttribute('class','opcnula');
    e.stopPropagation();
  }
}
```

Hecho este cambio, y refrescada la página en el navega-dor, comprobará que la interfaz ahora se comporta de for-ma más coherente.

4.4.5. Otras propiedades

Además de las citadas en los puntos previos, DOM cuen-ta con muchas otras propiedades que pueden servirnos para acceder a la información de estilo del elemento, su conteni-do o incluso los documentos que están vinculados al actual.

Algunas de dichas propiedades las hemos utilizado en ejemplos previos, es el caso de `style`, que facilita el acce-so a la información de estilo, e `innerHTML/innerText`, que sirve para obtener y modificar el contenido de un cier-to elemento.

También existen propiedades que son específicas de de-terminados elementos. Si tenemos una referencia a un ele-mento `image` en una variable Javascript, ésta contará con propiedades como `src` y `alt`, que establecen el origen de la imagen y el texto alternativo en caso de que no pueda ser mostrada.

Si bien la documentación de referencia sobre DOM es la del W3C, en `http://developer.mozilla.org/es/docs/DOM` puede encontrar explicaciones que seguramen-te le resultarán más claras sobre DOM y su aplicación con Javascript.

4.5. Resumen

Al término de este capítulo conocemos los distintos even-tos con que cuentan los elementos de una interfaz XHTML, así como los mecanismos que podemos usar para enlazar esos eventos con código Javascript. Resulta interesante se-parar lo más posible el contenido de la interfaz, en XHTML, del estilo visual, en CSS, y la lógica, escrita en Javascript, ya que con ello se simplifica tanto la implementación inicial como el posterior mantenimiento.

También hemos conocido las bases de DOM, un modelo que nos permite, desde Javascript, acceder a los elementos del documento, sus atributos y su contenido, lo cual nos abre las puertas tanto a recuperar información de la interfaz como a modificar ésta de la forma que nos convenga en cada caso.

Si hay un elemento reiterativo a lo largo de este capítulo, y que le resultará imprescindible para desarrollar aplicaciones AJAX, ése es sin duda alguna el lenguaje Javascript. En el capítulo siguiente conocerá con algo más de detalle este lenguaje.

5

Javascript

5.1. Introducción

Uno de los pilares de AJAX, no en vano la inicial J aparece ahí por él, es el lenguaje Javascript. Creado por Netscape en 1995 para la versión 2.0 de su navegador, inicialmente se denominó LiveScript. Poco tiempo después Microsoft incorporaba a su navegador una implementación de ese mismo lenguaje, al que denominó JScript, aunque con ciertas diferencias. Cada nueva versión de Netscape y de Internet Explorer incorporaba novedades en sus particulares implementaciones de Javascript, cada vez más incompatibles entre sí, tendencia que llegó a su fin cuando ambas empresas acordaron que un organismo independiente, concretamente la institución europea de estandarizaciones ECMA, crease una especificación común del lenguaje que sería la tomada como referencia para futuras versiones de sus respectivos navegadores. Dicha especificación de referencia se denominó EcmaScript.

La primera versión de EcmaScript surgió en 1998, seguida por actualizaciones en años posteriores que, en menor o mayor medida, han sido incorporadas en los distintos navegadores en uso actualmente. La especificación de la tercera edición de EcmaScript, fechada en diciembre de 1999 y que es la empleada como guía por los distintos fabricantes, puede obtenerse de `http://www.ecma-international.org/publications/standards/Ecma-262.htm`. Actualmente es la fundación Mozilla la que sigue trabajando en la evolución de Javascript con un mayor ahínco, facilitando documentos tan interesantes como la referencia de

Javascript 1.5, en `http://developer.mozilla.org/en/` `docs/Core_JavaScript_1.5_Reference`, y las novedades que traerá la versión 1.6. Hay que tener en cuenta, no obstante, que las nuevas características tardarán un tiempo en ser de uso general, ya que su implementación en los distintos navegadores no es algo inmediato.

Hasta aquí, muy resumida, tenemos la historia de un lenguaje de programación interpretado, dinámico y asociado por regla general a su uso en el interior de páginas Web que se abren en un navegador. Aunque Javascript no es nuevo, de hecho existe desde hace más de una década, ha sido precisamente su uso en el desarrollo de aplicaciones AJAX lo que le ha llevado a resurgir. En este capítulo conoceremos los fundamentos de este lenguaje, un conocimiento que combinado con lo que ya hemos aprendido de DOM y los eventos de los elementos XHTML nos permitirá construir interfaces AJAX más eficientes y dinámicas.

5.2. Envío de información al documento

En el capítulo previo aprendimos a usar DOM para acceder a los elementos XHTML de la interfaz y sus atributos, facilitando así la manipulación de estilos y contenidos. El objeto `document` cuenta con un método, no mencionado hasta el momento en este libro, que nos permite enviar información al documento, agregar nuevo contenido sin alterar el ya existente o bien sustituyéndolo. Dicho método se denomina `write()` y su uso es muy sencillo, ya que basta con facilitar como parámetro la cadena de caracteres, número, expresión o variable que se quiere añadir como contenido al documento.

Este método resulta especialmente interesante en los casos en los que se introducen fragmentos de código entre las etiquetas XHTML, mediante el elemento `script`, introduciendo el nuevo contenido en el punto correspondiente. El documento siguiente es un ejemplo de este uso:

```
<html xmlns="http://www.w3.org/1999/xhtml"
      xml:lang="es" lang="es">
 <head>
  <title>
    Guía práctica AJAX -
    Francisco Charte Ojeda
```

```
  </title>
 </head>
 <body>
  <h1>Adición de contenido</h1>
  <p>Éste sería el contenido inicial del
documento, al que se añadiría el generado por
los guiones Javascript.</p>
  <script type="text/javascript">
   document.write(
    'Texto añadido desde Javascript con fecha '
    + Date());
  </script>
  <p>Tras el texto añadido por el guión hay un
texto estático adicional</p>
 </body>
</html>
```

Al abrir esta página en el navegador obtendrá un resultado similar al de la figura 5.1, donde se puede apreciar el texto introducido por la sentencia Javascript con la fecha y hora de ese instante, obtenidos mediante la función `Date()`.

Figura 5.1. El contenido del documento se ha generado parcialmente desde Javascript.

Obviamente el método `write()` no es la mejor opción para operar sobre una interfaz AJAX, pero nos resultará útil para centrarnos en el estudio de las principales característica de Javascript sin tener que preocuparnos de obtener referencias a elementos XHTML, modificar atributos o contenido con DOM, etc. Basta con preparar un documento vacío con un elemento `script` alojando las sentencias que nos interese probar, sin más.

En todos los ejemplos de este capítulo usaremos un documento base, como el del ejemplo anterior pero sin los párrafos de texto estático, conteniendo las marcas `<script>` y `</script>` en el cuerpo como único contenido. Será entre esas marcas donde introduzcamos el código a probar en cada caso. De esta forma nos concentraremos en la sintaxis de Javascript y reduciremos el espacio necesario para los ejemplos.

5.3. Operandos y operadores

En los lenguajes de programación se denomina *expresión* a lo que en matemáticas llamaríamos normalmente fórmula, pudiendo definirse como una combinación de operandos y operadores que, tras ser evaluada, generará un resultado. Las expresiones pueden ser tan simples como éstas:

```
5+2
```

```
7>4
```

En la primera se pretende sumar los dos operandos, los números que aparecen a izquierda y derecha del operador +, mientras que en la segunda se establece una relación entre los operadores, concretamente la relación *mayor que* entre el primero y el segundo.

Para poder componer expresiones es fundamental, por tanto, saber qué operadores son los que podemos utilizar. Imagine que, en este contexto, Javascript es como una calculadora científica. Dependiendo de la que utilice tendrá más o menos funciones disponibles y usará un determinado conjunto de símbolos para efectuarlas.

5.3.1. Operadores aritméticos

El conjunto de operadores aritméticos es el que nos permite realizar cálculos matemáticos básicos, como la suma, resta, multiplicación y división. La tabla 5.1 resume los operadores de este tipo que reconoce Javascript.

Tabla 5.1. Operadores aritméticos.

Operador	Operación efectuada
+	Suma.
-	Diferencia.
*	Producto.
/	División.
\	División entera.
%	Resto de división entera.

Observe que para multiplicar dos números no se usa el símbolo matemático X sino el asterisco. La división se indica mediante el símbolo /. El operador % también efectúa la división del primer operador entre el segundo, pero devolviendo el resto final cuando sea ya menor que el cociente.

5.3.2. Operadores relacionales

En Javascript los operadores relacionales, enumerados en la tabla 5.2, no se usan para indicar explícitamente la relación existente entre los operandos, sino que sirven para comprobar si esa relación se da o no. Si escribimos 4 > 7, un error matemáticamente hablando, no vamos a obtener ningún tipo de error como respuesta, sino que se evaluará esa expresión y determinará que la relación no se cumple, es falsa.

La evaluación de una expresión aritmética devuelve un resultado numérico: la suma, resta, multiplicación o división de los operandos. Una expresión relacional no tendrá como resultado un número, sino los valores true o false. El primero indica que la relación indicada se da entre los operandos, es cierta, mientras que el segundo nos comunicaría exactamente lo contrario.

La posibilidad de verificar si un cierto operando es igual o no, mayor o menor que otro es interesante en multitud de casos. Imagine, por ejemplo, que desea validar los datos de un formulario comprobando si el valor que contiene un cierto campo se encuentra en un rango determinado. Esa comprobación precisaría uno o más operadores relacionales.

Tabla 5.2. Operadores relacionales.

Operador	Descripción
==	Comprueba la igualdad entre los dos operandos.
!=	Comprueba la desigualdad entre los dos operandos.
<	Comprueba que el primer operando sea menor que el segundo.
<=	Comprueba que el primer operando sea menor o igual que el segundo.
>	Comprueba que el primer operando sea mayor que el segundo.
>=	Comprueba que el primer operando sea mayor o igual que el segundo.

5.3.3. Operadores lógicos

Todos los lenguajes de programación cuentan con un grupo de operadores, conocidos como operadores lógicos o *booleanos*, que permiten aplicar sobre los operandos lo que se conoce como *lógica o álgebra de boole*. Ésta se basa en una serie de operadores y unas *tablas de verdad* asociadas, siendo los tres principales los operadores Y, O y NO. El primero de ellos actúa sobre dos operandos que deberán ser true o false, siendo su tabla de verdad la descrita en la tabla 5.3. También el operador O actúa sobre dos operandos del mismo tipo pero, tal como se aprecia en la tabla 5.4, su tabla de verdad es diferente.

Finalmente, el operador NO se limita a invertir el único operando al que afecta.

Tabla 5.3. Tabla de verdad del operador lógico Y.

Primer operando	Segundo operando	Resultado
true	true	true
true	false	false
false	true	false
false	false	false

Tabla 5.4. Tabla de verdad del operador lógico O.

Primer operando	Segundo operando	Resultado
true	true	true
true	false	true
false	true	true
false	false	false

Tabla 5.5. Tabla de verdad del operador lógico NO.

Operando	Resultado
true	false
false	true

En Javascript los operadores lógicos están representados por los símbolos enumerados en la tabla 5.6, sirviendo generalmente para comprobar que dos o más expresiones relacionales se cumplen, que se cumple alguna de ellas, etc.

Tabla 5.6. Operadores lógicos.

Operador	Símbolo
Y	&&
O	||
NO	!

Mediante estos operadores podría crear expresiones como las siguientes:

```
23<45 && 63<45

23<45 || 63<45
```

El resultado de estas expresiones se obtendría evaluando primero las dos expresiones relacionales, lo cual daría una expresión intermedia como ésta:

```
true && false

true || false
```

El primer `true` es resultado de la expresión `23<45`, al ser cierto que 23 es menor que 45. De manera análoga, el valor `false` se debe a que la relación `63<45` no es cierta. Las expresiones intermedias se evalúan según las tablas de verdad anteriores, obteniendo finalmente dos resultados:

```
false
```

```
true
```

5.3.4. Ejemplos de expresiones

Veamos en la práctica cómo podríamos usar varios de los anteriores operadores en distintas expresiones de ejemplo, simplemente para efectuar algunas operaciones aritméticas y comprobar la relación entre distintos valores numéricos.

La página en sí se compone únicamente de un encabezado y el guión introducido directamente detrás, tal y como se había apuntado anteriormente. En el código utilizaremos múltiples veces la instrucción `document.write(texto)` para añadir información al documento. El método `write()` es capaz de introducir en la página no únicamente un texto, sino también el resultado que se obtenga de una expresión. Esto nos permitirá evaluar expresiones aritméticas, relacionales y lógicas y observar directamente qué ocurre. El código a introducir en la página, como contenido del elemento `script`, es el siguiente:

```
document.write(
    '<p>Algunas operaciones aritméticas</p>');
document.write('<ul><li>Suma: 23+45=<strong>');
document.write(23+45);
document.write(
    '</strong></li><li>Resta: 68-23=<strong>');
document.write(68-23);
document.write('</strong></li><li>' +
    'Multiplicación: 23*2=<strong>');
document.write(23*2);
document.write(
    '</strong></li><li>División: 68/2=<strong>');
document.write(68/2);
document.write('</strong></li><li>' +
    'Resto de división: 23/4=<strong>');
document.write(23%4);
document.write('</strong></li></ul>');
```

```
document.write(
  '<p>Algunas operaciones relacionales</p>');
document.write(
  '<ul><li>Igualdad: 23==45=<strong>');
document.write(23==45);
document.write('</strong></li><li>' +
  'Desigualdad: 23!=45=<strong>');
document.write(23!=45);
document.write('</strong></li><li>' +
  'Mayor que: 23>45=<strong>');
document.write(23>45);
document.write('</strong></li><li>' +
  'Mayor o igual que: 23>=45=<strong>');
document.write(23>=45);
document.write('</strong></li><li>' +
  'Menor que: 23<45=<strong>');
document.write(23<45);
document.write('</strong></li><li>' +
  'Menor o igual que: 23<=45=<strong>');
document.write(23<=45);
document.write('</strong></li></ul>');

document.write(
  '<p>Algunas operaciones lógicas</p>');
document.write(
  '<ul><li>And: 23<45 && 63<45=<strong>');
document.write(23<45 && 63<45);
document.write('</strong></li><li>' +
  'Or: 23<45 || 63<45=<strong>');
document.write(23<45 || 63<45);
document.write(
  '</strong></li><li>Not: !(23>45)=<strong>');
document.write(!(23>45));
document.write('</strong></li></ul>');
```

La apertura del documento XHTML en el navegador provocará la ejecución de este código, que producirá el resultado que se aprecia en la figura 5.2.

5.4. Variables

Los resultados obtenidos de la evaluación de las expresiones no siempre se envían directamente a la página o se introducen como contenido de un elemento, siendo interesante su almacenamiento temporal para una utilización posterior. En una página HTML los datos se introducen como contenido de los elementos, en una hoja de cálculo como información distribuida en celdillas y, en el caso de un programa, los datos se almacenan en unos recipientes llamados *variables*.

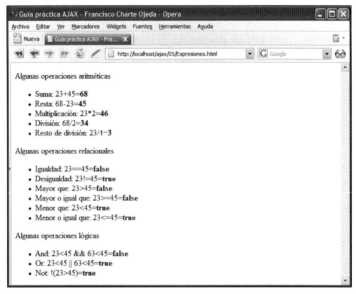

Figura 5.2. Evaluación de distintas expresiones en Javascript.

Una variable no es más que una porción de la memoria del ordenador a la que se le asigna un nombre, pudiendo guardar en ella la información que nos interese. Ese nombre lo decidimos nosotros. Como norma básica y general, utilice letras, mayúsculas y minúsculas, y números para dar nombres a las variables, evitando los espacios y símbolos tales como guiones, barras y otros similares.

Aunque no es totalmente obligatorio, cuando se usa por primera vez una variable, estableciendo en ese momento el nombre que tendrá y su contenido inicial, por convención se pone delante la palabra clave `var`, señalándose esa sentencia como si fuese la declaración de la variable. Por ejemplo:

```
var  Suma=23+45;
```

En este caso la variable sería `Suma` y su contenido sería el resultado de la expresión `23+45`. En este contexto el símbolo = actúa como operador de asignación, no de igualdad. Lo que indica este operador es que debe guardarse en el primer operando, el que está a su izquierda, el segundo operando, dispuesto a la derecha. Ese segundo operando no tiene necesariamente que ser una expresión, pudiendo guardarse directamente un número, un texto o el contenido de otra variable, por ejemplo:

```
var Horas=24;
var Minutos=60;
var MinutosDia=Horas*Minutos;
```

Al igual que XML o XHTML, Javascript diferencia entre mayúsculas y minúsculas. Es algo que debe tener en cuenta al escribir las palabras clave, por ejemplo no se entendería `Var` en lugar de `var`, y también con los nombres de variables y objetos. Si hemos creado una variable con el nombre `Horas` debemos escribir siempre ese nombre igual, con la inicial en mayúscula.

Una variable puede entregarse como parámetro al método `write()`, enviando su contenido al documento, y también a `alert()`, para mostrarlo en una pequeña ventana emergente. En realidad una variable puede aparecer en cualquier contexto donde esté permitido su contenido, como irá viendo a medida que avance en el conocimiento de este lenguaje.

En el siguiente guión, que introduciríamos en un documento como el del ejemplo anterior, puede ver cómo se utilizan distintas variables para contener valores y el resultado de la evaluación de algunas expresiones. Fíjese en cómo se utiliza el operador + con textos, en la sentencia donde se crea la variable `Mensaje`. En ese contexto dicho operador no efectúa una suma, sino que se limita a unir las distintas partes: una porción de texto, un número y otro texto, dando lugar a un nuevo texto. El resultado obtenido en la página debería ser el de la figura 5.3.

```
var Horas=24;
var Minutos=60;
var MinutosDia=Horas*Minutos;
var Mensaje='Un día tiene ' + MinutosDia +
  ' minutos';

document.write('<p>' + Mensaje + '</p>');
```

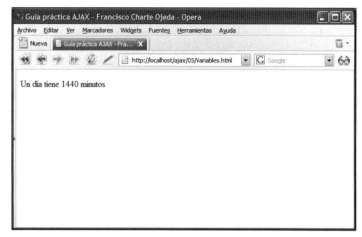

Figura 5.3. En la página obtenemos el contenido de la última variable en forma de párrafo de texto.

5.4.1. Operadores que actúan sobre variables

Además de los operadores aritméticos, relacionales y lógicos antes enunciados, Javascript cuenta con una serie de operadores adicionales que tienen aplicación práctica casi exclusivamente cuando se usan de manera conjunta con una variable. Dicha lista de operadores está compuesta por los enumerados en la tabla 5.7.

Tabla 5.7. Operadores que actúan sobre variables.

Operador	Descripción
++	Incrementa el contenido de la variable en una unidad.
--	Reduce el contenido de la variable en una unidad.
+=	Suma a la variable indicada como primer operando el segundo operando.
-=	Resta de la variable indicada como primer operando el segundo operando.
*=	Multiplica la variable indicada como primer operando por el segundo operando.

Operador	Descripción
/=	Divide la variable indicada como primer operando entre el segundo operando.
%=	Halla el resto de dividir la variable indicada como primer operando por el segundo operando.

En todos los casos, el resultado de la operación quedará en la variable de origen. Puede comprobar el funcionamiento de algunos de estos operadores con el guión siguiente:

```
var Dias=31; // Valor inicial de la variable

document.write(
    '<p>Días enero: ' + Dias + '</p>');
Dias -= 3; // Restamos 3 al contenido
document.write(
    '<p>Días febrero: ' + Dias + '</p>');
Dias += 3; // Sumamos 3 al contenido
document.write(
    '<p>Días marzo: ' + Dias + '</p>');
Dias--; // Restamos 1 al contenido
document.write(
    '<p>Días abril: ' + Dias + '</p>');
// Multiplicamos el contenido por 12
Dias *= 12;
document.write(
    '<p>Días año comercial: ' + Dias + '</p>');
```

Observe cómo se han incluido algunos comentarios utilizando los caracteres //, para aclarar cada operación. La página resultante será la de la figura 5.4. Las operaciones efectuadas serían equivalentes a éstas:

```
Dias = Dias - 3;

Dias = Dias + 3;

Dias = Dias + 1;

Dias = Dias * 12;
```

Lo que conseguimos con los operadores de la tabla 5.7, por lo tanto, es abreviar la expresión ya que el primer operando que actúa en ella y la variable receptora del resultado son uno mismo.

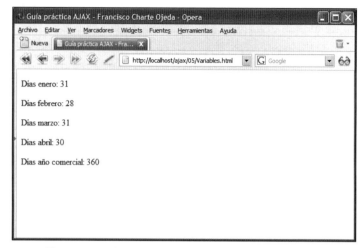

Figura 5.4. Algunas operaciones aritméticas sobre una variable.

5.5. Estructuras de control

En los ejemplos previos las sentencias se han ejecutado de forma secuencial, una tras otra, generando siempre el mismo resultado. En la mayoría de las ocasiones habrá sentencias que solamente nos interese ejecutar bajo ciertas condiciones, por ejemplo cuando se dé una cierta circunstancia, y sentencias que haya que ejecutar más de una vez para obtener el resultado que se persigue.

Javascript cuenta con instrucciones cuya única finalidad es controlar el flujo de ejecución del código, dando lugar a lo que se conoce como estructuras de control. Básicamente existen dos tipos de estructuras de control: las condicionales y las de repetición.

5.5.1. Estructuras condicionales

Tras los ejemplos anteriores seguramente ya tenemos más o menos clara la utilidad de los operadores aritméticos, pero ¿qué ocurre con el resto de operadores? Según indicábamos antes, todos ellos se caracterizan por evaluar una expresión y devolver un resultado que puede ser true o false. Este tipo de valores son adecuados, por ejemplo, para crear condicionales en el guión.

Un condicional se compone de una sentencia en la que se evalúa una expresión, relacional o lógica, y una o más sentencias que serían procesadas en caso de que el resultado de esa evaluación sea `true`. La sintaxis es la siguiente:

```
if (expresión)
    sentencia;
```

En caso de que nos interese ejecutar más de una sentencia si la expresión devuelve `true`, en lugar de sólo una, tendremos que delimitarlas entre llaves así:

```
if (expresión)
{
    sentencia1;
    sentencia2;
    ...
}
```

Dichas sentencias se ejecutarán únicamente en el caso de que la expresión introducida entre los paréntesis, tras la instrucción `if`, sea evaluada como `true`. Las sentencias que pudiese haber detrás de las llaves, por el contrario, se procesarán con indiferencia del condicional. Suponga que tiene en un guión las líneas siguientes:

```
if(Edad<18)
    document.write('<p>Eres menor de edad.</p>');

document.write('<p>Eres mayor de edad.</p>');
```

En caso de que la variable `Edad` tenga un valor igual o superior a 18 aparecería únicamente el texto que indica que es mayor de edad, pero en caso contrario aparecían ambos, en primer lugar el que comunica que es menor de edad y a continuación el segundo. En este caso concreto lo que interesa no es obviamente eso, sino que aparezca el primer mensaje si se da la condición y el segundo exclusivamente si no se da. Podríamos conseguirlo así:

```
if(Edad<18)
    document.write('<p>Eres menor de edad.</p>');

if(Edad>=18)
    document.write('<p>Eres mayor de edad.</p>');
```

Ahora sí aparecería un mensaje u otro, según que la variable `Edad` contuviese un valor menor que 18 o no, pero hemos utilizado dos condicionales, dos sentencias `if`, cuando podemos hacer el mismo trabajo añadiendo la palabra `else` que, en este contexto, deberíamos traducir como *en caso contrario*. Por ejemplo:

```
if(Edad<18)
    document.write('<p>Eres menor de edad.</p>');
else
    document.write('<p>Eres mayor de edad.</p>');
```

Aquí el condicional es `Edad<18`, que de ser `true` haría que el agente de usuario procesara la sentencia que hay en la línea siguiente, mientras que en caso contrario se procedería a ejecutar la que haya tras la palabra `else`.

Además de expresiones tan sencillas como la utilizada en estos fragmentos, un condicional puede estar basado en expresiones más complejas en las que se combinen operadores relacionales, lógicos y varios niveles de paréntesis. Por ejemplo:

```
var Año = 2006;

if((Año % 4 == 0) &&
    ((Año % 100 != 0) ||
    (Año % 400 == 0)))
    document.write(
    '<p>El año '+ Año +' es bisiesto</p>');
else
    document.write(
    '<p>El año '+ Año +' no es bisiesto</p>');
```

El condicional en este caso está formado por una expresión lógica compuesta de tres subexpresiones relacionales: para que el año se considere bisiesto debe ser divisible por 4 pero no por 100 a menos que también lo sea por 400. Observe cómo se han empleado los paréntesis para agrupar las expresiones. El resultado será la aparición en el documento de una indicación como la de la figura 5.5. Puede cambiar el valor de la variable `Año` para comprobar la expresión con otros años. El año 2000 fue bisiesto, pero no lo fue el año 1900 ni lo será el año 2100.

Aunque Javascript cuenta con más instrucciones para la construcción de condicionales, en principio con conocer `if` y `else` tendremos suficiente para escribir guiones sencillos.

Figura 5.5. Resultado de la evaluación del condicional.

5.5.2. Estructuras de repetición

Mediante un condicional ya podemos añadir a nuestros documentos un contenido u otro dependiendo de que una cierta expresión sea cierta o falsa, una posibilidad que tiene multitud de aplicaciones. Otra necesidad habitual, al escribir un guión o cualquier otro tipo de programa, es repetir el proceso de una o más sentencias. En nuestro caso esta repetición nos permitiría, por ejemplo, agregar varios párrafos de texto a la página sin tener que escribir múltiples sentencias document.write(texto). La construcción que permite repetir una o más sentencias se denomina técnicamente *bucle*, y Javascript cuenta con varias instrucciones para componerlos.

Los bucles también se controlan mediante condicionales, repitiéndose mientras que una expresión devuelva true o, lo que es lo mismo, deteniendo la repetición cuando esa expresión se evalúa como false. Uno de los tipos de bucle más típicos es éste:

```
while (expresión)
   sentencia;
```

Como en el caso de los condicionales, si son varias las sentencias a repetir tendremos que delimitarlas entre llaves. La expresión utilizada para controlar la repetición del bucle se verá, de una forma u otra, afectada por esas sentencias, ya que de lo contrario la repetición no se daría nunca o, por el contrario, no tendría fin. Tenga en cuenta que un bucle mal definido, que no tenga fin, podría provocar el bloqueo del agente de usuario que procesa el guión.

127

Combinando bucles y condicionales pueden conseguir-
se resultados tan elaborados como el de la figura 5.6, en la
que aparecen todos los años desde 1900 hasta 2200 resal-
tándose los que son bisiestos.

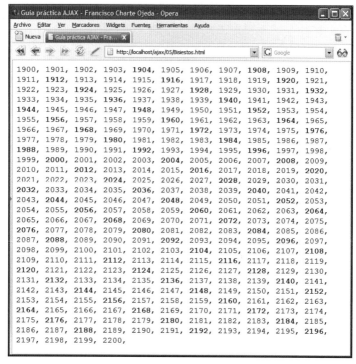

Figura 5.6. Lista de años con los bisiestos destacados.

El código para producir esta página es el siguiente:

```
var Anio = 1900;
var AnioFin = 2200;

while(Anio<=AnioFin)
{
    if((Anio % 4 == 0) &&
        ((Anio % 100 != 0) ||
        (Anio % 400 == 0)))
        document.write('<strong>' +
            Anio + '</strong>, ');
```

```
else
   document.write(Anio +', ');
Anio++;
}
```

Los bucles en los que el condicional está basado en el contenido de una variable cuyo valor se incrementa o reduce a cada ciclo, como en el caso anterior, son tan habituales que existe una instrucción específica para ellos:

```
for (variable=valor; condicional; variable++)
   sentencia;
```

Tal y como puede ver, entre paréntesis hay tres partes bien diferenciadas: la asignación de un valor inicial a la variable, el condicional que debe evaluarse a cada ciclo para determinar si se sigue o no repitiendo y, finalmente, la modificación de esa variable, ya sea incrementando su valor, reduciéndolo o efectuando cualquier otro tipo de operación.

Al igual que las listas XHTML, los bucles pueden anidarse unos dentro de otros. De esta forma podría crearse un bucle que repitiese N veces a otro que, a su vez, repetiría M veces una sentencia que, a la postre, sería procesada NxM veces. Lo verá mucho más claro con un ejemplo como el siguiente, que genera una serie de tablas de multiplicar:

```
for(Tabla=1; Tabla<=10; Tabla++)
{
   document.write(
    '<p style="float: left; margin: 1em">' +
    '<strong>Tabla del ' + Tabla +
    '</strong><br /><code>');
   for(Numero=1; Numero<=10; Numero++)
   {
     Producto=Tabla*Numero;
     Texto = Tabla + 'x' + Numero +"=" +
       Producto;
     document.write(Texto + '<br />');
   }
   document.write('</code></p>');
}
```

Hemos usado dos bucles `for` para conseguir que la multiplicación de un número por otros 10 se repita 10 veces, produciendo el resultado de la figura 5.7. Imagine la cantidad de elementos XHTML que tendría que haber escrito para obtener esa misma página sin un guión.

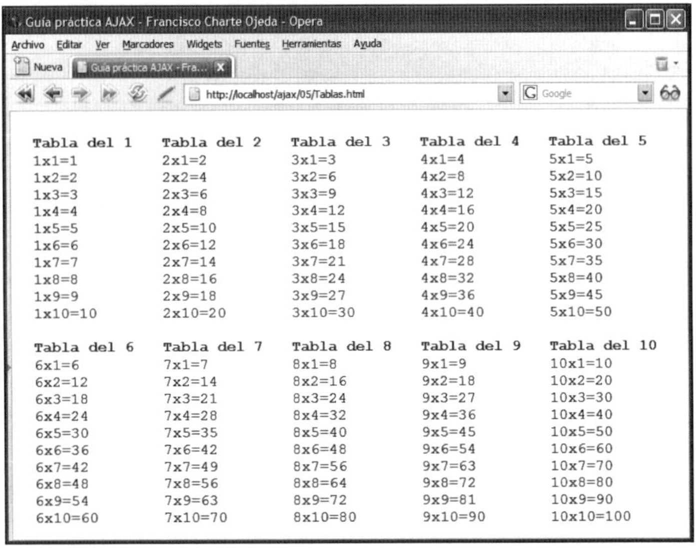

Tabla del 1	Tabla del 2	Tabla del 3	Tabla del 4	Tabla del 5
1x1=1	2x1=2	3x1=3	4x1=4	5x1=5
1x2=2	2x2=4	3x2=6	4x2=8	5x2=10
1x3=3	2x3=6	3x3=9	4x3=12	5x3=15
1x4=4	2x4=8	3x4=12	4x4=16	5x4=20
1x5=5	2x5=10	3x5=15	4x5=20	5x5=25
1x6=6	2x6=12	3x6=18	4x6=24	5x6=30
1x7=7	2x7=14	3x7=21	4x7=28	5x7=35
1x8=8	2x8=16	3x8=24	4x8=32	5x8=40
1x9=9	2x9=18	3x9=27	4x9=36	5x9=45
1x10=10	2x10=20	3x10=30	4x10=40	5x10=50

Tabla del 6	Tabla del 7	Tabla del 8	Tabla del 9	Tabla del 10
6x1=6	7x1=7	8x1=8	9x1=9	10x1=10
6x2=12	7x2=14	8x2=16	9x2=18	10x2=20
6x3=18	7x3=21	8x3=24	9x3=27	10x3=30
6x4=24	7x4=28	8x4=32	9x4=36	10x4=40
6x5=30	7x5=35	8x5=40	9x5=45	10x5=50
6x6=36	7x6=42	8x6=48	9x6=54	10x6=60
6x7=42	7x7=49	8x7=56	9x7=63	10x7=70
6x8=48	7x8=56	8x8=64	9x8=72	10x8=80
6x9=54	7x9=63	8x9=72	9x9=81	10x9=90
6x10=60	7x10=70	8x10=80	9x10=90	10x10=100

Figura 5.7. La página con las diez tablas de multiplicar.

Observe que en este guión se ha introducido información de estilo directamente en el elemento `p`, en lugar de utilizando una hoja de estilos independientes, por hacer más sencillo el ejemplo. Mediante la propiedad `float` se consigue que cada tabla aparezca a la derecha de la anterior, en vez de hacerlo debajo, siempre que quede espacio suficiente a la derecha. La propiedad `margin` establece un margen que impide que las tablas aparezcan pegadas unas a otras.

5.6. Funciones

Operaciones como la comprobación de si un año es o no bisiesto, de relativa complejidad, pueden ser precisas de forma más o menos habitual y, en principio, tendríamos que recordar la expresión usada para aplicarla en cada punto donde surja esa necesidad. Para evitar ese trabajo repetitivo existen las funciones, nombre con el que se conocen los conjuntos de sentencias que se independizan, dándoseles un nombre, y que pueden recibir argumentos y devolver un resultado. Ya hemos visto, básicamente, cómo escribir funciones en algunos ejemplos de capítulos previos.

5.6.1. Definición de funciones

Las funciones hay que definirlas, indicando cuál será su nombre, los parámetros con los que trabajará, las sentencias que debe procesar y el resultado que devolvería, para, posteriormente, utilizarlas donde se precise simplemente escribiendo su nombre seguido de unos paréntesis y los argumentos que fuesen necesarios. Ese uso es lo que se conoce como *invocación* o *llamada* a la función. De momento, para definirla usaríamos la sintaxis siguiente:

```
function  NombreFuncion(Parametro1,Parametro2..)
{
    sentencias;
    return resultado;
}
```

La palabra `function` es la que indica a Javascript que lo que tiene a continuación es la definición de una función, compuesta del nombre, la lista de parámetros y, entre llaves, las sentencias a procesar. La palabra `return` es una instrucción que irá seguida del resultado a generar y su aparición es opcional. Para nombrar a las funciones seguiremos las mismas normas dadas antes para las variables. Lo mismo es aplicable para los parámetros, cada uno de los cuales se identificará con un nombre creado por nosotros.

Teniendo definida la función, podríamos utilizarla desde cualquier punto de nuestro guión con sentencias del tipo:

```
Resultado=NombreFuncion(
    Parametro1,Parametro...);
```

En la variable `Resultado` tendríamos al final el valor que la función, mediante la instrucción `return`, hubiese generado. No es obligatorio guardar ese valor en una variable, pudiendo ser utilizado directamente en una expresión condicional, aritmética o de cualquier otro tipo.

A continuación tiene el código de un ejemplo en el que hemos independizado la expresión que comprueba si un año es o no bisiesto.

Esta función podría estar en un documento independiente, enlazado desde la cabecera de la página XHTML. En el guión que hay en el cuerpo se recurre a dicha función para generar básicamente el mismo resultado que teníamos, pero en este caso con un bucle `for` y sin tener que escribir directamente la expresión que verifica si el año es bisiesto.

```
// Esta función comprueba si el año entregado
// como argumento es o no bisiesto y devuelve
// true o false
function EsBisiesto(Anio)
{
    if((Anio % 4 == 0) &&
       ((Anio % 100 != 0) ||
        (Anio % 400 == 0)))
      return true;
    else
      return false;
}
// Bucle para recorrer un rango de años
for(Anio=1900; Anio<=2200; Anio++)
    // comprobando si son o no bisiestos
    if(EsBisiesto(Anio))
      document.write('<strong>' +
        Anio + '</strong>, ');
    else
      document.write(Anio +', ');
```

El resultado que genera este código es exactamente el mismo que obteníamos antes: una lista de años con los que son bisiestos destacados en negrita.

5.6.2. Funciones predefinidas

Al escribir nuestros guiones podemos definir tantas funciones como necesitemos, normalmente con un cometido específico para el objetivo que persigamos en cada momento, pero también tenemos a nuestra disposición una serie de funciones predefinidas por Javascript. Una de esas funciones es `alert()`, que hemos usado anteriormente para mostrar un texto en una pequeña ventana. Algunas otras son:

- `confirm()`: Plantea una pregunta al usuario, en una ventana similar a la de `alert()`, y devuelve `true` o `false` dependiendo de la respuesta elegida.
- `prompt()`: Permite solicitar un dato al usuario en una ventana similar a la de `alert()`.
- `parseInt()`: Convierte los caracteres de una cadena que sean numéricos en un valor, un número entero, que podría utilizarse en expresiones aritméticas.
- `parseFloat()`: Similar a la anterior, pero en este caso convertiría números con parte decimal.

Estas funciones se utilizan como cualquier otra, escribiendo su nombre seguido de los parámetros entre paréntesis y usando el resultado como nos convenga.

5.6.3. Funciones de objetos

Las anteriores funciones son globales, en el sentido de que pueden ser usadas en cualquier momento y desde cualquier punto de un guión. No hay ningún requisito previo para poder llamar a `alert()` o `parseInt()`. Existen otras funciones, por el contrario, que pertenecen a un objeto y actúan sobre él, son los llamados *métodos*, de los cuales conocimos varios al tratar DOM, en un capítulo previo.

Algunos objetos son únicos, como es el caso de `document`, y representan elementos que ya existen cuando nuestro guión se pone en marcha. Otros, por el contrario, pueden ser creados a demanda, según los necesitemos. Si tenemos que guardar una fecha, por ejemplo, podemos crear un objeto específico para ese tipo de dato de esta manera:

```
UnaFecha = new Date();
```

En principio la variable `UnaFecha` sería un objeto que contendría la fecha actual, pero utilizando los métodos que tiene asociados podría modificarse esa fecha, obtener sus distintas partes, convertirla a otro formato, etc.

El código siguiente nos muestra cómo utiliza tres de los métodos: `getSeconds()`, para recuperar los segundos; `getMilliseconds()`, para obtener los milisegundos, y `toLocaleString()`, para convertir la fecha a formato local. La página obtenida será parecida a la de la figura 5.8.

```
// Hoy tiene la fecha de hoy
Hoy = new Date();
// que enviamos a la página
document.write(Hoy);
document.write('</p><p>');
// Extraemos los segundos y milisegundos
document.write(Hoy.getSeconds() +
   '.' + Hoy.getMilliseconds());
document.write('</p><p>');
// Asignamos una nueva fecha
Hoy = new Date(67,1,1);
// y la convertimos a formato local
document.write(Hoy.toLocaleString());
```

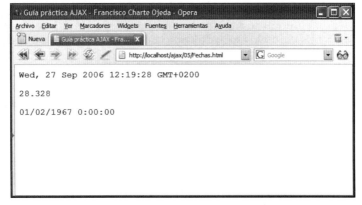

Figura 5.8. La página con los datos sobre fechas.

Los objetos disponibles en Javascript y sus métodos es una información de referencia que podrá encontrar en la especificación del ECMA indicada al inicio del capítulo. Simplemente hay que conocer el nombre de cada uno y su finalidad. Además también pueden existir objetos externos, no propios de Javascript, como es el caso de `document`.

5.7. Resumen

Tras leer este capítulo tenemos unas nociones generales del lenguaje Javascript, sabiendo cómo formular expresiones de distintos tipos, usar variables para el almacenamiento temporal de la información, construir condicionales y bucles y cómo aislar grupos de sentencias repetitivas en funciones. También sabemos, por haberlo tratado en capítulos previos, cuáles son los puntos de un documento XHTML en los que podemos introducir esos guiones: la cabecera, el cuerpo y los atributos asociados a eventos.

Los ejemplos de este capítulo han utilizado el elemento `script` alojado en el cuerpo, limitándose a agregar contenido a la página. De esta forma hemos podido centrarnos en el aprendizaje del lenguaje, una base que será imprescindible en los capítulos posteriores. En el siguiente abordaremos el tratamiento en el cliente, con Javascript, de la información recibida del servidor ante una solicitud.

6

Obtención de datos

6.1. Introducción

En el segundo capítulo conocimos dos de los métodos fundamentales del objeto XMLHttpRequest: open() y send(). Con ellos es posible establecer comunicación con el servidor, en la mayoría de los casos para obtener algún tipo de información, empleando para ello solicitudes GET y POST. También se introdujeron los códigos de estado, tanto del objeto XMLHttpRequest como los propios del protocolo HTTP, aunque no entramos en muchos más detalles sobre su uso.

Los ejemplos que hemos escrito siempre han operado sobre archivos de texto, obtenidos directamente mediante una solicitud hecha al servidor Web. En la práctica, como ya sabemos, las solicitudes se dirigirán a un guión del servidor, tema del que nos ocuparemos en el siguiente capítulo, y los datos generalmente no serán simples cadenas de texto, sino que tendrán una cierta estructura.

A lo largo de este capítulo vamos a profundizar en el proceso por el que la parte cliente de la aplicación, el código Javascript que se ejecuta en el navegador, obtiene información del servidor y la procesa. Conoceremos algunos detalles adicionales sobre los estados de la solicitud y su tratamiento, algunas limitaciones al respecto y cómo es posible superarlas y, finalmente, analizaremos cómo tratar información estructurada, concretamente con formato XML. Al fin y al cabo, la X final de AJAX hace referencia a XML porque lo habitual es emplear dicho lenguaje para transferir los datos desde el servidor hasta el cliente.

6.2. Comunicación con el servidor

Sabemos que una aplicación AJAX puede comunicarse con el servidor en dos modos distintos: síncrono y asíncrono. Lo habitual es emplear el segundo porque aporta más ventajas, respecto al primero, que desventajas. También conocemos superficialmente los dos métodos HTTP usados para conectar con el servidor, los ya mencionados GET y POST, pero quizá no seamos aún conscientes de las limitaciones y problemas que puede conllevar el uso de uno u otro.

Los distintos códigos numéricos que nos facilita la propiedad readyState del objeto XMLHttpRequest nos permiten saber cuál es su estado en cada momento. Si bien hasta ahora no nos ha interesado nada más que comprobar que el valor de esa propiedad era igual a 4, indicando así que la respuesta del servidor se había recibido satisfactoriamente, habrá situaciones en que también nos incumban otros estados. Otro tanto ocurre con los códigos de estado HTTP, alojados en la propiedad status, y el mensaje descriptivo de esos códigos, almacenado en statusText.

6.2.1. Envío de solicitudes

Para enviar una solicitud desde nuestra interfaz AJAX hacia el servidor, lo primero que tenemos que hacer es invocar al método open() del objeto XMLHttpRequest. En el apartado 2.4.3 del segundo capítulo se enumeraron los parámetros que acepta esta función, de los cuales únicamente los dos primeros son indispensables: una cadena con el método de solicitud y otra cadena con el URL al que se enviará dicha solicitud.

La cadena con el método de solicitud será generalmente GET o POST, pero en realidad puede ser cualquier otro identificador que contemple el servidor Web con el que trabaje la aplicación. En la versión 1.1 del protocolo HTTP, que es el estándar que siguen la mayoría de los servidores, se reconocen ocho métodos o acciones posibles:

- GET: Solicita al servidor un recurso cualquiera, por ejemplo una página XHTML o un archivo gráfico. Opcionalmente la solicitud puede incluir parámetros en el propio URL, quedando en manos del servidor su interpretación y tratamiento.

- `POST`: Envía al servidor un bloque de datos, no en el propio URL sino en un cuerpo aparte. Suele emplearse para el envío de formularios.
- `HEAD`: Similar al método `GET`, pero el servidor responderá facilitando únicamente las cabeceras HTTP y no el recurso solicitado. Se usa generalmente para comprobar la disponibilidad de un recurso, su tamaño, la fecha de última modificación, etc., sin necesidad de tener que transferirlo en realidad.
- `PUT`: Se utiliza para enviar un recurso desde el cliente al servidor, es decir, sería el inverso al método `GET`. Esto permitiría una actualización del contenido que hay en el servidor desde el propio cliente.
- `DELETE`: Elimina un recurso existente en el servidor.
- `TRACE`: Provoca que el servidor devuelva un eco de la propia solicitud que está recibiendo. Suele utilizarse para comprobar si en el camino desde el cliente hasta el servidor la solicitud ha sufrido cambios, algo habitual cuando existen servidores intermedios.
- `OPTIONS`: Permite comprobar los métodos cuyo uso contempla el servidor.
- `CONNECT`: Teóricamente se utiliza para canalizar las solicitudes a través de un servidor *proxy*.

Sirviéndose de algunos de estos métodos, una aplicación AJAX podría permitir la manipulación remota de documentos desde un navegador, incluyendo la obtención, actualización y borrado. En la mayoría de los casos, sin embargo, tendremos más que suficiente con los dos primeros métodos, que son los utilizados con mayor frecuencia, por lo que nos concentraremos en su estudio.

Cómo usar el método GET

El método `GET` se transfiere desde el cliente hasta el servidor como un único mensaje, la propia solicitud, por lo que cualquier información que queramos hacer llegar al servidor ha de estar incluida en esa solicitud, concretamente en el URL que se entrega como segundo argumento al método `open()`.

La lista de parámetros se debe separar del URL mediante el carácter ?, pudiendo estar compuesta de una o más parejas del tipo `identificador=valor`. Cada pareja se separará de las siguientes mediante el carácter &. En caso necesario, será preciso llevar a cabo la sustitución de ciertos caracteres especiales que no pueden aparecer en el URL, tales como espacios, eñes, letras acentuadas o los propios símbolos que actúan como separadores, por una representación codificada del tipo %hh, donde hh será un número hexadecimal que identifica al símbolo.

Otra limitación a tener en cuenta es la longitud máxima que puede tener la cabecera de una solicitud HTTP, es decir, el número de caracteres que pueden incluirse en el URL. No es un límite impuesto por el propio protocolo HTTP, sino por la implementación que se hace del mismo en clientes y servidores. En ocasiones, las menos, ese límite puede ser de tan solo 256 bytes, en otras de entorno a 2 Kilobytes y en el mejor de los casos no existir límite alguno.

Si los datos a enviar no superan el tamaño máximo, en la práctica si no pasan de ser unas pocas cadenas o números, lo único que hemos de hacer es añadirlos al URL previo tratamiento, tal y como se ha dicho antes, sustituyendo los caracteres especiales por sus códigos. Para ello podemos recurrir a funciones de Javascript tales como escape(), encodeURIComponent() y encodeURI(). La primera se usa para codificar todos los caracteres especiales de la cadena que se facilite como parámetro, pero no reconoce caracteres no ASCII. Las otras dos pueden codificar cualquier carácter, empleándose la primera para partes de URI y la segunda para un URI completo. Un URI (*Uniform Resource Identifier*) no es más que la unión de un URL, por ejemplo http://anaya.es, con el nombre de un recurso y los parámetros asociados, como por ejemplo http://anaya.es/novedades.html?fecha=20061018.

Para comprender las diferencias entre los resultados que generan estas funciones, y saber cuándo debemos utilizar una u otra, lo más fácil es recurrir a un ejemplo. Creamos una página XHTML en cuya cabecera introducimos el guión siguiente:

```
<script type="text/javascript">
 function codifica()
 {
  var strTexto =
     document.getElementById('texto').value;
  var strEscape = escape(strTexto);
  var strEncode = encodeURI(strTexto);
  var strEncodeComponent =
     encodeURIComponent(strTexto);
```

```
var elemento =
  document.getElementById('resultado');

elemento.innerHTML =
  '<p>Texto original: <b>' + strTexto +
  '</b></p><p>Texto tratado con <code>' +
  'escape()</code>: <b>' + strEscape +
  '</b></p><p>Texto tratado con <code>' +
  'encodeURI()</code>: <b>' + strEncode +
  '</b></p><p>Texto tratado con <code>' +
  'encodeURIComponent()</code>: <b>' +
  strEncodeComponent + '</b></p>';

return false;
}
```

El cuerpo del documento estará formado por un formulario, con un único campo en el que introduciremos el texto a codificar, y una sección `div` en la que mostraremos el resultado:

```
<body>
  <form id="formulario" action=""
    onsubmit="return codifica()">
    <input id="texto" type="text"  />
    <input type="submit" />
  </form>
  <div id="resultado">
  </div>
</body>
```

El guión toma el texto que introduzcamos en el formulario y lo entrega como parámetro a las funciones `escape()`, `encodeURI()` y `encodeURIComponent()`, mostrando los resultados obtenidos en la propia página, debajo del formulario. En la figura 6.1 pueden apreciarse las diferencias al tratar un URI completo. En este caso concreto lo correcto sería recurrir a la función `encodeURI()`.

Si optamos por codificar los parámetros individualmente, y agregarlos a una cadena para formar el URL, lo más apropiado sería tratar cada parámetro con la función `encodeURIComponent()`.

Cuando se envía un formulario de una página Web directamente, sin intervención alguna de código Javascript, es el propio navegador el que se encarga de codificar de una forma adecuada los datos a enviar con la solicitud. En una aplicación AJAX, sin embargo, esa responsabilidad es totalmente nuestra. Suponiendo que tuviésemos un único parámetro a adjuntar a la solicitud, como en los ejemplos de capítulos previos, la codificación podríamos llevarla a cabo con una sentencia como la siguiente:

```
objXML.open('GET', URL +
    '?parametro=' + encodeURIComponent(dato),
    true);
```

Figura 6.1. Comprobamos los diferentes resultados al codificar una cadena de caracteres.

Cómo usar el método POST

Al usar el método POST para comunicarse con el servidor el proceso consta de dos fases: primero el cliente envía al servidor la solicitud, que en este caso no incluye parámetros, y a continuación se envía un cuerpo con los datos. No existe limitación alguna en cuanto a su longitud, si bien en la mayoría de los casos sigue siendo necesario crear una secuencia de parejas de identificadores y valores, estando estos adecuadamente codificados. Esto permitirá que el servidor pueda extraer la información del cuerpo y usarla como proceda.

Puesto que los datos no se incluyen en la cabecera de la solicitud, al llamar al método `open()` el segundo parámetro estará formado exclusivamente por el URL, normalmente apuntando al guión que se ha de ejecutar en el servidor. Será al invocar al método `send()`, al que hasta ahora hemos facilitado como parámetro el valor `null`, cuando facilitemos la cadena con la información a enviar. Antes, sin embargo, tendremos que agregar una cabecera `Content-Type` indicando el tipo de la información enviada. Si transferimos una cadena de parejas de identificadores y valores, simulando el envío de un formulario XHTML, el tipo a usar será `application/x-www-form-urlencoded`. También es habitual comunicar el tamaño de la información enviada mediante la cabecera `Content-Length`.

Estableciendo el tipo MIME adecuado, usando por ejemplo `text/xml` o bien `image/tiff`, podríamos enviar desde el cliente al servidor un documento XML, una imagen en formato TIFF o cualquier otra información que pudiéramos necesitar. Lógicamente, el código Javascript que se ejecuta en el cliente y los guiones que procesan las solicitudes en el servidor deben estar adecuadamente coordinados para que todo vaya bien.

Supongamos que tenemos una página con el cuerpo siguiente, compuesto de un formulario en el que se solicitan nombre, apellidos y teléfono del usuario con el fin de transferirlos al servidor para almacenarlos en una base de datos:

```
<body>
   <form id="formulario" action="formulario.asp"
     onsubmit="return enviaFormulario()">
     Nombre: <input id="nombre" type="text"   />
     Apellidos: <input id="apellidos"
        type="text" />
     Teléfono: <input id="telefono"
        type="text" />
     <input type="submit" />
   </form>
   <div id="resultado">
   </div>
</body>
```

Aunque el atributo `action` del formulario hace referencia a un guión residente en el servidor, en concreto una página ASP, la presencia del atributo `onsubmit` provocará que se llame a la función Javascript `enviaFormulario()`

que, a la postre, será la que efectúe la transferencia de los datos. Dicha función devuelve el valor `false` como verá de inmediato, valor que se facilita como resultado de `onsubmit` provocando así que no llegue a ejecutarse `action`.

Lo primero que hacemos en la función `enviaFormulario()` es obtener una referencia al formulario XHTML y, mediante un bucle, recorrer los elementos que lo componen. Por cada elemento recuperamos el contenido de `id`, que es el identificador asignado, y de `value`, que es el valor que contiene el elemento. Dichos pares van uniéndose formando una cadena, almacenada en la variable `strContenido`, que será la que se transfiera al servidor:

```
function enviaFormulario()
  {
  var frmDatos =
      document.getElementById('formulario');
  var iIndice;
  var strContenido = "";
  var strSeparador = "";

  // Recorremos los tres controles que hay
  for(iIndice = 0; iIndice < 3; iIndice++) {
    strContenido =  // concatenando los datos
      strContenido + strSeparador +
      frmDatos.elements[iIndice].id + '=' +
      encodeURIComponent(
        frmDatos.elements[iIndice].value);
    strSeparador = '&';
}
```

En realidad formulario.asp no almacenará los datos en base de datos alguna, sino que los devolverá como resultado tras efectuar algunas operaciones con ellos. Por ello a continuación obtenemos una referencia al elemento de la interfaz en el que pretendemos mostrar ese resultado:

```
var elemento =
  document.getElementById('resultado');
```

El paso siguiente será obtener un objeto `XMLHttpRequest`, mediante la función `CreaXHR()` que definíamos en un capítulo previo, y usarlo para transferir la información al servidor mediante el método `POST`. Observe cómo se establecen las cabeceras en las que se indica el tipo de información y su longitud, y cómo el contenido propiamente dicho se entrega al método `send()` de `XMLHttpRequest`, no al método `open()`. En este caso, por simplicidad, se ha optado por operar síncronamente, de forma que podemos recuperar la información de la propiedad `responseText` en la instrucción siguiente puesto que `send()` bloqueará la interfaz hasta que llegue la respuesta.

```
var objXML = CreaXHR();
if(objXML) // Si tenemos el objeto
{
  // Enviamos la solicitud al servidor
  objXML.open('POST', 'formulario.asp',
    false);
  // con las cabeceras apropiadas
  objXML.setRequestHeader('Content-Type',
    'application/x-www-form-urlencoded');
  objXML.setRequestHeader('Content-Length',
    strContenido.length);
  objXML.send(strContenido);
  // Mostramos el resultado que se enviará
  elemento.innerHTML = '<p>' +
    strContenido + '</p><hr /><p>' +
    'Respuesta del servidor: <b>' +
    objXML.responseText + '</b></p>';
}

return false;
}
```

Al invocar al método `open()` hacemos referencia al guión formulario.asp que, lógicamente, deberá existir en el servidor para que este ejemplo funcione. No es el aspecto más importante en este momento, ya que lo que se pretende es demostrar cómo se emplearía el método `POST` del protocolo HTTP, por lo que se ha optado por una simple página ASP que tendría como contenido las líneas siguientes:

```
<%
  Response.Write(Request.Form(2) & ", " & _
    Request.Form(1) & ". (" & _
    Request.Form(3) & ")")
%>
```

Las parejas de caracteres `<%` y `%>` actúan como delimitadores, indicando a ASP que tiene que procesar las líneas que hay entre ellos. En ASP, `Response` es un objeto que representa la respuesta que se va a enviar al cliente, mientras que `Request` es el objeto equivalente para la solicitud. La propiedad `Form` de `Request` actúa como una matriz con tantos elementos como campos tuviese el formulario, de forma que podemos acceder a lo que se nos envía mediante un índice. Así, `Request.Form(1)` sería, en ASP, el equivalente a `frmDatos.elements[0].value` en Javascript.

El operador `&` lo que hace es concatenar cadenas, de forma que lo que se hace en el servidor es devolver el segundo campo (apellidos), seguido de una coma, el primer campo (nombre) y entre paréntesis el tercer campo (teléfono) del formulario. Para obtener el resultado que se aprecia en la figura 6.2, tendría que colocar la página enviopost.html y el guión formulario.asp en un mismo directorio de un servidor IIS. Podrían prepararse guiones equivalentes en distintos lenguajes para usarlos en Apache u otros servidores. Será algo de lo que nos ocuparemos más adelante.

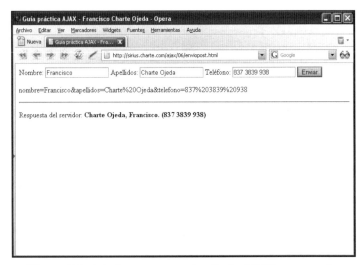

Figura 6.2. Interfaz que usa el método POST para enviar información al servidor.

Limitaciones generales

Además de las limitaciones propias de cada método de comunicación, especialmente en el caso de GET, existen algunas otras que podemos considerar de carácter general.

Entre ellas la más importante, y que hemos de tener muy presente a la hora de diseñar el funcionamiento de una aplicación AJAX, es que el objeto `XMLHttpRequest` no nos permitirá, salvo excepciones muy específicas, enviar solicitudes a un dominio diferente del que procede la propia aplicación.

En los ejemplos previos hemos usado siempre, como segundo parámetro del método `open()`, una referencia relativa a un documento. En el último supuesto esa referencia es `formulario.asp`, de manera que dicho archivo ha de encontrarse en el mismo servidor y directorio donde se encuentra alojada la página XHTML. Podríamos emplear una referencia del tipo `guiones/formulario.asp`, caso en el que se buscaría el archivo formulario.asp en un subdirectorio guiones del directorio donde esté la página XHTML. Incluso el uso de un URI completo, como `http://sirius.charte.com/ajax/06/formulario.asp` sería válido, siempre que se haya accedido a la aplicación usando el dominio `sirius.charte.com`, es decir, que hayamos usado ese dominio para acceder a la página desde un principio. De no ser así, el intento de conexión fallará.

El navegador Opera, por ejemplo, identifica el problema como un fallo de seguridad según se puede apreciar en la figura 6.3.

▼ ⊗ JavaScript - http://sirius.charte.com/ajax/06/enviopost.html
Event thread: submit
Error:
name: Error
message: Security violation

Figura 6.3. La aplicación genera un error al intentar conectar con un dominio que no se corresponde con aquél de donde procede.

¿Cómo podrá entonces una aplicación AJAX comunicarse con servidores distintos al de origen? La respuesta es casi obvia: a través de su servidor de origen, es decir, el equipo en el que está alojada la aplicación deberá actuar, cuando se necesite, como un intermediario entre la interfaz AJAX y cualquier otro servidor de destino, retransmitiendo solicitudes y respuestas en uno y otro sentido.

6.2.2. Estados del proceso

Una vez hayamos enviado la solicitud al servidor mediante el objeto `XMLHttpRequest`, teniendo en cuenta todo lo explicado hasta el momento, dicho objeto irá pasando por una serie de estados que básicamente ya conocemos, puesto que fueron descritos en un capítulo previo. No obstante, en la práctica nos hemos limitado a esperar la llegada del estado final, cuando `readyState` contiene el valor 4, en una función asociada al evento `onreadystatechange`.

Lo primero que debemos tener presente es que las veces que se llamará a `onreadystatechange`, y el valor que tendrá `readyState` en cada caso, cambian de un navegador a otro. No obstante, si asignamos a `onreadystatechange` un valor antes de invocar al método `open()` la mayoría de los navegadores pasarán por los estados 1, 2, 3 y 4, con la excepción notable de Opera que ignora el estado 2.

El estado 0 denota que el objeto no está aún en uso o que su trabajo ha terminado, un dato importante si pretendemos crear un único `XMLHttpRequest` y reutilizarlo a lo largo de la vida de la aplicación. En este caso, antes de acceder abrir una nueva conexión deberíamos de efectuar una comprobación similar a la siguiente:

```
if(objXML.readyState == 0) {
    ...// efectuar nueva solicitud
}
    ...// esperar a que finalice la actual
```

Una vez invocado el método `send()`, con el que se envía la solicitud al servidor, el estado pasará a ser 2, momento que puede aprovechar la aplicación para indicar al usuario que está iniciándose una comunicación. De dicho estado, en condiciones normales, no deberá tardarse en pasar al estado 3, al recibir el primer paquete de datos del servidor. Se puede emplear este estado para comprobar las cabeceras que devuelve el servidor, por ejemplo obteniendo el tamaño de la respuesta y actualizar adecuadamente la indicación dada antes al usuario. En este estado también podemos consultar la propiedad `status` de `XMLHttpRequest` para determinar si el servidor nos devuelve el documento, código 200, o se ha producido algún tipo de fallo, desde un error interno del servidor, código 500, hasta la imposibilidad de encontrar el recurso solicitado, código 404.

Otro aspecto interesante se da cuando `readyState` toma el valor 3, y es que además de las cabeceras y el código de estado también encontraremos en `responseText` parte de la información solicitada. Si la respuesta del servidor es corta, es posible que encontremos la información completa y se pase rápidamente del estado 3 al 4. En caso de que la respuesta tenga un tamaño considerable, en `responseText` irá acumulándose contenido en bloques, siendo mayor el tiempo de transición desde el estado 3 al 4. Dependiendo del navegador, es posible que el evento `onreadystatechange` se genere varias veces durante el estado 3, recibiéndose la respuesta, o bien que tenga lugar una única vez. En la figura 6.4 puede ver el diagrama de transiciones entre los estados descritos:

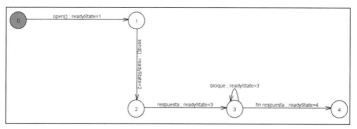

Figura 6.4. Diagrama de transición entre los estados del objeto XMLHttpRequest.

Para no depender de que el navegador produzca o no múltiples eventos `onreadystatechange` a medida que se recibe la respuesta del servidor, es posible usar un temporizador Javascript que permita a la aplicación ir comprobando la información que va recibiéndose en `responseText` o `responseXML`. Esos bloques entrantes, que van acumulándose según se ha dicho antes, pueden ser usados para ir actualizando la interfaz sin esperar a que finalice la transferencia o, al menos, para ir indicando que se están recibiendo datos y el usuario no tenga la impresión de que el programa está detenido.

También ha de tenerse presente la posibilidad de que no se pase nunca del estado 2, tras efectuar la llamada al método `send()` de XMLHttpRequest, al estado 3 y por tanto al 4, es decir, que no se reciba respuesta alguna por parte del servidor. Con cada llamada a `send()` deberíamos poner en marcha un temporizador que marque el tiempo de

espera máximo, tras el cual se llamaría a `abort()` para poder finalizar la operación y devolver el objeto al estado 0,
lógicamente indicando en la interfaz la imposibilidad de establecer comunicación con la parte servidor del programa.

6.3. Tratamiento de datos estructurados

Teniendo ya una visión más detallada sobre los pasos,
limitaciones y posibilidades del proceso por el que se envía una solicitud desde la interfaz AJAX al servidor, vamos
ahora a ocuparnos sobre el tratamiento de los datos que éste
nos devolverá. Los ejemplos propuestos hasta el momento
siempre han usado la propiedad `responseText` para recoger del servidor un texto, pero en muchas ocasiones la respuesta obtenida no será una simple cadena de caracteres
sino que tendrá una determinada estructura, más compleja
que una secuencia de bytes en una cierta codificación.

Suponga que tiene que diseñar una aplicación AJAX que
permita al usuario elegir una temática, a partir de la cual
obtendrá una lista de libros relacionados con ella. La elección de uno de estos libros provocaría la visualización en
la interfaz de más detalles, como el nombre del autor, la
editorial, número de páginas, etc. Estamos hablando de algo
más que simples cadenas de caracteres aisladas, ya que la
información de un libro se compone de varios campos. El
lenguaje ideal para transferir este tipo de información, por
su transportabilidad e independencia, es XML. En este lenguaje los datos de un libro podrían recogerse en un documento como el siguiente:

```
<?xml version="1.0" encoding="utf-8" ?>
<libro>
   <isbn>84-415-1770-3</isbn>
   <titulo>Proyectos profesionales con PHP 5
      </titulo>
   <autor>Francisco Charte Ojeda</autor>
   <editorial>Anaya Multimedia</editorial>
   <paginas>656</paginas>
</libro>
```

Aunque podríamos escribir el código Javascript apropiado para leer este documento como un texto, identificando
las distintas marcas y extrayendo los datos que interesan,

éste no deja de ser un ejemplo sencillo. En la práctica no tiene sentido intentar analizar documentos XML a mano, especialmente cuando la propia `responseXML` del objeto `XMLHttpRequest` nos facilita un objeto capaz de efectuar ese trabajo por nosotros.

6.3.1. Uso de responseXML

A diferencia de `responseText`, que nos devuelve una cadena de caracteres que podemos mostrar directamente, lo que nos facilita `responseXML` es un objeto.

Si utiliza un objeto `XMLHttpRequest` para solicitar un documento XML y, tras recibirlo, ejecuta una sentencia del tipo `alert(objXML.responseXML)` podrá ver algo parecido a lo que se muestra en la figura 6.5. Lo que tenemos es un objeto, concretamente de tipo `Document`.

Figura 6.5. La propiedad responseXML nos devuelve un objeto.

En realidad, lo que nos ofrece `responseXML` es un objeto similar al objeto `document` que hemos usado reiteradamente para manipular la interfaz de las aplicaciones AJAX, es decir, el contenido de las páginas XHTML. De hecho, podemos usar exactamente las mismas propiedades y métodos para localizar uno o más nodos del documento, acceder a sus atributos, contenido, etc. El modelo DOM es, salvo pequeños detalles, prácticamente idéntico para XML que para XHTML.

La propiedad `responseXML` podemos utilizarla únicamente en caso de que la respuesta recibida sea un documento XML bien formado, ya que de lo contrario se generará un error. Por ello, salvo que estemos completamente seguros de que vamos a recibir XML, no está de más comprobar en las cabeceras de la respuesta el tipo de documento a tratar.

En el cuarto capítulo, en el apartado 4.4, conocimos las bases de DOM y aprendimos a buscar elementos por nombre, identificador y tipo, a manipular los atributos y el contenido de dichos nodos, obtener información de ellos, etc. Serán esos mismos métodos los que utilicemos para trabajar sobre el objeto que nos devuelve `responseXML`.

6.3.2. En la práctica

Puesto que las referencias teóricas ya las tenemos, en lugar de abundar sobre ellas vamos a ver en la práctica cómo responder desde el servidor facilitando información estructurada, en forma de documentos XML, y cómo tratar dicha información en el cliente. Para ello desarrollaremos un ejemplo algo más complejo que los abordados hasta el momento, cuya finalidad será, como se indicaba anteriormente, mostrar una lista de temáticas de las que el usuario podrá elegir una. Esa lista de temáticas puede cambiar con frecuencia, por lo que no estará codificada directamente en XHTML sino que se almacenará externamente. Al hacer clic sobre una temática se mostrarán los títulos que se tienen registrados sobre la misma, y al hacer clic sobre un título los datos del libro correspondiente aparecerán recogidos en una tabla, en la parte inferior de la interfaz.

Al ejecutar esta aplicación, accediendo a su interfaz desde un navegador, el resultado inicial será similar al que puede verse en la figura 6.6. La lista de temas ha sido recuperada al finalizar la transferencia de la página y añadida dinámicamente.

En una aplicación real la lista de temas se almacenaría en una base de datos, existiendo en el servidor un guión que se encargaría de efectuar la consulta SQL adecuada para obtener la información requerida por la interfaz y devolvérsela en formato XML. En este ejemplo, por simplificar, dicha lista estará almacenada directamente en el archivo temas.xml, cuyo contenido inicial será el siguiente:

```
<?xml version="1.0" encoding="utf-8" ?>
<temas>
    <tema id="1">Física</tema>
    <tema id="2">Cálculo</tema>
    <tema id="3">Estadística</tema>
    <tema id="4">Informática</tema>
</temas>
```

Figura 6.6. La página en principio muestra la lista de temas disponibles.

Cada tema aparece como un elemento `tema`, con un atributo `id` que le identifica y un valor que es la descripción o título del tema. Si modificamos este archivo en el servidor, añadiendo o eliminando elementos, la interfaz mostrará la lista renovada la próxima vez que se actualice.

Al hacer clic en cualquiera de los temas la interfaz mostrará los títulos que existan registrados, como se aprecia en la figura 6.7 tras haber hecho clic en el tema Informática.

Con toda la información almacenada en una base de datos, nuestra aplicación enviaría a un guión de servidor el código del tema elegido, almacenado en el atributo `id`, y ese guión consultaría la base de datos para obtener la lista de títulos. Una vez más, por mantener el ejemplo lo más sencillo posible y centrarnos en el tratamiento de documentos XML que es lo que nos interesa en este momento, lo que haremos será crear una serie de archivos XML, con los nombres tema01.xml, tema02.xml, etc., en los que se almacenarán esas listas de libros. El archivo tema04.xml, por ejemplo, contendría los títulos correspondientes a la temática 4: informática.

```xml
<?xml version="1.0" encoding="utf-8" ?>
<titulos>
   <titulo isbn="8441519153">
      Guía práctica de SQL</titulo>
   <titulo isbn="8441517835">
      La biblia de HTML</titulo>
   <titulo isbn="8441517703">
      Proyectos profesionales con PHP 5</titulo>
</titulos>
```

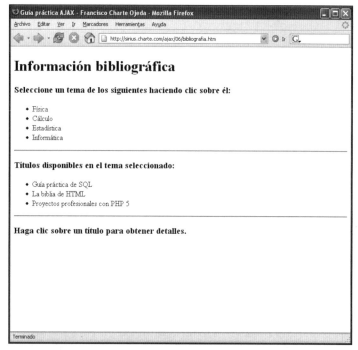

Figura 6.7. Obtenemos los títulos disponibles de una temática.

En este caso cada título se corresponde con un elemento `titulo`, compuesto de un atributo `isbn` y un contenido que es el título propiamente dicho.

Finalmente, un clic sobre cualquiera de los títulos hará aparecer en la parte inferior de la página la tabla de datos del libro correspondiente, como se aprecia en la figura 6.8. Los datos de cada libro estarán alojados en un archivo XML que tendrá por nombre isbn.xml, siendo `isbn` el valor del atributo homónimo que aparece en la lista de títulos. La estructura de los archivos XML que contienen los detalles de cada libro será la que se mostró al principio de este punto, con un nodo raíz `libro` en el que existen una serie de subnodos como `isbn`, `titulo`, `autor` o `editorial`.

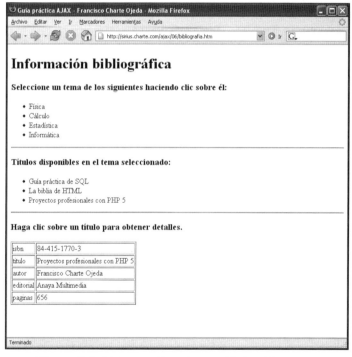

Figura 6.8. Al hacer clic sobre un título obtenemos los detalles del libro.

Éste sería, en resumen, el funcionamiento de la aplicación y la procedencia de los datos con que trabaja. Los archivos XML estarían alojados en el servidor Web, junto con la interfaz XHTML y el código Javascript que se describen a continuación.

6.3.3. Composición de la interfaz

A pesar de la relativa complejidad de este proyecto, comparado con los de capítulos previos, su interfaz será una de las más sencillas.

Tendremos únicamente una serie de títulos y unas secciones `div` vacías, como se aprecia en el código siguiente que introduciremos en el archivo bibliografia.htm:

```
<html xmlns="http://www.w3.org/1999/xhtml"
      xml:lang="es" lang="es">
 <head>
  <title>
     Guía práctica AJAX -
     Francisco Charte Ojeda
  </title>
  <script type="text/javascript"
     src="bibliografia.js"></script>
 </head>
 <body>
  <h1>Información bibliográfica</h1>
  <h3>Seleccione un tema de los siguientes
       haciendo clic sobre él:</h3>
  <div id="temas">
  </div>
  <hr />
  <h3>Títulos disponibles en el tema
       seleccionado: </h3>
  <div id="titulos">
  </div>
  <hr />
  <h3>Haga clic sobre un título para
       obtener detalles.</h3>
  <div id="datos">
  </div>
 </body>
</html>
```

Como es fácil suponer, toda la "magia" de la aplicación está oculta en el archivo bibliografia.js al que se hace referencia en el elemento `script` de la cabecera. Las partes más importantes del documento en sí son las secciones `div` llamadas `temas`, `titulos` y `datos`, en los que se introducirán dinámicamente las listas correspondientes. El código XHTML no tiene más secretos.

6.3.4. Adición del código Javascript

Todo el código Javascript se almacenará en un archivo independiente, bibliografia.js, cuya primera o última sentencia, fuera de cualquier función, será la siguiente:

```
// Al finalizar la carga de la página
// ejecutar la función inicializa()
window.onload = inicializa;
```

De esta forma conseguiremos que se ejecute la función inicializa() de forma inmediata una vez que se reciba la interfaz, sin necesidad de añadir el atributo onload al elemento body según se explicó en un capítulo previo.

La función inicializa() será la encargada de comunicarse con el servidor para obtener la lista de teclas disponibles, generando la lista que se mostrará en la página. El código de esta función es el mostrado a continuación:

```
// Obtener la lista de temas disponibles
function inicializa() {
    var objXML = CreaXHR();
    if(objXML) { // si tenemos un XMLHttpRequest
        // solicitamos el archivo temas.xml
        objXML.open('GET', 'temas.xml', false);
        objXML.send(null);
        if(objXML.status == 200) {
            // obtenemos el objeto que representa
            // al documento
            var temaXML = objXML.responseXML;
            // y extraemos de él todos los
            var temas = // elementos <tema>
                temaXML.getElementsByTagName('tema');

            // Vamos a generar una lista XHTML
            var strTemas = '<ul>';
            // recorriendo los elementos existentes
            for(var i = 0; i < temas.length; i++) {
                // y añadiendo un <li> por cada tema
                strTemas +=
                    '<li onclick="muestraTema(' +
                    temas[i].getAttribute('id') + ');">'
                    + temas[i].childNodes[0].nodeValue +
                    '</li>';
            }
```

```
        // cerramos la lista
        strTemas += '</ul>';
        // y la mostramos en la interfaz
        var el =
            document.getElementById('temas');
        el.innerHTML = strTemas;
    } else // si no se pudo obtener la lista
        // lo indicamos
        alert(
            'Fallo al intentar obtener los temas');
    }
}
```

Se ha optado por operar de forma síncrona, ya que sabemos de antemano que lo que vamos a recuperar es un documento que está disponible en el servidor y es de reducido tamaño. En una aplicación real, llamando a un guión que tiene que ejecutar una consulta sobre una base de datos e ignorando la extensión del resultado, siempre usaríamos el modo de comunicación asíncrono.

La parte más interesante la tenemos tras la lectura de la propiedad `responseXML` del objeto `XMLHttpRequest`, almacenando el objeto que representa al documento XML en una variable intermedia. Usamos el método `getElementsByTagName()` de dicho objeto para obtener una matriz con todos los nodos que tienen `tema` por nombre, es decir, una lista de los temas.

Dicha matriz la recorremos en un bucle donde vamos extrayendo el valor del atributo `id` y el valor del propio nodo, datos que usamos para componer un elemento del tipo `<li onclick="muestraTema('n')">tema</li>`. Se creará un nodo de este tipo por cada tema existente en la matriz, obteniéndose así una lista que haremos visible en la sección `div` apropiada.

Fíjese especialmente en cómo se obtiene el valor del atributo `id`, mediante el método `getAttribute()` del nodo XML que se está tratando dentro del bucle, y cómo para poder obtener el contenido es necesario utilizar la referencia `temas[i].childNodes[0]`. En un documento XML todo lo que aparece entre una marca de inicio y otra de fin, en nuestro caso entre `<tema>` y `</tema>`, es tratado como una serie de nodos hijo. Esto permite, por ejemplo, que un elemento `libro` tenga subelementos como `titulo` o `autor`. Para acceder a los nodos hijo de uno dado, en este caso a los nodos hijo del elemento `tema`, usaremos la propiedad `childNodes`. En este caso concreto sabemos que el contenido de `tema` es un único texto, un nodo hijo al que podemos acceder directamente como `childNodes[0]`. Finalmente, para recuperar el contenido de ese nodo empleamos la propiedad `nodeValue`.

Cada uno de los elementos `li` añadidos a la interfaz tiene un atributo `onclick` que llama a la función `muestra-Tema()`, facilitando como parámetro el identificador del tema que se ha elegido. El código de esa nueva función es el siguiente:

```
// Obtiene la lista de títulos de un tema dado
function muestraTema(tema) {
  // componemos el nombre del archivo XML
  var idTema = 'tema0' + tema + '.xml';
  var objXML = CreaXHR();
  if(objXML) {
    // solicitamos el archivo XML actualizado
    objXML.open('GET', idTema + '?peticion=' +
      Math.random(), false);
    objXML.send(null);
    if(objXML.status == 200) {
      // obtenemos el documento XML
      var titulosXML = objXML.responseXML;
      // y recuperamos la lista de títulos
      var titulos =
       titulosXML.getElementsByTagName('titulo');

      // Vamos a generar una lista
      var strTitulos = '<ul>';
      // con los elementos XML obtenidos
      for(var i = 0; i < titulos.length; i++) {
        // y añadiendo un <li> por cada uno
        strTitulos +=
            '<li onclick="muestraTitulo(\'' +
            titulos[i].getAttribute('isbn') +
            '\');">' +
            titulos[i].childNodes[0].nodeValue +
            '</li>';
      }

      // cerramos la lista
      strTitulos += '</ul>';
      // y la mostramos en la sección adecuada
```

```
      var el =
         document.getElementById('titulos');
      el.innerHTML = strTitulos;
   } else
      alert(
      'Fallo al intentar obtener los títulos de '
      + tema);
   }
}
```

El procedimiento usado para obtener los títulos de un tema es similar al empleado antes para tratar la lista de temas. Primero componemos el nombre del archivo XML a obtener, usando para ello el identificador tema que obtenemos como parámetro. A continuación creamos el objeto XMLHttpRequest y efectuamos la solicitud. Observe el segundo parámetro empleado al llamar al método open().

Puesto que estamos empleando el método GET del protocolo HTTP para efectuar las solicitudes, el navegador es libre de almacenar en memoria caché los resultados obtenidos a fin de responder directamente, sin comunicarse con el servidor, a futuras solicitudes del mismo documento. Esto provocaría que si mientras se navega por los temas se ha hecho alguna actualización en el servidor, por ejemplo añadiendo un nuevo título a uno de los temas modificando el archivo XML correspondiente, dicho cambio no se refleje en el cliente. Es decir, el usuario seguiría obteniendo la misma lista de títulos que obtuvo en un principio, al menos durante un cierto tiempo o hasta que actualice manualmente la página.

Hay diferentes métodos para impedir que el navegador nos responda directamente con los datos almacenados en caché, en lugar de comunicarse con el servidor, y en esta función se emplea uno de ellos que consiste en agregar a la solicitud un parámetro que cambia de llamada a llamada. No importa el nombre de ese parámetro ni su valor, puesto que no se usará para nada en el servidor, pero sirve para engañar al navegador y hacerle creer que lo que solicitamos ahora es algo diferente, impidiendo así la respuesta desde caché. En nuestro caso el parámetro se llama peticion y le asignamos un valor aleatorio obtenido con Math.random(). De igual forma podríamos haber agregado la fecha y hora actuales, un número secuencial que nunca se repita o cualquier otra información que difiera de una solicitud a otra.

Recuperado el archivo, el tratamiento que se hace es prácticamente idéntico al descrito antes para la lista de temas. Los elementos con los que va generándose la lista son del tipo `<li onclick="muestraTitulo('isbn')"> titulo</li>`, lógicamente cambiando `isbn` por el ISBN correspondiente, obtenido del archivo XML.

Finalmente tenemos la función `muestraTitulo()`, encargada de recuperar los datos de un libro y mostrarlos en una tabla en la parte inferior de la interfaz. Éste es el código de dicha función:

```
// Esta función obtiene los datos del libro
// cuyo ISBN se facilita y los muestra
function muestraTitulo(isbn) {
  // componemos el nombre del archivo XML
  var idLibro = isbn + '.xml';
  var objXML = CreaXHR();

  // Eliminamos datos de un libro anterior
  var el = document.getElementById('datos');
  el.innerHTML = '';

if(objXML) {
    // solicitamos el archivo con los datos
    objXML.open('GET', idLibro + '?peticion=' +
      Math.random(), false);
    objXML.send(null);
    if(objXML.status == 200) {
      // obtenemos el objeto que representa
      // al documento
      var libroXML = objXML.responseXML;
      // y recuperamos una referencia a los
      // nodos hijos del único nodo <libro>
      var datos =
          libroXML.getElementsByTagName(
          'libro')[0].childNodes;

      // Vamos a generar una tabla
      var strDatos = '<table border="1">';
      // recorriendo los nodos hijo
      for(var i = 0; i < datos.length; i++)

        // Si tenemos un nodo ELEMENT_NODE
        if(datos[i].nodeType == 1)
          // insertamos en la tabla su nombre
```

```
        strDatos +=
            '<tr><td>' + datos[i].nodeName +
            '</td><td>' +   // y su valor
            datos[i].childNodes[0].nodeValue +
            '</td></tr>';

    // cerramos la tabla
    strDatos += '</table>';
    el.innerHTML = strDatos;
  } else
    alert('Fallo al intentar obtener los ' +
          'datos del libro ' + isbn);
  }
}
```

Para hacer la solicitud usamos la misma técnica de añadir un parámetro aleatorio, evitando así la respuesta desde caché que nos impediría ver los datos más actuales de
un libro.

En este caso el tratamiento del documento es algo diferente, ya que lo que recibimos no son una serie de elementos iguales y con un texto como valor, sino que tenemos un
elemento, libro, que contiene a otros elementos como nodos hijo. Por eso lo primero que hacemos es obtener los nodos
hijo del único elemento libro que hay en el documento.
Esa lista de nodos hijo se compondrá de los elementos isbn,
titulo, autor, editorial y paginas, junto con otros,
no visibles a primera vista, que también es necesario tener
en cuenta.

En el bucle que recorre la lista de nodos hijo usamos la
propiedad nodeType para comprobar si el nodo actual es
de tipo ELEMENT_NODE, al que corresponde el valor numérico 1. Estos nodos representan elementos como los que acaban de citarse, caso en el que podemos recuperar su nombre
y contenido como hacíamos en las dos funciones anteriores.
Si el nodo no es de este tipo simplemente los ignoramos.

Es importante que revise la referencia de DOM para
conocer todos los posibles valores de propiedades como nodeType y su significado, así como el diferente tratamiento
que tienen en los distintos navegadores. En Firefox y Opera, por ejemplo, es posible efectuar comparaciones del tipo
if(datos[i].nodeType == Node.ELEMENT_NODE),
algo que no permite Internet Explorer. Por eso, para obtener
un funcionamiento homogéneo en todos los navegadores,

lo mejor es optar por introducir el valor numérico de esa constante, documentada en la citada referencia de DOM.

Con esto ya tenemos finalizado por completo nuestro proyecto. Tendrá que almacenar en una misma carpeta del servidor Web todos aquellos archivos implicados: la interfaz (bibliografia.htm), el código Javascript (bibliografia.js), la lista de temas (temas.xml), las listas de títulos de cada tema (tema01.xml, tema02.xml, etc.) y los datos de cada título (8441517703.xml, etc.). En el paquete de ejemplos del libro se facilita una lista con cuatro temas, las cuatro listas de títulos correspondientes a esos temas y un archivo con datos de un libro. Puede agregar, tomando como base los existentes, otros archivos con datos de libros, temas, etc., y comprobar cómo los usa la aplicación.

6.4. Resumen

Al finalizar la lectura de este capítulo ya contamos con un mejor conocimiento del proceso de comunicación entre la parte cliente y la parte servidor de una aplicación AJAX, principalmente usando los métodos GET y POST y poniendo especial atención a los posibles estados de dicha comunicación y su tratamiento. Asimismo, hemos aprendido a tratar información estructurada en la parte cliente, usando Javascript para interpretar el contenido de archivos XML. Aunque en el ejemplo esa información proviene directamente de archivos XML alojados en el servidor, en la práctica dichos documentos podrían ser generados dinámicamente a partir de una consulta efectuada sobre una base de datos.

Precisamente en el siguiente capítulo conoceremos algo más sobre la parte servidor de una aplicación AJAX. Analizaremos cómo emplear diferentes lenguajes de guiones y recursos para responder a las solicitudes efectuadas desde el navegador, en lugar de limitarnos a usar archivos creados estáticamente como hemos hecho hasta ahora.

7

AJAX en el servidor

7.1. Introducción

Las aplicaciones AJAX tienen una estructura similar a la de cliente/servidor, dividiéndose en una interfaz que se ejecuta en un cliente, el navegador Web, y una lógica que se divide entre esa interfaz y uno o más guiones alojados en el servidor Web. Hasta ahora nos hemos centrado en el estudio de los elementos que afectan al cliente: contenido de la interfaz y estilo, con XHTML/CSS, y la lógica escrita con Javascript usando DOM y el objeto `XMLHttpRequest`. En este capítulo nos ocuparemos de la parte del servidor, igualmente importante.

Aunque es posible crear aplicaciones AJAX a partir de documentos estáticos alojados en el servidor, como se ha hecho en la mayoría de los ejemplos de capítulos previos, la filosofía AJAX adquiere su mayor sentido cuando se combina con dos elementos de servidor: una base de datos para alojar y recuperar la información y un motor de ejecución de guiones que sea capaz de procesar esa información.

En el primer capítulo, al describir los elementos necesarios para poder probar nuestras aplicaciones, hacíamos referencia a distintos servidores Web, tales como Apache e IIS, asociados normalmente a ciertos sistemas operativos, como GNU/Linux y Windows.

De una forma parecida, el sistema operativo que ejecute nuestro servidor Web condicionará hasta cierto punto también la elección de la base de datos y el motor de guiones. Son aspectos de los que nos ocuparemos también en este capítulo.

7.2. Un universo de posibilidades

A diferencia de lo que ocurre con la parte cliente, en la que está muy claro que AJAX se basa en el uso conjunto de XHTML/CSS, Javascript, DOM y XML con pocas variaciones, la configuración empleada en el servidor puede ser cualquiera de un amplio abanico de combinaciones posibles. Siempre que tengamos un motor de ejecución de guiones que pueda comunicarse con el servidor Web, por una parte, y almacenar y recuperar información de algún tipo de depósito, por otra, tendremos una solución válida.

Salvo situaciones excepcionales, el servidor Web que dé servicio a la aplicación será Apache, sobre cualquier sistema operativo, o bien IIS, en servidores Windows. Existen otros servidores, pero su uso puede considerarse como algo exótico dada su poca difusión. También hay módulos que permiten a estos dos servidores interactuar con multitud de motores de ejecución de guiones o proceso de páginas de servidor, desde el popular PHP hasta Ruby, Python, Perl, ASP, JSP o cualquier programa de tipo CGI.

Con los recursos para almacenar la información, normalmente algún tipo de base de datos, ocurre otro tanto, ya que la mayoría de los motores citados, o los lenguajes asociados a ellos, cuentan con los elementos necesarios para trabajar sobre el sistema de archivos, con bases de datos locales tipo Access o con servidores como MySQL, SQL Server, Oracle, PostgreSQL, etc. El número de combinaciones es enorme y, lógicamente, sería imposible cubrir cada una de ellas aquí, en un libro dedicado más a las técnicas de AJAX que a los aspectos relacionados con cada servidor en particular.

Por ello en este capítulo nos centraremos en el estudio de cómo usar lo que ya hemos aprendido a desarrollar, la parte cliente de AJAX, conjuntamente con dos de las combinaciones más populares: PHP con MySQL y ASP con SQL Server. La primera solución puede instalarse prácticamente sobre cualquier sistema operativo, incluido Windows, si bien su uso resulta más habitual sobre GNU/Linux, Mac OS X y otras variantes de UNIX, apoyándose en el servidor Web Apache. La pareja ASP/SQL Server es exclusiva de los sistemas Windows, operando siempre con IIS.

Las dos soluciones citadas, descontando el coste del sistema, son accesibles gratuitamente. Apache, PHP y MySQL son productos que se distribuyen bajo licencias de código libre, mientras que IIS y ASP se incluyen en Windows, existiendo una versión gratuita de SQL Server conocida como Express Edition que podemos obtener de Microsoft y agregar a nuestra instalación.

7.3. Almacenamiento y recuperación de datos

Una de las funciones de la parte servidor de una aplicación AJAX será, en la mayoría de los casos, almacenar y recuperar datos, transferidos desde o hacia la parte cliente según las necesidades de cada caso. En los capítulos previos la información ha estado siempre almacenada en archivos de texto, en formato XML o no, no siendo ésta, en general, una opción adecuada. Supongamos que el programa que nos permitía consultar datos de libros según la temática elegida fuese a servir de verdad para facilitar las búsquedas de los usuarios de una biblioteca pública. En una biblioteca no existen cuatro temáticas con tres o cuatro títulos por temática, sino que serán cientos de temáticas, seguramente con subcategorías a distintos niveles, y con miles de títulos registrados. Obviamente, no es una opción crear archivos XML, y mantenerlos manualmente, para los datos de cada uno de los libros.

En situaciones como ésta existe un recurso siempre indispensable: la base de datos y la aplicación que la gestiona. Una base de datos no es más que un archivo, o conjunto de archivos, con una cierta estructura y un tamaño que suele ser considerable. Lo interesante es que nosotros no tenemos porqué conocer esa estructura, ya que nunca accederemos directamente a los archivos sino que delegaremos ese trabajo en una aplicación, el servidor de bases de datos. Igual que enviamos desde un navegador solicitudes a un servidor Web y recibimos respuestas elaboradas, una aplicación puede enviar solicitudes al servidor de datos, en este caso se denominan "consultas", para obtener un cierto conjunto de datos, agregar nueva información, eliminar o modificar la que ya existe, etc.

Lógicamente para comunicarnos con el servidor de bases de datos no usaremos el protocolo HTTP, con métodos como los `GET` y `POST` que ya conocemos, sino que recurriremos al lenguaje que entiende este tipo de aplicaciones, que no es otro que SQL (*Structured Query Language*). Será un lenguaje más que añadir a nuestra lista de conocimientos imprescindibles, junto con XHTML, CSS, XML o Javascript.

MySQL y SQL Server son lo que se conoce como RDBMS (*Relational Database Management System*) o Sistemas de bases de datos relacionales. Son aplicaciones que se instalan en un equipo y con los que, a través de una infraestructura de red, los clientes se comunican para trabajar sobre las bases de datos. En este punto cabe destacar dos aspectos relacionados con la configuración de trabajo:

- El servidor de datos no tiene necesariamente que estar ejecutándose en el mismo ordenador que el servidor Web, sino que puede encontrarse en una máquina independiente. Incluso es posible que el servidor de datos físicamente se encuentre en otro lugar, lo único que importa es que exista el canal de comunicación adecuado para enviar las consultas y obtener los resultados.

- La parte cliente de una aplicación AJAX, el código que se ejecuta en el navegador, no se comunicará nunca directamente con el servidor de datos. Serán los guiones del servidor Web, embebidos en páginas PHP o ASP, los que accedan a la base de datos. Obtenemos, por tanto, una configuración en tres niveles o capas: interfaz de usuario, servidor Web o de aplicaciones y servidor de datos, que queda representada gráficamente en la figura 7.1.

7.3.1. Administración de las bases de datos

Lo primero que tenemos que aprender es administrar nuestras bases de datos localmente, usando para ello la herramienta que corresponda según el RDBMS que vayamos a utilizar. Con esta herramienta definiremos la estructura de las bases de datos y operaremos con ellas de forma interactiva, por ejemplo para comprobar la información que está almacenándose en ellas, establecer su contenido inicial, etc.

En cualquier sistema donde hayamos instalado MySQL podremos acceder a una consola de administración, desde la línea de comandos de Windows, sencillamente ejecutando `mysql` y facilitando, mediante las opciones siguientes, los parámetros que fuesen precisos:

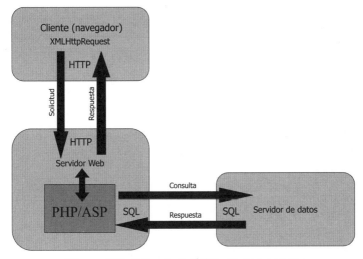

Figura 7.1. Estructura típica en tres capas de una aplicación AJAX.

- -h servidor: Permite indicar el servidor con el que ha de conectar la herramienta de administración. Si vamos a trabajar sobre un servidor local, usaremos localhost como nombre de servidor.
- -u usuario: Indica la cuenta que se va a utilizar para trabajar con MySQL. Dependiendo de los privilegios de esta cuenta podremos efectuar o no ciertas operaciones.
- -p: Al añadir esta opción la herramienta solicitará que introduzcamos la contraseña asociada a la cuenta indicada por -u, un dato imprescindible para el proceso de autenticación.

La figura 7.2 muestra la consola de Mac OS X ejecutando la herramienta de administración de MySQL. En este caso se ha empleado únicamente la opción -p, para poder introducir la contraseña, asumiéndose por defecto que se va a operar sobre localhost utilizando la cuenta francisco, que es con la que se ha iniciado sesión en el sistema. Observe el indicador de dicha herramienta que aparece en la consola. Desde aquí podremos introducir las sentencias necesarias para crear una base de datos, activarla, acceder a la información que contiene, etc.

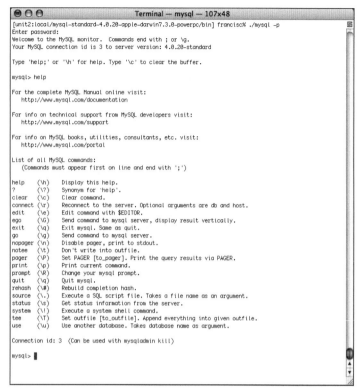

Figura 7.2. Iniciamos la consola de administración de MySQL.

En el caso de SQL Server, suponiendo que hemos instalado el Microsoft SQL Server Management Studio Express que es la herramienta gratuita de administración, contaremos con una interfaz gráfica desde la que interactuar con el servidor de datos. Su apariencia será similar a la mostrada en la figura 7.3, con un árbol a la izquierda que contiene las distintas categorías de objetos del servidor y un panel a la derecha que enumera los objetos de la categoría elegida a la izquierda.

En realidad, independientemente de que optemos por MySQL, SQL Server o cualquier otro servidor de datos, lo único que nos interesa de su herramienta de administración es saber cómo podemos ejecutar una secuencia de sentencias SQL que tendremos almacenadas en un archivo. De esta forma podremos interactuar con el servidor que tengamos

168

manteniendo una cierta independencia, ya que las sentencias SQL a ejecutar serán, salvo pequeños detalles, idénticas en todos los casos.

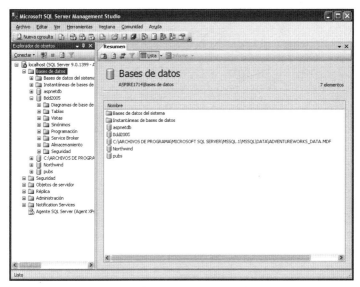

Figura 7.3. Aspecto de la herramienta de administración de SQL Server 2005.

7.3.2. Creación de una base de datos

Veamos cuáles serían los pasos a seguir para crear una base de datos, concretamente la base de datos que nos servirá para almacenar categorías y libros y que, posteriormente, usaremos en otros ejemplos. Partimos de un guión SQL, un archivo de texto conteniendo una serie de sentencias en dicho lenguaje, en el que se selecciona la base de datos `biblio` a fin de crear en ella dos tablas con una serie de datos iniciales.

El contenido de `biblio.sql`, que es como llamaremos a este archivo, será el siguiente:

```
USE biblio;

DROP TABLE categorias;
DROP TABLE libros;
```

```sql
CREATE TABLE categorias (
  codigo INTEGER NOT NULL,
  descripcion CHAR(40),
  CONSTRAINT PK_categorias PRIMARY KEY (codigo)
);

CREATE TABLE libros (
  codigo INTEGER NOT NULL,
  categoria INTEGER NOT NULL,
  titulo VARCHAR(40),
  autor VARCHAR(40),
  disponible CHAR(1),
  CONSTRAINT PK_libros PRIMARY KEY (codigo)
);

INSERT INTO categorias VALUES(1,'Ofimatica');
INSERT INTO categorias VALUES(2,'Sistemas');
INSERT INTO categorias VALUES(3,'Web');
INSERT INTO categorias VALUES(4,'Programacion');

INSERT INTO libros VALUES(1, 2,
  'SQL Server 2000', 'Charte, Francisco', 'S');
INSERT INTO libros VALUES(2, 3,
  'Proyectos con PHP 5',
  'Charte, Francisco', 'N');
INSERT INTO libros VALUES(3, 3,
  'La biblia de HTML', 'Charte, Francisco', 'S');
INSERT INTO libros VALUES(4, 1,
  'Manual avanzado Excel 2003',
  'Charte, Francisco', 'S');
INSERT INTO libros VALUES(5, 1,
  'Manual imprescindible Word 2003',
  'Charte, Francisco', 'S');
INSERT INTO libros VALUES(6, 2,
  'GNU/Linux', 'Charte, Francisco', 'N');
INSERT INTO libros VALUES(7, 4,
  'Visual Basic 2005',
  'Charte, Francisco', 'S');
INSERT INTO libros VALUES(8, 4,
  'Ensamblador', 'Charte, Francisco', 'S');
INSERT INTO libros VALUES(9, 4,
  'Visual C# 2005', 'Charte, Francisco', 'N');
INSERT INTO libros VALUES(10, 4,
  'Delphi 8 .NET', 'Charte, Francisco', 'S');
```

Con la sentencia `USE` elegimos la base de datos sobre la que vamos a trabajar. Mediante `DROP` eliminamos las tablas `categorias` y `libros`. Inicialmente dichas tablas no existirán, pero si ejecutáramos este guión más de una vez esas dos sentencias se asegurarían de que creamos las tablas de nuevo y las dejamos en su estado inicial.

La sentencia `CREATE TABLE` es la encargada de crear las tablas, estableciendo el nombre y tipo de información que puede almacenar cada uno de los campos o columnas. En el caso de la tabla `categorias` existirán únicamente dos columnas: `codigo` y `descripcion`, actuando la primera como clave principal o código de cada categoría. La tabla `libros` cuenta con algunas columnas más. Fíjese especialmente en la columna `categoria`, ya que ésta contendrá el código de la categoría a la que pertenece cada libro, siendo vital para enlazar las dos tablas y, por ejemplo, localizar todos los libros de una cierta categoría.

Creadas las dos tablas, la sentencia `INSERT` introduce una serie de datos de categorías y de libros. El diseño de la base de datos podría mejorarse agregando integridad referencial y algunas comprobaciones más, pero éstos son detalles que tienen más que ver con SQL que con AJAX.

Teniendo este archivo de texto preparado, accesible desde el equipo donde tenemos la herramienta de administración de nuestro servidor de bases de datos, procedemos ahora a crear la base de datos.

En el caso de MySQL los pasos que hay que dar serían los siguientes:

- Desde la línea de comandos ejecutamos la orden `mysqladmin create biblio -p` e introducimos nuestra contraseña, creando así la base de datos vacía con el nombre `biblio`.
- A continuación introducimos la orden `mysql -f -p < biblio.sql`, pidiendo a MySQL que ejecute las sentencias alojadas en el archivo biblio.sql. Al finalizar el proceso la base de datos ya existirá y tendrá los datos iniciales.
- Para comprobar que la base de datos efectivamente se ha creado, podemos entrar en la herramienta de administración de MySQL y usar los comandos `SHOW databases`, `USE biblio` y `SHOW tables` para ver las bases de datos existentes, seleccionar la que hemos creado y ver sus tablas, respectivamente.

En la figura 7.4 puede ver una consola de Mac OS X en la que se han dado todos los pasos citados, contándose ya con la base de datos `biblio`.

Figura 7.4. Creamos la base de datos en MySQL.

El procedimiento a seguir para crear la misma base de datos usando SQL Server, desde la herramienta de administración correspondiente, sería el siguiente:

- Abrimos el menú contextual correspondiente a la rama **Bases de datos** del panel izquierdo, seleccionando la opción **Nuevo>Base de datos**.
- En el asistente **Nueva base de datos** introducimos el nombre, en el apartado **Nombre de la base de datos**, y luego hacemos clic en **Aceptar** (véase la figura 7.5). La base de datos ya está creada pero vacía.

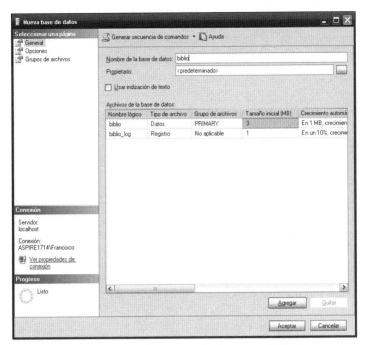

Figura 7.5. Creamos la base de datos en SQL Server.

- A continuación abrimos, desde el menú Archivo, el archivo biblio.sql, el mismo que hemos utilizado con MySQL. Su contenido aparecerá en el panel derecho. No tenemos más que hacer clic en el botón **Ejecutar** para ejecutarlo y, así, crear las tablas y almacenar en ellas los datos iniciales (véase la figura 7.6).

7.3.3. Manipulación de los datos

Aunque lo que más nos interesa es saber cómo acceder a la información alojada en las bases de datos desde nuestras aplicaciones, concretamente desde los guiones de servidor en PHP o ASP, no serán pocas las ocasiones en que necesitemos operar sobre los datos de forma interactiva, por ejemplo para agregar nuevos libros, actualizar información de los ya existentes, etc. Tanto en un caso como en otro, lo fundamental es conocer las sentencias SQL que son necesarias para efectuar las tareas que nos interesen.

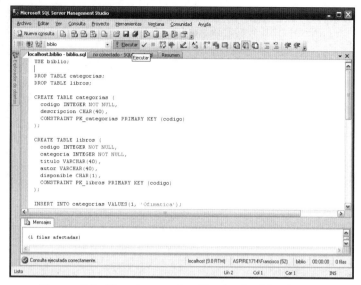

Figura 7.6. Ejecutamos el guión desde SQL Server.

Sin posibilidad de ser demasiado exhaustivo sobre el tema, ya que esto requeriría un libro completo, en los siguientes puntos se describen las operaciones que necesitaremos llevar a cabo con mayor frecuencia sobre una base de datos ya existente.

Insertar datos

Puesto que tras crear la base de datos las tablas de nuestra base de datos estaban vacías, poco más podíamos hacer con ellas que insertar nuevas filas, añadiendo información con la cual posteriormente sea posible trabajar. Esta operación la podemos repetir siempre que tengamos que registrar nuevos datos, en nuestro caso categorías o libros. Con este fin recurriremos a la sentencia INSERT, cuya sintaxis es la siguiente:

```
INSERT INTO NombreTabla
    VALUES (valor1, valor2 ...)
```

Los valores facilitados entre paréntesis se introducirán en las columnas de la tabla indicada en el mismo orden en que se entreguen, debiendo existir una correspondencia de tipos entre columnas y valores. Si en la tabla categorias definíamos primero un código numérico y después una descripción, al utilizar INSERT los valores aparecerían en ese orden:

```
INSERT INTO categorias VALUES (
    1, 'Ofimatica');
```

Obsérvese que las secuencias de caracteres van entre comillas simples, mientras que los valores numéricos no precisan esos delimitadores. Si se desea dejar una columna sin contenido puede utilizarse la palabra NULL en sustitución del valor.

Al introducir datos en una tabla hemos de tener en cuenta que no pueden violarse las condiciones de validez establecidas durante su definición. Esto significa que no puede dejarse vacía una columna en la que se indicó NOT NULL o repetir el mismo valor en una columna UNIQUE, por poner los ejemplos más usuales.

Recuperar datos

Sin las operaciones de inserción de datos lógicamente las tablas nos servirían para poco, al estar vacías, pero una vez contienen información las sentencias que se ejecutan con mayor frecuencia son las de consulta.

Con éstas se extrae todo o parte del contenido de una o más tablas, existiendo opciones para ordenar los datos, filtrarlos, agruparlos, etc.

Con una consulta podemos obtener una lista de todos los libros, con todos sus datos; una lista de los libros solamente con el título y autor, solamente los libros que pertenecen a una cierta categoría, una combinación de títulos de libros con las descripciones de las categorías que le corresponden, etc. Todo ello se lleva a cabo con una misma sentencia de SQL: SELECT. Ésta es la sentencia más compleja de dicho lenguaje, dada la gran cantidad de opciones que acepta.

La sintaxis general de esta sentencia, de la que vamos a partir, es la siguiente:

```
SELECT col1, col2 ... colN
FROM tabla1, tabla2 ... tablaN
[WHERE  condición]
[ORDER BY col1, col2 ... colN]
```

Los corchetes denotan elementos opcionales, que pueden no aparecer en una sentencia de consulta. La consulta más sencilla que podemos ejecutar es aquella que recupera todas las filas y columnas de una tabla dada, para lo cual bastará con introducir en la consola una sentencia como la siguiente:

```
SELECT * FROM categorias
```

Esta sentencia haría aparecer en la consola el contenido completo de la tabla solicitada, por lo que podemos probarla sucesivamente con las tablas que existen en nuestra base de datos.

El símbolo * es un comodín o un metacarácter que representa a todas las columnas existentes en la tabla. En su lugar es posible indicar explícitamente el nombre de las columnas que desean recuperarse, por ejemplo:

```
SELECT codigo, descripcion FROM categorias
```

En general, cuanto más específicos seamos sobre la información que queremos obtener de la base de datos mejor, puesto que no hay que olvidar que, en la práctica, esa información tendrá que viajar desde un servidor hasta el cliente a través de una red, siendo ésta, y la carga de trabajo del propio servidor de datos, los cuellos de botella más importantes.

Indicando el nombre de las columnas que desean obtenerse estamos, en cierta manera, filtrando los datos a recuperar. El número de filas de una tabla, sin embargo, suele ser muy superior al de columnas. No hay más que imaginar la base de datos de una biblioteca, con una fila por libro conteniendo su título, número de ISBN, autor, etc. Normalmente existirá una decena de columnas y varios miles de filas.

Recuperar por completo una tabla así no resulta demasiado útil, siendo mucho más interesante filtrar las filas para obtener exactamente las que interesan. Además, si para presentar la interfaz de nuestra aplicación tuviésemos que esperar a recibir los datos de cinco mil o diez mil libros no cabe duda de que el usuario llegaría a la desesperación, aparte de obtener un resultado poco útil en forma de página con una interminable lista de títulos.

Para poder filtrar las filas a obtener se añade la cláusula WHERE a la sentencia SELECT, seguida de un condicional que puede ser tan sencillo como columna=valor, para buscar las filas que tienen dicho valor en la columna indicada, o realmente complejo al combinar múltiples condiciones simples mediante operadores como AND y OR.

En un condicional WHERE es posible usar operadores relacionales del tipo =, < y > para buscar los valores exactos, menores o mayores a uno dado, así como operadores específicos de SQL como LIKE y BETWEEN que facilitan la comparación con patrones de caracteres y con rangos de valores, respectivamente.

El orden en que aparecen las filas cuando se recuperan de una tabla es otro de los factores que podemos modificar, casi libremente, gracias a la cláusula ORDER BY de la sentencia SELECT. Tras ella podemos indicar el nombre de la columna que debe tomarse como referencia para establecer el nuevo orden. Si se indican varias columnas se ordenará por la primera y, dentro de los grupos en que el valor de esa primera se repitan, se ordenará por la segunda y así sucesivamente. Por defecto el orden es ascendente, de menor a mayor, pero no hay más que agregar la palabra DESC tras el nombre de la columna para invertirlo, obteniendo las filas de mayor a menor.

La primera letra del acrónimo RDBMS procede del término *Relational*, indicando la naturaleza relacional de las bases de datos. En el diseño de la que estamos usando como ejemplo existen relaciones que vinculan las tablas entre sí. El ejemplo más claro lo encontramos en la columna categoria de la tabla libros que, como sabemos, contiene el código de la categoría correspondiente, dato éste almacenado en la columna codigo de la tabla categorias.

Estos vínculos son los que facilitan la recuperación de datos que están relacionados pero, sin embargo, se almacenan en tablas diferentes con el objetivo de evitar duplicidades. Una necesidad lógica, usando nuestra base de datos de ejemplo, sería obtener una lista de las asignaturas junto con el nombre del profesor y el despacho correspondiente. Para ello usaríamos una consulta como la siguiente:

```
SELECT categorias.descripcion, libros.titulo
FROM libros INNER JOIN categorias
ON categorias.codigo = libros.categoria
```

La cláusula INNER JOIN usada en esta consulta permite efectuar uniones del tipo uno a muchos, es decir, que una fila de la primera tabla corresponda con múltiples filas de la segunda.

Modificar datos

La información almacenada en una base de datos no suele ser completamente estática, siendo necesaria su actualización con el transcurso del tiempo. Además de una aplicación del tipo que estamos proponiendo, con la que los usuarios pueden localizar libros a partir de una temática, también sería lógico diseñar otra, cuyos usuarios serían las personas que administran la biblioteca, que permitiese actualizar la información de la base de datos.

Para modificar el contenido de una columna en una o más filas recurriremos a la sentencia UPDATE, usando la siguiente sintaxis:

```
UPDATE NombreTabla SET columna=valor
  WHERE condición
```

Al usar esta sentencia es de vital importancia que prestemos atención a la cláusula WHERE. No debemos olvidar que SQL es un lenguaje pensado para operar sobre conjuntos de datos, no en datos individuales.

Si en una sentencia de actualización olvidamos introducir la condición que establezca en qué filas debe ejecutarse el cambio, el resultado será que el valor se asignará a la columna indicada en todas las filas de la tabla, con la consiguiente pérdida de datos.

Borrar datos

La última instrucción de SQL que vamos a conocer es DELETE, siendo su finalidad eliminar una o más filas de una tabla. Si al actualizar datos es importante determinar con exactitud qué filas se verán afectadas, con la correspondiente cláusula WHERE, al borrar información esa importancia es aún mayor. Una sentencia como la que se muestra a continuación eliminaría el contenido completo de la tabla:

```
DELETE FROM libros
```

Al usar esta sentencia no hay que indicar más que el nombre de la tabla y establecer el filtro de selección de filas, sin hacer referencia a columnas concretas puesto que no es posible eliminar más que filas completas. Por ejemplo, para eliminar todos los libros de una cierta categoría utilizaríamos una sentencia del tipo:

```
DELETE FROM libros WHERE categoria=3
```

7.4. Guiones de servidor

Como se apuntaba anteriormente, el código de la parte cliente de nuestra aplicación AJAX, escrito en Javascript y ejecutándose en el interior del navegador, no se comunicará nunca de forma directa con la base de datos en la que reside la información sobre la que trabaja. Es preciso contar, por tanto, con un elemento intermedio: los guiones o páginas de servidor. En la figura 7.1 se aprecia que el servidor Web interactúa con estos guiones que, a su vez, se comunican con el servidor de bases de datos.

El guión de servidor puede realizar infinidad de acciones, tantas como el lenguaje elegido y los recursos del servidor Web nos permitan, pero en general tendrán asignadas un conjunto reducido de tareas o funciones, entre las cuales están:

- Interpretar la solicitud recibida del cliente, extrayendo los parámetros que sean necesarios para operar sobre la base de datos.
- Conectar con el servidor de datos y ejecutar las sentencias SQL adecuadas, por ejemplo efectuando una consulta para obtener un conjunto de datos.
- Elaborar la información que ha de devolverse al cliente, como por ejemplo generando un documento XML a partir de los datos recibidos del servidor de bases de datos.

Estas operaciones se pueden llevar a cabo conociendo exclusivamente una fracción reducida de los lenguajes de guiones elegidos, en nuestro caso PHP y ASP, dejando su estudio en detalle para los libros más específicos.

7.4.1. Interpretación de solicitudes

Los guiones PHP y ASP son, físicamente, archivos de texto que se almacenan en el propio servidor Web y que son interpretados por un módulo o un motor agregado a dicho servidor. En el caso de Apache, los módulos que podemos agregar son casi incontables y uno de ellos es el de PHP, que le permite procesar archivos con extensión .php como si fuesen una página cualquiera, pero cediendo el control a ese módulo para que genere dinámicamente el contenido.

Otro tanto ocurre con IIS, si bien en este caso ASP y ASP.NET son extensiones que forman parte de las últimas versiones del servidor Web, por lo que no tenemos más que activarlas y comenzar a trabajar.

Tanto PHP como ASP cuentan con objetos que les permiten acceder a la información embebida en una solicitud recibida del cliente. En el caso de PHP, dependiendo de que el método usado para enviar los datos haya sido GET o POST usaremos los objetos $_GET o $_POST, respectivamente. Ambos se comportan con matrices, a cuyos elementos podemos acceder mediante un índice o su nombre si cuenta con él. En ASP, indistintamente del método empleado, podemos usar el objeto Request para acceder a los datos de la solicitud. Este objeto cuenta con diversos miembros, entre ellos uno llamado Form útil cuando lo que se recibe es la información de un formulario.

Retomemos el documento EnvioPost.html del capítulo anterior, que utilizábamos para enviar al servidor, mediante el objeto XMLHttpRequest, los datos introducidos en un formulario XHTML. Lo primero que vamos a hacer es modificar la llamada al método open de objXML, el objeto XMLHttpRequest, para que invoque al guión biblio.php o biblio.asp, según vayamos a operar con PHP o bien con ASP, respectivamente.

Nuestro guión PHP tomará los datos enviados por la aplicación, los almacenará temporalmente en unas variables y usará éstas para devolver una respuesta:

```php
<?php
    $Apellidos = $_POST["apellidos"];
    $Nombre = $_POST["nombre"];
    $Telefono = $_POST["telefono"];

    echo "$Apellidos, $Nombre - ($Telefono)";
?>
```

Los identificadores Apellidos, Nombre y Telefono son variables, por lo que van precedidas del carácter $, en las que almacenamos los datos extraídos de la solicitud mediante el objeto $_POST. Con la instrucción echo enviamos una respuesta al servidor, usando esos mismos datos.

El guión ASP hará exactamente lo mismo, pero los delimitadores del código y la sintaxis del lenguaje cambian, como es lógico. El código sería el siguiente:

```
<%
  Dim Nombre, Apellidos, Telefono
  Nombre = Request.Form("nombre")
  Apellidos = Request.Form("apellidos")
  Telefono = Request.Form("telefono")
  Response.Write(Apellidos & ", " & Nombre &
    " - (" & Telefono & ")")
%>
```

En este caso las variables no van precedidas por el carácter $, pero se han declarado previamente mediante la instrucción Dim. Para recoger los datos, usando como índice el nombre de los parámetros en lugar de su índice, accedemos al objeto Form facilitando dicho nombre entre paréntesis, en vez de hacerlo entre corchetes. Finalmente, usamos el método Response.Write() para enviar la respuesta, análoga a la generada por la instrucción echo de PHP.

Aunque en este caso los datos recogidos de la solicitud se han usado para generar una especie de eco, devolviéndolos como respuesta al cliente, una vez almacenados en las variables intermedias podríamos haberlos usado para cualquier tarea, incluida la consulta sobre una base de datos. En la figura 7.7 puede verse, en la parte superior, el resultado obtenido al procesar la página ASP en un servidor operando con Windows Vista e IIS 7, mientras que en la parte inferior está el resultado de la página PHP procesada en un servidor funcionando con Mac OS X y Apache. Como puede apreciarse, en la interfaz no se reflejan las diferencias existentes en el servidor, algo fundamental en una aplicación AJAX,

7.4.2. Conexión con la base de datos

Una vez que tenemos en el guión del servidor la información que nos ha enviado la interfaz de la aplicación, el paso siguiente será conectar con la base de datos y ejecutar las sentencias SQL apropiadas. Este proceso se realiza de forma diferente según trabajemos con PHP o bien con ASP, así como dependiendo del RDBMS con el que vayamos a trabajar. No obstante, una vez establecida la conexión las sentencias SQL a utilizar serán las mismas, reduciéndose en la mayoría de las ocasiones a alguno de los casos típicos explicados anteriormente: recuperación de datos, modificación, inserción o borrado.

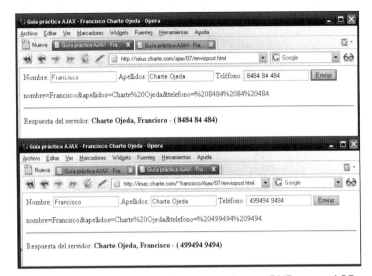

Figura 7.7. La misma interfaz operando con PHP y con ASP genera el mismo resultado.

PHP incorpora, entre otras muchas extensiones, una cuya finalidad es acceder a bases de datos MySQL. Esta extensión aporta una serie de funciones que usaremos generalmente en secuencia:

- `mysql_connect()`: Establece la conexión con el servidor de datos, para lo cual precisa tres parámetros: el nombre o la dirección del servidor, el nombre de usuario y la contraseña. Devuelve un manejador que servirá para, posteriormente, cerrar la conexión.
- `mysql_select_db()`: Se utiliza para seleccionar la base de datos sobre la que va a trabajarse, facilitando como único argumento su nombre que, en nuestro caso, sería `"biblio"`.
- `mysql_query()`: Ejecuta una sentencia SQL sobre la conexión establecida con la base de datos mediante las funciones anteriores. Como parámetro se facilitará una cadena con la sentencia SQL. En caso de ser una consulta que devuelva el resultado, el valor devuelto por `mysql_query()` nos permitirá recuperar las filas correspondientes. Para conocer el número de filas obtenidas no tenemos más que facilitar ese valor a la función `mysql_num_rows()`.

- `mysql_fetch_row()`: Esta función toma como parámetro el valor que es devuelto por `mysql_query()`, recuperando una fila del conjunto de resultados y devolviendo su contenido, al tiempo que avanza a la fila siguiente. El valor devuelto será `FALSE` si no hay más filas. El contenido se devuelve en forma de matriz con índices numéricos. También se puede usar `mysql_fetch_assoc()`, que efectúa la misma función pero devuelve una matriz asociativa, en la que podemos utilizar como índices los nombres de las columnas.

- `mysql_free_result()` y `mysql_close()`: Liberan un conjunto de resultados y cierran la conexión con el servidor de datos, respectivamente.

Se puede encontrar la lista completa de funciones de la extensión MySQL, que facilitan el acceso a estas bases de datos desde PHP, en la dirección `http://es.php.net/manual/es/ref.mysql.php`. Vamos a modificar el guión `biblio.php` que habíamos creado en un punto previo, utilizando el campo `nombre` como nombre de usuario para acceder a la base de datos, el campo `apellidos` como contraseña y el campo `telefono` como código de temática para acceder a la base de datos y recuperar los títulos de esa temática. El código del nuevo guión sería el siguiente:

```php
<?php
  // Tomamos como nombre de usuario el nombre
  $usuario = $_POST["nombre"];
  // como contraseña los apellidos
  $contrasena = $_POST["apellidos"];
  // y como temática el teléfono
  $tematica = $_POST["telefono"];
  // Conectamos con la base de datos
  $hBdd = mysql_connect('localhost',
    $usuario, $contrasena);
  if(mysql_select_db('biblio')) {
    // Componemos la sentencia de recuperación
    $SQL = 'SELECT titulo, autor '.
           'FROM libros '.
           'WHERE categoria='.$tematica;
    // ejecutamos la consulta
    $Resultado = mysql_query($SQL);
    // Si no tenemos filas
    if(!$Resultado ||
      mysql_num_rows($Resultado) == 0)
```

```
   // no continuamos
   echo 'No hay libros de esa temática';
else
   // Recorremos las filas
    while($Fila=mysql_fetch_assoc($Resultado))
      echo $Fila['titulo'].', '.
      $Fila['autor'].'<br />';

mysql_free_result($Resultado);

// Cerramos la conexión
mysql_close($hBdd);

} else echo
   'Se produce un fallo en la base de datos';
?>
```

Las estructuras de control de PHP no difieren en exceso de las de Javascript, por lo que este código no debe resultarle difícil de entender. Se establece la conexión y selecciona la base de datos que habíamos creado anteriormente. La llamada a `mysql_select_db()` se ha introducido en un condicional, de forma que la consulta se ejecutará sólo si se ha podido acceder a la base de datos. El bucle `while` va recuperando filas, mediante la función `mysql_fetch_assoc()`, hasta llegar al final. El resultado que genera, al usarse con parámetros adecuados, se muestra en la figura 7.8.

Figura 7.8. Lista de títulos correspondientes a la categoría 3, con PHP.

En el caso de ASP, el proceso para acceder a una base de datos SQL Server pasa por una serie de pasos análogos a los de PHP pero, lógicamente, empleando funciones diferentes. Resumidamente serían los siguientes:

- Creamos mediante `Server.CreateObject()` un objeto `adodb.connection`, mediante el cual es posible conectar con distintas bases de datos.

- Llamamos al método `Open()` del objeto `adodb.connection` facilitando los parámetros oportunos, con los que se establecerá el tipo de base de datos con la que se va a conectar, el servidor donde se encuentra, las credenciales, etc.

- Utilizamos el método `Execute()` facilitando como argumento la consulta a ejecutar. A cambio obtendremos un objeto que contendrá el conjunto de filas resultantes.

- Accedemos a los datos mediante el objeto devuelto por `Execute()`, usando como índice los nombres de las columnas. Para avanzar a filas siguientes llamaremos al método `MoveNext` hasta que `EOF` sea `True`.

- Finalmente cerraremos el conjunto de resultados y la conexión con la base de datos mediante sus respectivos métodos `Close`.

En `http://msdn.microsoft.com` encontrará información sobre ASP, el objeto `adodb.connection`, SQL Server y, en general, sobre cualquier herramienta de desarrollo de la firma Microsoft.

Veamos ahora en la práctica cómo abriríamos una conexión con la base de datos creada anteriormente, a fin de recuperar los libros que correspondan a una categoría dada. El código de `biblio.asp` pasaría a ser el siguiente:

```
<%
  Dim Usuario, Contrasena, Tematica
  Usuario = Request.Form("nombre")
  Contrasena = Request.Form("apellidos")
  Tematica = Request.Form("telefono")

  Set BDD = _
     Server.CreateObject("adodb.connection")
  BDD.Open "Provider=SQLOLEDB; " & _
    "Data Source=localhost; Initial " & _
    "Catalog=biblio; User ID=" & _
    Usuario & "; Password=" & _
    Contrasena & "; Integrated Security=SSPI"
  Consulta="SELECT titulo,autor FROM libros" & _
    " WHERE categoria=" & tematica
  Set Datos=BDD.Execute(Consulta)
```

```
Do While Not Datos.EOF
  Response.Write(Datos("titulo") & ", " & _
    Datos("autor") & "<br />")
  Datos.MoveNext
Loop
Datos.Close
BDD.Close
%>
```

El carácter _ que aparece al final de algunas líneas indica que la sentencia continúa en la línea siguiente, algo que es necesario al usar páginas ASP escritas en Visual Basic ya que este lenguaje identifica el retorno de carro no sólo como fin de línea física, sino también de sentencia lógica.

Fíjese especialmente en los parámetros facilitados al método `Open`, con los cuales se selecciona el proveedor `SQL-OLEDB`, adecuado para trabajar con SQL Server; se indica dónde está el servidor de datos: `localhost`; se escoge la base de datos inicial: `biblio`; se facilitan las credenciales de conexión y, finalmente, mediante `Integrated Security=SSPI`, se activa el uso de la seguridad integrada de Windows, de forma que el nombre de usuario y contraseña facilitados en la página deberán corresponder a los de un usuario con cuenta en el servidor de datos y permisos de acceso al RDBMS.

Como se aprecia en la figura 7.9, el resultado que obtenemos al ejecutar la aplicación tras modificar el guión es idéntico al de la versión que utiliza PHP. La configuración en el servidor es completamente distinta, pero la parte cliente de la aplicación AJAX es totalmente ajena a ello.

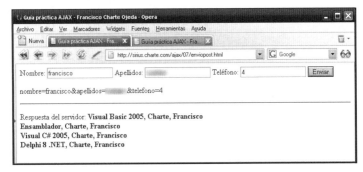

Figura 7.9. Lista de títulos correspondientes a la categoría 4, con ASP.

Aunque en estos ejemplos hemos solicitado la cuenta de usuario y contraseña mediante un formulario, utilizando estas credenciales para conectar con la base de datos, en la práctica el guión puede emplear siempre una configuración de seguridad predefinida, que no dependa de los datos facilitados en la interfaz.

7.4.3. Elaboración de la respuesta

En las dos versiones del ejemplo previo hemos ido devolviendo los datos, desde el servidor hacia el cliente, sin ningún tratamiento especial. En la mayoría de las ocasiones el guión deberá elaborar la respuesta antes de remitirla a la interfaz, para lo cual puede usar cualquiera de los recursos que tiene a su alcance.

Uno de los casos más habituales, especialmente al recuperar información de una base de datos, será la generación de un documento XML con una cierta estructura a partir de los datos, lo que hará posible que la interfaz, mediante DOM y Javascript, pueda tratarlos como interese en cada caso. Producir un documento XML desde un guión en el servidor, sin importar el lenguaje, es algo realmente sencillo.

Si cambia en `biblio.php` el fragmento de código que comienza con la sentencia `if(!$Resultado` por el código mostrado a continuación, lo que se enviará a la interfaz será un documento XML cuyo elemento raíz será `Libros`, existiendo un nodo `Libro` por cada libro encontrado compuesto de dos subelementos: `Titulo` y `Autor`:

```
// Si no tenemos filas
 if(!$Resultado ||
     mysql_num_rows($Resultado) == 0)
    // no continuamos
    echo 'No hay libros de esa temática';
 else {
    $Contenido = '<?xml version="1.0"><Libros>';
    // Recorremos las filas
    while($Fila=mysql_fetch_assoc($Resultado))
      $Contenido .= '<Libro><Titulo>'.
        $Fila['titulo'].'</Titulo><Autor>'.
        $Fila['autor'].'</Autor></Libro>';
    $Contenido .= '</Libros>';
    echo $Contenido;
 }
```

La figura 7.10 corresponde al resultado obtenido al llamar a la función `alert()` de Javascript para mostrar el documento recibido. Usando las técnicas que conocimos en el capítulo anterior podríamos seleccionar los títulos, añadirlos a una lista, etc.

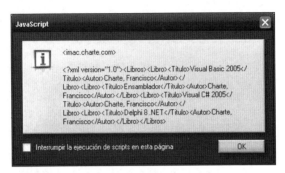

Figura 7.10. Documento XML elaborado por el guión en el servidor y recibido en el cliente.

7.5. Resumen

Lo que hemos aprendido en este capítulo nos permite completar los conocimientos necesarios para desarrollar cualquier aplicación AJAX realmente útil, una aplicación que obtiene del servidor no documentos estáticos sino información elaborada por un guión y recuperada de una base de datos. Obviamente necesitaremos dedicar algún tiempo a aprender a manejar el lenguaje SQL, para poder trabajar con bases de datos, y también el lenguaje de guiones por el que hayamos optado: PHP, ASP o cualquier otro. Lo importante es que ya sabemos cómo conectar todas las piezas para obtener un resultado, lo cual nos permitirá ir avanzando al ritmo que deseemos.

En el capítulo siguiente aprenderemos a implementar algunas técnicas habituales en aplicaciones AJAX, usando para ello todos los conocimientos tanto de este capítulo como de los anteriores.

8

Técnicas comunes

8.1. Introducción

En los siete capítulos anteriores a éste ya hemos aprendido prácticamente todo lo necesario para escribir aplicaciones AJAX. Conocemos todos los detalles sobre el objeto `XMLHttpRequest`, vital para poder comunicar asíncronamente la interfaz de la aplicación con los guiones que se ejecutan en el servidor. Sabemos cómo combinar el modelo de objetos DOM con Javascript para operar sobre los elementos de la interfaz, cuyo contenido definimos mediante XHTML y al que asociamos un estilo descrito con CSS, así como para extraer información de documentos XML. También conocemos las bases del funcionamiento de los guiones escritos con PHP y ASP, comunicándose por una parte con la interfaz y por otra con los RDBMS en los que se almacena la información.

Si tenemos las bases teóricas sobre las que hemos de trabajar, lo único que nos falta, lógicamente, es cierta experiencia en la aplicación de esas bases sobre casos prácticos. Por eso este capítulo vamos a dedicarlo a analizar cómo efectuar algunas tareas comunes por medio de técnicas que nos servirán posteriormente para otros proyectos que podamos desarrollar. Estas técnicas se apoyan en lo aprendido hasta el momento, por lo que antes de leer las explicaciones de cómo se han implementado y analizar el código correspondiente, no está de más que intente resolver por sí mismo cada caso. Es algo que le servirá indudablemente para ir adquiriendo destreza y ganando confianza.

Los casos que van a abordarse a continuación son:

- Cómo notificar al usuario que se está esperando una respuesta del servidor.
- Cómo validar datos de formularios antes de enviarlos al servidor.
- Cómo gestionar varias solicitudes simultáneas.
- Cómo facilitar la vuelta atrás en la interfaz.

8.2. Notificación de transferencia en curso

Como usuarios de software de navegación por Internet, sabemos que cada programa implementa alguna forma mediante la cual informa al usuario que la transferencia de la página se ha iniciado, está en curso, ha terminado o ha fallado. Suele existir algún elemento animado que indica que la transferencia está efectuándose o, incluso, una información concreta del porcentaje recibido/restante o los bytes recibidos y restantes.

Los elementos de AJAX, ya lo sabemos, no aportan por sí mismos un mecanismo de notificación al usuario. Es, por tanto, responsabilidad nuestra su implementación en cada una de las aplicaciones que desarrollemos. En el sexto capítulo profundizamos en los códigos de estado del objeto XMLHttpRequest, mediante los que podíamos saber si se había hecho la solicitud, se había comenzado a recibir la respuesta o ésta había llegado a término.

Dependiendo del navegador que tenga el usuario, la transición por esos estados puede diferir ligeramente, así como las operaciones que es posible efectuar en cada estado. No obstante, lo que es seguro es que la transferencia se inicia cuando invocamos al método send() de XMLHttp-Request, y que termina cuando readyState tiene el valor 4 o bien ha pasado un cierto tiempo tras el cual puede asumirse que la comunicación ha expirado por algún fallo. Tomando estas referencias, y mediante código Javascript embebido en la interfaz, podemos realizar cualquier tipo de notificación que se nos ocurra: una animación cambiando cada cierto tiempo un gráfico mientras se espera la respuesta, una barra horizontal que va rellenándose de color a medida que se reciben datos o un simple mensaje que indica que se está en espera de una respuesta.

El ejemplo que vamos a desarrollar a continuación usa una combinación de técnicas visuales para notificar al usuario la comunicación. Por una parte difuminaremos el fondo de la interfaz, superponiendo una capa gris semitransparente, y por otra mostraremos una ventana flotante con mensajes indicativos.

Veamos cuáles serían los pasos necesarios para conseguir este resultado.

8.2.1. Interfaz inicial

La finalidad concreta de la aplicación que utilice esta técnica de notificación no nos interesa en este momento, por lo que vamos a componer una interfaz muy simple en la que se solicite al usuario el número de paquetes de respuesta que desea recibir del servidor y el intervalo de tiempo que desea esperar entre paquete y paquete. De esta forma crearemos un tiempo de transferencia artificialmente largo, sin necesidad de transferir un gran volumen de datos. En un proyecto serio obviamente los datos se recibirían sin demoras creadas a propósito, pero en este caso esa espera nos permitirá ver cómo funcionaría la notificación en situaciones más próximas a la realidad.

El cuerpo de nuestro documento XHTML será generado por el código siguiente, teniendo el aspecto que se aprecia en la figura 8.1.

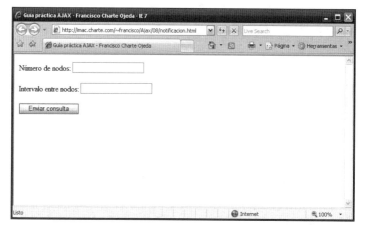

Figura 8.1. Aspecto inicial de la interfaz de usuario.

```
<form id="formulario" action="generanodos.php"
  onsubmit="return enviaFormulario()">
  <p>Número de nodos: <input id="numNodos"
    type="text" /></p>
  <p>Intervalo entre nodos:
    <input id="intervalo" type="text" /></p>
  <p><input type="submit" /></p>
</form>
<div id="resultado">
</div>
```

No se ha utilizado ningún estilo en particular para la página ni el texto, por lo que puede personalizarla estableciendo los colores y atributos que desee.

8.2.2. El guión de servidor

La solicitud que emitirá la función `enviaFormulario()`, a la que se llama mediante el evento `onsubmit` del formulario, será atendida por un guión que se encargará de ir enviando bloques de datos con una cierta demora de tiempo entre bloque y bloque. El código PHP, tal como se aprecia a continuación, es muy breve:

```
<?php
$numNodos = $_POST["numNodos"];
$intervalo = $_POST["intervalo"];
$parrafo = "<p>Párrafo de texto</p>";
for($i=0; $i<$numNodos; $i++) {
    sleep($intervalo);
    echo $parrafo;
    flush();
}
?>
```

Mediante la función `sleep()` introducimos una espera de tantos segundos como indique el parámetro `interva-lo`, mientras que la función `flush()` garantiza que los datos se transfieran de inmediato al cliente, sin esperar a que el buffer del servidor Web llegue a llenarse.

8.2.3. Inicio de la transferencia

Nuestro código Javascript, asociado a la página que actúa como interfaz, se inicia con la declaración de las variables siguientes:

```
var objXML;
var indicador = false;
var fondo = false;
var temporizador = false;
```

objXML contendrá la referencia al objeto XMLHttpRequest compartido por las distintas funciones que escri-
biremos a continuación. indicador y fondo serán las dos
secciones div que agregaremos y eliminaremos dinámicamente según sea preciso. La variable temporizador la usaremos para activar un temporizador que ejecute un cierto
código periódicamente, como veremos de inmediato.

Además de la función CreaXHR(), que venimos usando
en todos los proyectos, tomaremos la función enviaFormu-
lario() del ejemplo del capítulo previo y la adaptaremos
para enviar los dos campos de nuestro actual formulario.
La primera parte de esta función preparará en una cadena
los datos introducidos, creará el objeto XMLHttpRequest
y usará el método POST para enviar la solicitud:

```
var frmDatos =
    document.getElementById('formulario');
var iIndice;
var strContenido = "";
var strSeparador = "";

// Recorremos los dos controles que hay
for(iIndice = 0; iIndice < 2; iIndice++) {
  strContenido =   // concatenando los datos
    strContenido + strSeparador +
    frmDatos.elements[iIndice].id + '=' +
    encodeURIComponent(
      frmDatos.elements[iIndice].value);
  strSeparador = '&';
}

objXML = CreaXHR();
if(objXML) // Si tenemos el objeto
{
  // Enviamos la solicitud al servidor
  objXML.onreadystatechange = cambioEstado;
  objXML.open('POST', 'generanodos.php');
  // con las cabeceras apropiadas
  objXML.setRequestHeader('Content-Type',
      'application/x-www-form-urlencoded');
```

```
    objXML.setRequestHeader('Content-Length',
      strContenido.length);
    objXML.send(strContenido);
}
```

Operamos de forma asíncrona, asignando a `onreadystatechange` el nombre de una función, `cambiaEstado()`, que será la que actualice las indicaciones. Continuando con la función `enviaFormulario()`, tras llamar al método `send()` la transferencia ya se ha iniciado y nos disponemos a informar al usuario sobre ello.

Con este fin creamos dos elementos `div` y los añadimos al cuerpo del documento:

```
// Creamos dos secciones dinámicas
indicador = document.createElement('div');
fondo = document.createElement('div');
// y las añadimos al documento
document.getElementsByTagName(
    'body')[0].appendChild(fondo);
document.getElementsByTagName(
    'body')[0].appendChild(indicador);
```

La primera sección `div` ocupará toda la página y será de color gris semitransparente, obteniendo como resultado un aparente difuminado de la interfaz que estaba viendo el usuario en ese momento:

```
// Cubrimos todo el fondo con una sección
// de color gris semitransparente
fondo.style.position = 'absolute';
fondo.style.top = '0';
fondo.style.left = '0';
fondo.style.width = '100%';
fondo.style.height = '100%';
fondo.style.backgroundColor = 'gray';
// la transparencia en IE difiere respecto
// a Mozilla y Opera
if (navigator.appName ==
    'Microsoft Internet Explorer')
  // para IE
  fondo.style.filter = 'alpha(opacity="25")';
else  // para Mozilla, Opera, Safari y otros
  fondo.style.opacity = '0.25';
```

Observe en la parte final de este bloque de código cómo se tratan las diferencias que hay entre Internet Explorer y la mayoría de demás navegadores a la hora de establecer la opacidad de un elemento. La propiedad `style.opacity` no existe en IE, en su lugar hay que recurrir a `style.filter` asignando un valor no entre 0 y 1, como ocurre en el resto, sino entre 0 y 100. En cualquier caso el 0 indica transparencia total y el 100 opacidad total.

A continuación configuramos la segunda sección `div` para que aparezca como una ventana emergente con un mensaje en su interior. El código correspondiente, terminando ya la función `enviaFormulario()`, es el mostrado a continuación:

```
// Mostramos una indicación en forma de
// ventana flotante
indicador.style.position = 'absolute';
indicador.style.top = '40%';
indicador.style.left = '30%';
indicador.style.backgroundColor = 'cyan';
indicador.style.color = 'black';
indicador.style.border = '2px solid black';
indicador.style.padding = '5px';
indicador.innerHTML =
   '<h1>Iniciando comunicación</h1>';

return false;
```

Cuando esta función finalice, lo que ocurre de inmediato en cuanto el usuario hace clic sobre el botón del formulario o pulsa **Intro**, el aspecto de la interfaz habrá pasado a ser el de la figura 8.2.

8.2.4. Recepción de datos

En el momento en el que el objeto `XMLHttpRequest` cambie de estado se ejecutará la función `cambioEstado()`, asociada a la propiedad `onreadystatechange`. En esta función distinguiremos dos casos: `readyState=3`, en cuyo caso están recibiéndose datos, y `readyState=4`, habiendo finalizado la transferencia.

En el primer caso actualizaremos el mensaje que habíamos puesto en el segundo elemento `div` dinámico, indicando que se está recibiendo respuesta del servidor. Además activaremos el temporizador que nos permitirá ejecutar otra función, llamada `actualiza()`, una vez por segundo.

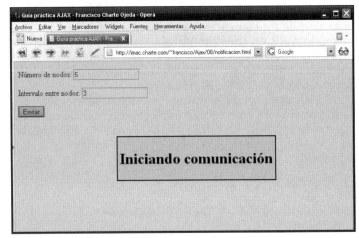

Figura 8.2. La interfaz indica que se está comunicando con el servidor.

Si el estado indica que se ha terminado de recibir el documento, mostraremos éste en la interfaz, eliminaremos las secciones `div` que habíamos añadido antes y desactivaremos el temporizador. El código completo de `cambiaEstado()` es el siguiente:

```
// A medida que se cambie de estado
function cambioEstado()
{
  // Si se ha recibido la respuesta
  if(objXML.readyState == 4) {
    var elemento =
      document.getElementById('resultado');

    // Mostramos el resultado recibido
    elemento.innerHTML = '<p>' +
      objXML.responseText + '</p>';
    // eliminar las secciones dinámicas
    document.getElementsByTagName(
        'body')[0].removeChild(indicador);
    document.getElementsByTagName(
        'body')[0].removeChild(fondo);
    indicador = false; // variables nulas
    fondo = false;
    // quitar el temporizador
```

```
  clearInterval(temporizador);
  temporizador = false;
} else // si comenzamos a recibir respuesta
if(objXML.readyState == 3 && !temporizador) {
  // actualizar la indicación
  indicador.innerHTML =
    '<h1>Recibiendo respuesta</h1>';
  // y poner en marcha el temporizador
  temporizador = setInterval(actualiza,1000);
  }
}
```

Fíjese en el condicional que hay tras la parte `else`, en la zona inferior de la función. Además de comprobar que `readyState` tiene el valor 3, también verificamos que `temporizador` es actualmente `false`. Esto impedirá que se ejecuten las dos sentencias siguientes más de una vez. Teóricamente la función `cambioEstado()` no debería ejecutarse más de una vez mientras están recibiéndose datos, puesto que el estado no cambia y sigue siendo 3, pero el comportamiento del navegador Mozilla no es ése, sino que llama a la función asignada a `onreadystatechange` periódicamente mientras recibe datos.

El aspecto que tendrá la interfaz al detectar la recepción de respuesta por parte del servidor será el de la figura 8.3.

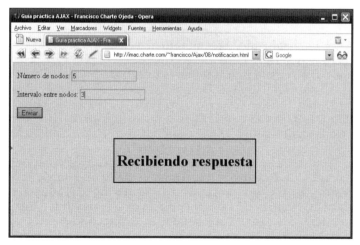

Figura 8.3. Se comunica al usuario que estamos recibiendo respuesta.

8.2.5. Actualización periódica

Entre los estados 3 y 4, suponiendo que transcurra más de un segundo, se ejecutará periódicamente la función `actualiza()`. Ésta utilizará la propiedad `responseText` de `XMLHttpRequest` para saber cuántos bytes se han recibido hasta el momento e ir indicándolo al usuario, consiguiendo así que la interfaz aparezca siempre en funcionamiento, no como bloqueada y esperando. La única salvedad la encontramos con Internet Explorer, ya que este navegador no permite acceder a la propiedad `responseText` hasta que `readyState` tiene el valor 4. Es una condición que se ha tenido en cuenta en el código:

```
// Función para ir actualizando la indicación
function actualiza() {
  // En IE no podemos leer responseText hasta
  // que se llegue al estado 4
  if (navigator.appName !=
      'Microsoft Internet Explorer') {
    // en los demás sí podemos y esto nos permite
    var bytesRecibidos =
      objXML.responseText.length;
    // ir mostrando los bytes recibidos
    indicador.innerHTML = '<h1>' + bytesRecibidos
      + ' bytes recibidos.</h1>';
  }
}
```

Suponiendo que utilizamos un navegador distinto a IE, a medida que recibamos datos podremos ver una indicación similar a la de la figura 8.4 en la interfaz.

Una vez que termine la transferencia, y `readyState` pase a tener el valor 4, la eliminación de las secciones `div` dinámicas dejará la interfaz como puede ver en la figura 8.5, en su estado original y mostrando la respuesta recibida del servidor.

Hay una situación que no se ha tenido en cuenta en este ejemplo: ¿qué ocurre si tras llamar al método `send()`, emitiendo la solicitud, no se llega a ejecutar nunca la función `cambioEstado()`? Esto puede ocurrir si el servidor no responde. Es un caso en que la interfaz se quedaría definitivamente con las dos secciones `div` añadidas dinámicamente superpuesta al contenido original. Intente solucionar este problema añadiendo un temporizador que, pasado un cierto intervalo, verifique que se está recibiendo una respuesta y, de no ser así, informe al usuario del problema y restablezca la interfaz a su estado original.

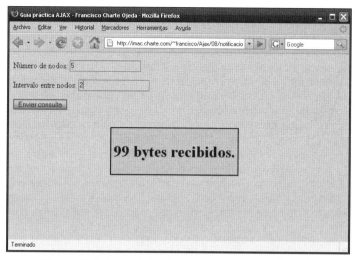

Figura 8.4. La cuenta de bytes se va actualizando cada segundo.

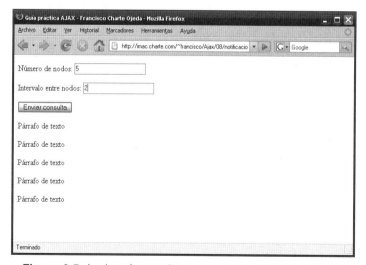

Figura 8.5. La interfaz vuelve a su estado inicial finalizada la transmisión.

8.3. Validación de formularios

Cuando creamos una aplicación AJAX asumimos que los clientes, los navegadores de los usuarios, tendrán activada la ejecución de guiones Javascript, de lo contrario no podríamos utilizar el objeto `XMLHttpRequest` ni ninguna otra de las técnicas que hemos ido conociendo en capítulos previos. Un uso habitual de Javascript, cuando se cuenta con él en un navegador, es la validación de los datos introducidos por los usuarios en un formulario antes de enviarlos al servidor. Esta validación debe entenderse como un proceso preliminar, que no nos exime de comprobar toda la información recibida en el servidor antes de utilizarla.

Sabemos cómo acceder al contenido de los elementos de un formulario, también cómo alterar el estilo de la interfaz, mostrar mensajes en una ventana emergente, etc. Solamente tenemos que combinar esas tareas simples para alcanzar nuestro objetivo: interrumpir el envío de la solicitud si algún dato no es correcto e indicárselo al usuario.

En el formulario del ejemplo anterior se solicitan dos números: cuántos paquetes de información quieren recibirse y cuántos segundos de pausa debe existir entre uno y otro. Siempre que el usuario tenga el cuidado de introducir datos válidos el programa funcionará correctamente, pero ¿qué sucederá si decide facilitar un número negativo de paquetes o una espera de 10000 segundos entre paquete y paquete? Obviamente el programa debería comprobar los datos antes de usarlos, tanto en la propia interfaz como en el guión de servidor. Veamos cómo hacer esto con Javascript.

8.3.1. Modificaciones al formulario

Comenzaremos introduciendo algunos cambios en el formulario cuyos campos queremos validar, agregando a la derecha de cada uno de ellos uno o más mensajes de error que, en principio, permanecerán ocultos. En nuestro caso el formulario consta solamente de dos campos, por lo que el código adicional es reducido:

```
<form id="formulario" action="generanodos.php"
   onsubmit="return enviaFormulario()">
   <p>Número de nodos: <input id="numNodos"
      type="text" />
```

```
  <span id="errNumNodos"
        style="visibility:hidden; color:Red">
    El número de nodos debe ser mayor que 0
  </span>
</p>
<p>Intervalo entre nodos (segundos):
  <input id="intervalo" type="text" />
  <span id="errIntervalo"
        style="visibility:hidden; color:Red">
    El intervalo ha de estar entre 0 y 5
  </span>
</p>
<p><input type="submit" /></p>
</form>
```

Cada mensaje de error es un elemento `span` inicialmente oculto, para lo cual hemos dado el valor `hidden` al atributo `visibility` de CSS. Este cambio, por lo tanto, no producirá ningún cambio inmediato en la interfaz, que seguirá mostrando el mismo aspecto.

8.3.2. Proceso de validación

Generalmente en todas las aplicaciones donde vayamos a solicitar datos al usuario contaremos con una función similar a `enviaFormulario()`, encargada de recolectar la información y enviarla al servidor. La primera sentencia de esta función será, a partir de ahora, la siguiente:

```
if(!datosCorrectos()) return false;
```

Con ella comprobamos si los datos introducidos son correctos o no, interrumpiendo el proceso, sin llegar a hacer nada, si la función `datosCorrectos()` devuelve el valor `false`, indicando que hay algún problema. Será en el interior de dicha función donde llevemos a cabo la validación propiamente dicha, leyendo los datos del formulario, verificándolos, activando los mensajes de error e, incluso, efectuando directamente correcciones si fuese aplicable.

El código de `datosCorrectos()` en nuestro ejemplo será el siguiente:

```
function datosCorrectos()
{
  var errores = false; // partimos sin errores
```

```
var frmDatos =
    document.getElementById('formulario');

// Recuperamos los datos introducidos
var numNodos =
    parseInt(frmDatos.elements[0].value);
var intervalo =
    parseInt(frmDatos.elements[1].value);

// Si el número de nodos es menor que 0 o
// no es un número
if(numNodos <= 0 || isNaN(numNodos)) {
    // activamos el error correspondiente
    document.getElementById('errNumNodos'
        ).style.visibility='visible';
    errores = true;
} else { // si el dato es válido
    document.getElementById('errNumNodos'
        ).style.visibility='hidden';
    frmDatos.elements[0].value =
        parseInt(frmDatos.elements[0].value);
}

// Verificamos también el intervalo
if(intervalo < 0 || intervalo > 5 ||
    isNaN(intervalo)) {
        document.getElementById('errIntervalo'
            ).style.visibility='visible';
        errores = true;
} else {
    document.getElementById('errIntervalo'
        ).style.visibility='hidden';
    frmDatos.elements[1].value =
        parseInt(frmDatos.elements[1].value);
}

if(errores) // si hay errores
    alert('Revise los datos introducidos ' +
        'en el formulario');

return !errores;
}
```

La función parseInt() de Javascript toma como argumento una secuencia de caracteres, los introducidos en los

campos del formulario, que intenta interpretar como un valor numérico. El resultado obtenido puede ser un número o el valor `NaN`, que indica que lo facilitado no es un número. Con la función `isNaN()` se comprueba esa situación. Si el dato es inválido se activa el error correspondiente, activándose también el indicador `errores`. Si un dato es válido, se oculta el error que posiblemente había sido mostrado con anterioridad, además de asignar al campo el valor obtenido con `parseInt()`. De esta forma nos aseguramos de que el usuario está viendo el dato que va a enviarse al servidor. Finalmente, si ha habido errores se muestra una ventana emergente comunicando que es necesario revisar los datos introducidos en el formulario.

La figura 8.6 muestra el aspecto de la interfaz tras intentar enviar un dato inválido para el intervalo de espera.

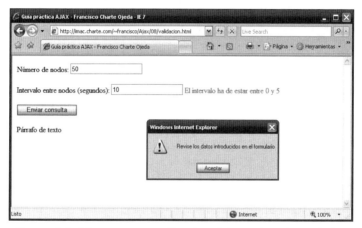

Figura 8.6. El programa verifica los datos antes de enviarlos al servidor.

8.4. Múltiples solicitudes asíncronas

Cuando se usa el objeto `XMLHttpRequest` de manera asíncrona es fácil, si no se tiene cuidado, encontrarse con el problema de que el usuario puede iniciar varias solicitudes de forma paralela, algo para lo que la aplicación quizá no esté preparada. Es el caso de nuestros dos ejemplos previos. Si efectúa una solicitud y, mientras está visible la ventana de notificación, envía el formulario varias veces observará cómo se van superponiendo varias capas de gris sobre la interfaz, así como varias ventanas de mensajes una sobre otra. Lo peor es que solamente la última se actualizará y terminará por desaparecer, dejando la interfaz en un estado que no sería deseable.

El problema es que nuestro programa, cada vez que se invoca a la función `enviaFormulario()`, asigna a la variable global `objXML` un nuevo objeto XMLHttpRequest, sin comprobar si se había creado otro antes y, por lo tanto, perdiendo esa referencia previa, que queda en el olvido y sin procesar.

En este caso concreto, asumiendo que la aplicación en realidad no precisa utilizar múltiples solicitudes en paralelo, la solución es fácil: controlar cuándo está en uso `objXML` e impedir la emisión de una nueva solicitud hasta en tanto no se termine la actual. Para ello bastaría con agregar las siguientes sentencias al inicio de la función `enviaFormulario()`:

```
if(objXML) {
    alert('Ya hay una transferencia en curso');
    return false;
}
```

Además en la función `cambiaEstado()`, al final del bloque que se ejecuta cuando `readyState` toma el valor 4, agregaríamos esta sentencia:

```
objXML = false;
```

De esta manera solamente podría enviarse el formulario siempre que no hubiese activa ya una comunicación con el servidor, tal y como se aprecia en la figura 8.7.

Habrá ocasiones, sin embargo, en las que sí nos interese operar con varias solicitudes asíncronas en paralelo.

8.4.1. Encapsular el objeto XMLHttpRequest

Una de las técnicas que nos permitirá operar con varias solicitudes simultáneas, quizá la más cómoda, consiste en encapsular todo el trabajo con el objeto `XMLHttpRequest` en un objeto Javascript, una función que puede tener en su interior campos y métodos y de la que pueden crearse instancias a demanda. Cada vez que necesitemos comunicarnos con el servidor, crearemos un objeto de ese tipo facilitándole los parámetros adecuados y dejando que sea él quien se encargue de la comunicación. Si creamos varios objetos tendremos activas varias solicitudes, cada una de ellas con su objeto XMLHttpRequest exclusivo y sus variables internas.

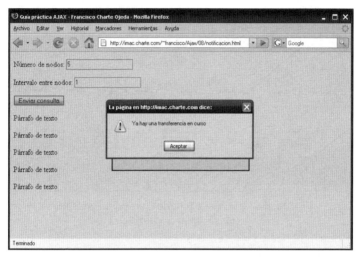

Figura 8.7. El programa no nos permite reenviar el formulario hasta que termina sesión en curso.

En cualquier caso, hay que tener en cuenta que el navegador puede limitar el número de solicitudes concurrentes que es posible abrir. Si intentamos iniciar más de las permitidas, lo habitual es que la solicitud no llegue a transmitirse hasta que no se finalice una de las pendientes. Internet Explorer no permite tener activas más de dos transferencias, con Mozilla es posible mantener hasta tres y, como se aprecia en la figura 8.8, Opera es capaz de trabajar con bastantes más, al menos hasta las pruebas que he podido realizar.

Para conseguir el resultado que aparece en la figura 8.8, y poder trabajar con varias solicitudes en paralelo, tendremos que modificar una vez más el código de nuestra aplicación. La versión completa correspondiente a este ejemplo está en el archivo solicitudmultiple.html. A continuación apuntaremos únicamente los cambios realizados sobre el código que ya teníamos.

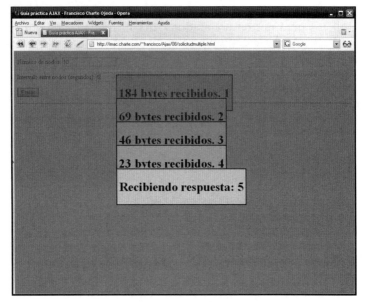

Figura 8.8. Varias solicitudes en curso iniciadas
por la misma interfaz.

Comenzaremos definiendo una función que actuará como clase de objeto, siendo su cabecera la siguiente:

```
function AJAX(nSolicitud) {
  var objXML;
  var indicador = false;
  var fondo = false;
  var temporizador = false;
```

El nombre de la función, AJAX en este caso, actuará como
constructor de objetos, precisando un parámetro que identificará a la solicitud de forma única.

En realidad este parámetro lo usaremos solamente a nivel indicativo, no es preciso para diferenciar una solicitud
de cualquier otra.

Observe que las variables que antes eran globales ahora
se han introducido en el interior de esta función, por lo que
cada objeto AJAX que creemos contará con su propia copia
de objXML, indicador, fondo y temporizador, no in-
terfiriendo con los identificadores homónimos de otros objetos que pudieran haberse creado.

AJAX contará con un método, al que llamaremos `envia-Solicitud()`, que será el encargado de iniciar la solicitud al servidor. En realidad el código de este método será parte del que teníamos ya en la función `enviaFormulario()`, concretamente todas las sentencias desde que se llamaba a `CreaXHR()` en adelante:

```
this.enviaSolicitud = function(strContenido)
{
  objXML = CreaXHR();
  if(objXML) // Si tenemos el objeto
  {
   ....
```

Observe la notación `this.identificador = func-tion(parámetros)`. Gracias a ella `enviaSolicitud()` aparecerá como un método de un objeto AJAX, al que podremos invocar mediante la notación `objeto.método()`. El parámetro de este método es una cadena conteniendo la información que se enviará al servidor en la solicitud.

Además de `enviaSolicitud()`, las funciones `actualiza()` y `cambiaEstado()` que teníamos escritas también pasarán a formar parte de AJAX, aunque en este caso como funciones internas y no como métodos accesibles desde el exterior. Para ello nos limitaremos a incluirlas en la definición de la función AJAX, sin más, no utilizando la notación descrita antes para `enviaSolicitud()`. Las funciones `CreaXHR()`, `datosCorrectos()` y `enviaFormulario()` permanecerán como funciones independientes, no incluidas en la función AJAX.

Finalmente modificaremos `enviaFormulario()`, que quedará como se muestra a continuación:

```
// Número secuencial para las solicitudes
var nSolicitud = 0;

function enviaFormulario()
{
  var frmDatos =
    document.getElementById('formulario');
  var iIndice;
  var strContenido = "";
  var strSeparador = "";

  if(!datosCorrectos()) return false;
```

```
// Recorremos los dos controles que hay
for(iIndice = 0; iIndice < 2; iIndice++) {
   strContenido =    // concatenando los datos
      strContenido + strSeparador +
      frmDatos.elements[iIndice].id + '=' +
      encodeURIComponent(
         frmDatos.elements[iIndice].value);
   strSeparador = '&';
}


// Creamos el objeto AJAX que se encargará
// de la comunicación
var solicitud = new AJAX(++nSolicitud);
// y le facilitamos la cadena de contenido
 solicitud.enviaSolicitud(strContenido);

return false;
}
```

La función obtiene los datos del formulario, los codifica en una cadena, crea entonces un objeto AJAX mediante el operador new facilitando como parámetro de construcción un contador que va incrementándose y, finalmente, invoca al método enviaSolicitud() para poner en marcha la comunicación.

El condicional if(objXML) alert() que teníamos en enviaFormulario() ha desaparecido, por lo que nada nos impedirá iniciar varias solicitudes e ir obteniendo las correspondientes respuestas a medida que lleguen.

8.5. Navegar por la interfaz

Los usuarios de navegadores estamos acostumbrados a disponer de un botón que nos permite retroceder, ir a la situación inmediatamente anterior a la actual, ya fuese un documento distinto o una posición diferente dentro del actual. En menor medida, también solemos emplear el botón de avance, que nos lleva a la página en la que estábamos antes de retroceder.

Una aplicación AJAX no se integra automáticamente con los botones de navegación que ofrece cada cliente Web. De hecho, dicha integración no resulta precisamente sencilla. Abra la aplicación bibliografia.htm usada como ejemplo en el sexto capítulo, haga clic sobre distintos temas y use después el botón de vuelta atrás, por ejemplo para retroceder de los libros de estadística a los de cálculo. Comprobará que en realidad se vuelve a la página en la que estuviese anteriormente, antes de cargar la interfaz del programa.

Cada una de las selecciones hechas en la interfaz de este ejemplo nos lleva a un nuevo estado, en el que se muestra un conjunto diferente de información. Hasta cierto punto se podría considerar que hemos cambiado de página, algo que podemos reflejar modificando las propiedades `href` o `hash` del objeto `window.location`. En ciertos navegadores esa modificación es suficiente para añadir el URI del estado anterior al historial de navegación y, en consecuencia, poder volver al mismo mediante el botón correspondiente. Dicha vuelta atrás, sin embargo, no tendrá efecto alguno sobre la interfaz, sino que tendrá que ser la propia aplicación la que detecte que el URI ha cambiado, como consecuencia de que el usuario ha utilizado el citado botón, y actualice los datos mostrados.

Aunque hay técnicas que permiten integrar relativamente una interfaz AJAX con los botones del navegador, lo cierto es que algunas de ellas funcionan exclusivamente en Internet Explorer, otras lo hacen únicamente en Opera y Mozilla, y lo mismo podría decirse de Safari y el resto. Las peculiaridades de cada programa en este sentido hacen difícil la consecución de una solución simple y general.

No obstante tenemos otra opción: agregar a nuestra interfaz un botón de vuelta atrás.

8.5.1. Botones de navegación propios

Mediante el elemento `button` podemos añadir a nuestra interfaz los botones que necesitemos, asociando el código a ejecutar a su evento `onclick`.

En este sentido, las interfaces XHTML/CSS con Javascript no difieren en exceso de las de cualquier otro entorno de desarrollo.

Si insertamos al inicio del cuerpo del documento bibliografia.htm, justo detrás de la apertura del elemento `body`, el código siguiente, obtendremos un efecto como el que se muestra en la figura 8.9. En este caso el botón muestra un texto, pero también podríamos introducir una imagen con un gráfico cualquiera.

```
<button onclick="actualizaEstado()">
  &lt;--Atrás
</button>
```

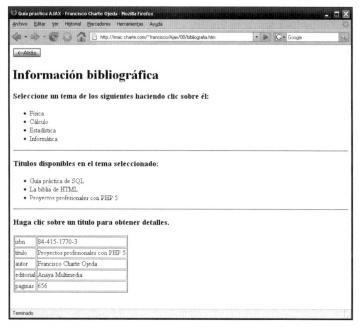

Figura 8.9. La interfaz con el botón de vuelta atrás en la parte superior izquierda.

La simple adición de un botón no hará, lógicamente, que la interfaz permita volver a estados anteriores. Tendremos que asociar la lógica apropiada a ese botón, comenzando por modificar el código que gestionaba esta interfaz, alojado en el archivo bibliografia.js.

8.5.2. Una pila de estados

¿Cómo podemos saber cuáles son los estados por los que hemos ido pasando desde que hemos entrado en la interfaz de nuestro programa? Utilizando un recurso similar al que emplean los propios navegadores: una pila de estados, una estructura de datos en la que iremos añadiendo información cada vez que avancemos de un estado al siguiente y la recuperaremos en la fase de retroceso. Una pila es una estructura LIFO (*Last In First Out*), que es precisamente lo que nos interesa en esta situación, poder volver primero a la última página en la que estuvimos.

En Javascript un objeto de tipo `Array`, una matriz, puede actuar como pila gracias a que cuenta con los métodos `push()` y `pop()` que hacen lo que necesitamos.

Cuando llamamos a `push()` facilitaremos como argumento el dato a añadir al final de la matriz, mientras que `pop()` extrae ese último elemento, lo elimina de la matriz y lo devuelve.

Vamos a añadir al inicio del módulo Javascript de este ejemplo la declaración de las tres variables siguientes:

```
var estados = new Array();
var volviendo = false;
var apilando = true;
```

`estados` será la que actúe como pila de estados, mientras que `volviendo` y `apilando` son indicadores que nos permitirán saber si estamos volviendo atrás, y por tanto el nuevo estado no tiene que apilarse, o bien estamos apilando estados, caso éste en el que la primera vuelta atrás deberá extraer dos valores de la pila en lugar de uno.

Para que la actualización de la interfaz sea correcta a medida que retrocedamos a estados previos, deberemos introducir algunos cambios en las funciones `inicializa()`, `muestraTema()` y `muestraTitulo()`. Por una parte deberemos apilar el nuevo estado si no estamos volviendo, y por otro tendremos que restituir el contenido de la sección que corresponda y limpiar el de las secciones inferiores. Comenzamos por la función `inicializa()`, que queda de la siguiente forma:

```
function inicializa() {
 var objXML = CreaXHR();

 if(objXML) { // si tenemos un XMLHttpRequest
    // solicitamos el archivo temas.xml
    objXML.open('GET', 'temas.xml', false);
    objXML.send(null);
    if(objXML.status == 200) {
      // obtenemos el objeto que representa
      // al documento
      var temaXML = objXML.responseXML;
```

```
            // y extraemos de él todos los
            var temas = // elementos <tema>
               temaXML.getElementsByTagName('tema');

            // Vamos a generar una lista XHTML
            var strTemas = '<ul>';
            // recorriendo los elementos existentes
            for(var i = 0; i < temas.length; i++) {
              // y añadiendo un <li> por cada tema
              strTemas +=
                 '<li onclick="muestraTema(' +
                 temas[i].getAttribute('id') + ');">'
                 + temas[i].childNodes[0].nodeValue +
                 '</li>';
            }

            // cerramos la lista
            strTemas += '</ul>';
            // y la mostramos en la interfaz
            var el =
               document.getElementById('temas');
            el.innerHTML = strTemas;
            var estado = '#0';
            if(!volviendo) estados.push(estado);
            document.getElementById(
                 'titulos').innerHTML = '';
        } else // si no se pudo obtener la lista
            // lo indicamos
            alert(
              'Fallo al intentar obtener los temas');
    }
}
```

Creamos una variable `estado` con el estado que corresponde a la situación actual: estamos mostrando la lista de temas. Si no hemos entrado en esta función porque estamos volviendo atrás, sino porque se acabe de acceder a la aplicación, la variable `volviendo` tendrá el valor `false` y, en consecuencia, apilamos dicho estado. A continuación eliminamos cualquier contenido que pudiera tener la lista de títulos. En la versión original la función `inicializa()` se ejecutaba una sola vez, al acceder a la aplicación, pero ahora también podrá ser invocada durante el proceso de vuelta atrás, y el contenido de la sección de títulos no desaparecerá por sí solo.

Los cambios introducidos en la función `muestraTema()` son similares. Por una parte definiremos el estado en el que nos encontramos y, si no estamos volviendo atrás, lo agregamos a la pila:

```
var estado = '#1'+tema;
if(!volviendo) {
   estados.push(estado);
   apilando = true;
}
```

En este caso además damos el valor `true` a la variable `apilando`, de forma que si se pulsa el botón de vuelta atrás en este momento no nos quedemos en la misma página, sino que retrocedamos realmente. Además agregaremos la línea siguiente para eliminar los datos de un libro previo:

```
document.getElementById('datos').innerHTML = '';
```

El código añadido a `muestraTitulo()` es muy parecido, definiendo el estado y añadiéndolo a la pila. En este caso no hay que eliminar contenido de sección alguna, puesto que este nivel es el último con que cuenta la interfaz:

```
var estado = '#2'+isbn;

if(!volviendo) {
   estados.push(estado);
   apilando = true;
}
```

A medida que vayamos navegando por la interfaz de este programa, en la matriz `estados` se irá almacenando una secuencia de datos similar a la siguiente:

```
#0
#12
#14
#28441517703
```

El último elemento será la página en la que nos encontramos actualmente, que corresponde a los datos de un libro cuyo ISBN sigue a los caracteres `#2`. Los dos estados anteriores, de código `#1`, corresponden a las listas de libros de los temas 4 y 2, respectivamente. El primer estado, que sería el último al que llegaríamos retrocediendo, es la página inicial con la lista de temas.

8.5.3. Funcionamiento del botón de vuelta atrás

Teniendo la información almacenada en la pila, la función `actualizarEstado()` que se ejecuta al hacer clic en el botón añadido a la interfaz no tiene más que comprobar si la pila está vacía, en cuyo caso estamos en el primer estado y hemos de volver a una página previa a nuestro programa, o bien hay alguna información en ella. El código es el siguiente:

```
function actualizaEstado()
{
  // Si no tenemos estados previos
  if(!estados.length) {
    // volver al documento anterior
    history.back()
    return;
  }

  // Si acaba de apilarse un estado
  if(apilando) {
    estados.pop(); // tenemos que retirarlo
    apilando = false;
  }

  // recuperamos el estado al que hay
  // que volver
  var estado = estados.pop();
  var referencia = estado.substr(2);

  // estamos volviendo
  volviendo = true;

  // Según el segundo carácter de estado
  switch(estado.charAt(1)) {
    case '0': // llamamos a una
      inicializa();
      break;
    case '1': // función u otra con
      muestraTema(referencia);
      break;
    case '2': // los parámetros adecuados
      muestraTitulo(referencia);
      break;
```

```
    }
    volviendo = false;
}
```

Observe de qué forma se usan las funciones `charAt()` y `substr()` para seccionar la cadena de caracteres extraída de la pila, determinando por el estado a qué función hay que llamar y con qué parámetros.

Con este código nuestra interfaz permitirá retroceder a estados anteriores de manera similar a como se volvería a páginas previas en una Web corriente. Usando como base lo que ha aprendido hasta ahora, intente agregar el botón que le permita avanzar a estados posteriores de los que ha vuelto con el botón ya existente.

8.5.4. La tecla de retroceso

La existencia de un botón que permite volver atrás, ya sea el del navegador o bien uno propio de la interfaz del programa según como lo hayamos implementado, supone ya una ventaja para nuestras aplicaciones AJAX. No obstante, son muchos los usuarios que están acostumbrados a utilizar la tecla **Retroceso**, también conocida como **Backspace**, para realizar esa misma función.

Controlar el teclado desde una aplicación no suele ser ningún problema, puesto que la mayoría de los elementos cuentan con eventos como `onkeyup` y `onkeydown`. Este último es el adecuado para detectar la pulsación de **Retroceso** antes de que lo haga el propio navegador, evitando que sea él quien nos lleve a una página anterior y confiando esta tarea al código que ya tenemos escrito. Para ello la etiqueta `body` de nuestro documento quedaría así:

```
<body onkeydown="return controlRetroceso()">
```

En la función `controlRetroceso()` comprobaríamos si el código de la tecla es el 8, que es el que corresponde a **Retroceso**, en cuyo caso ejecutamos `actualizaEstado()` y devolvemos el valor `false` para interrumpir el procesamiento normal de esta pulsación de tecla:

```
function controlRetroceso()
{
    if(event.keyCode != 8)
     return true;
```

```
    actualizaEstado();
    return false;
}
```

Nuestra aplicación cuenta con una interfaz que funciona tan sólo con clics de ratón, pero si tuviese un formulario de entrada de datos el tratamiento de la tecla **Retroceso** habría que adecuarlo a la nueva situación. Agregue un elemento `input` para solicitar un texto a esta misma interfaz y compruebe qué ocurre si intenta borrar parte de lo que ha escrito.

8.6. Resumen

Aunque no se han introducido conceptos teóricos nuevos, tras completar la lectura de este capítulo seguramente se sentirá mucho más cómodo en el uso de Javascript, DOM y el objeto `XMLHttpRequest` gracias a las técnicas que se han descrito. Utilizadas en ejemplos sencillos, con fines demostrativos, estas técnicas pueden generalizarse y perfeccionarse hasta límites sorprendentes, automatizando gran parte del trabajo de comunicación, interpretación de datos y operativa sobre la interfaz.

Precisamente de la interfaz seguiremos ocupándonos en el décimo capítulo, en el que aprenderemos a dar a nuestros programas un aire más de Web 2.0. Antes, sin embargo, abordaremos el estudio de la transferencia de otros tipos de datos entre cliente y servidor, en el capítulo siguiente.

Transferencia de datos en otros formatos

9.1. Introducción

La mayoría de las aplicaciones AJAX que tengamos que diseñar podrían funcionar perfectamente empleando tan solo los formatos de información que hemos tratado en capítulos previos: solicitudes GET o POST con datos recogidos de un formulario, en sentido cliente a servidor, y cadenas de texto o documentos XML, en sentido de servidor a cliente. Que esto sea lo habitual, no obstante, no significa que no existan otras opciones.

Los guiones que se ejecutan en el servidor pueden transferir los resultados, hacia el cliente, en cualquier formato que seamos capaces de interpretar con Javascript. XML es solamente un caso puntual de cadena de texto en la que existen una serie de marcas que pueden procesarse con DOM, un formato estándar pero que no se distingue precisamente por ser compacto ni fácil de tratar con Javascript. Aún así, la existencia de DOM hace que no tengamos que recurrir a la inspección directa de esa secuencia de caracteres para poder extraer la información que nos interesa, algo casi obligado si utilizamos otros formatos. Con la excepción de JSON.

En sentido de cliente a servidor, también existe la posibilidad de enviar información con formatos diversos. Es perfectamente posible indicar, mediante la cabecera adecuada, que lo que se envía en la solicitud es XML, en lugar de parejas campo=valor, generando las marcas y contenidos en una cadena, a mano, o bien mediante DOM. De esta forma la interfaz podría facilitar a los guiones del servidor información estructurada, que éstos deberían interpretar y tratar adecuadamente.

Otra técnica común, que poco tiene que ver con AJAX, es el envío desde la interfaz del contenido de archivos alojados en la máquina del cliente.

Este capítulo se centrará en el estudio de un caso concreto, por su gran interés, en el que se utiliza un formato alternativo para transferir la información: el uso de JSON en el sentido de servidor a cliente.

9.2. Introducción a JSON

JSON (*JavaScript Object Notation*) es un formato de intercambio de datos basado en la especificación del lenguaje Javascript, si bien es totalmente independiente del lenguaje que se emplee tanto para generarlo como para interpretarlo. Existen bibliotecas y componentes que permiten trabajar con JSON desde prácticamente cualquier lenguaje: C/C++, Java, PHP, C#, Delphi, Ruby, Python y, por supuesto, Javascript.

Mediante JSON es posible transferir valores discretos, vectores, listas o matrices de valores e incluso objetos completos, compuestos de propiedades y métodos. El formato físico sigue siendo el de una secuencia de caracteres, aunque en un formato mucho más compacto que el de XML y otras soluciones similares. Esto hace que el tamaño de los bloques de datos a transferir sea menor y, por tanto, la comunicación sea más ágil.

Otra ventaja de JSON respecto a XML la encontramos a la hora de tratar la respuesta en la interfaz, con sentencias Javascript. El analizador JSON es bastante más rápido que el utilizado por DOM para analizar documentos XML, en algunas implementaciones hasta diez veces más rápido. Además, es necesario escribir mucho menos código para operar sobre los datos recibidos en formato JSON que cuando se opera con datos XML. Todo esto, conjuntamente con el hecho de que el formato de JSON sea más compacto, hace que la interfaz sea más rápida y, en una aplicación AJAX, esto es fundamental, porque afectará a la percepción, en este caso positivamente, del usuario del programa.

Se puede encontrar la especificación oficial de JSON en `http://www.json.org/json-es.html`.

9.2.1. Sintaxis de JSON

En JSON existen básicamente dos construcciones de primer nivel: el objeto y el vector, arreglo o bien matriz unidimensional. Tanto objetos como vectores contienen listas de valores, encontrándose la diferencia en que los primeros asocian un nombre a cada valor y los segundos no. Cómo interpretemos esto dependerá de nuestro interés en cada momento, así como del lenguaje con el que tratemos los bloques JSON. Una lista de pares `nombre: valor` se puede entender como una secuencia de propiedades con sus valores, o bien como un vector asociativo o diccionario, en el que cada elemento tiene una clave o índice no numérico.

La sintaxis para definir un objeto en JSON es ésta:

```
{nombre:valor,nombre:valor,...}
```

`nombre` ha de ser una cadena de caracteres y, como tal, estar entre comillas dobles. `valor` puede ser una cadena, un número, un vector o incluso otro objeto, abriendo así las puertas a la definición de jerarquías más o menos complejas. También se reconocen las literales `true`, `false` y `null`.

La sintaxis para definir un vector en JSON es ésta:

```
[valor,valor,...]
```

En este caso se usan como delimitadores unos corchetes, en lugar de unas llaves, y entre ellos se enumeran valores uno tras otro, sin asignarles nombre. Los valores pueden ser de cualquiera de los tipos antes indicados, incluidos otros vectores y objetos.

La siguiente línea sería un vector con cinco elementos, de tipos diversos, expresado en JSON:

```
["uno","dos",1,true,null]
```

A continuación tiene una única línea física, aunque en el papel ocupe varias, en la que se define mediante JSON un objeto llamado `libro` que tiene tres propiedades `isbn`, `titulo` y `autores`, siendo ésta última un vector con varios nombres de autor:

```
{"libro":{"isbn":"8441582992","titulo":"Guía
práctica AJAX","autores":["autor 1","autor 2"]}}
```

La notación podría ir complicándose si, por ejemplo, la propiedad `autores` en lugar de ser un vector de cadenas de caracteres fuese un vector de objetos, conteniendo cada uno los datos personales de un autor: nombre, dirección de correo, etc.

Fíjese que en los dos ejemplos previos no se ha introducido espacio en blanco alguno para separar nombres de propiedades de sus valores o elementos de un vector entre sí. Podríamos introducir los espacios en blanco y saltos de línea que deseásemos, haciendo de esa forma más legible la definición:

```
{
  "libro":{
    "isbn":"8441582992",
    "titulo":"Guía práctica AJAX",
    "autores":[
        "autor 1",
        "autor 2"
    ]
  }
}
```

Esta definición del objeto libro sería idéntica a la anterior, pero los espacios adicionales que hemos insertado hace que el bloque ya no sea tan compacto y ocupe algo más de espacio. En cualquier caso, no es algo que deba preocuparnos porque serán los guiones del servidor los que se encarguen de generar las islas de datos JSON, normalmente empleando la representación más compacta posible.

9.2.2. Objetos con código asociado

Además de cadenas de caracteres, números y las literales true, false y null, el valor de una propiedad en JSON puede ser también una función, lo que nos permite asociar código a cualquier objeto. Por ejemplo:

```
{
  "libro":{
    "isbn":"8441582992",
    "titulo":"Guía práctica AJAX",
    "autores":[
        "autor 1",
        "autor 2"
    ],
    "muestra":function(){
```

```
    alert(this.titulo);
  }
 }
}
```

En este caso el objeto `libro` contaría con una función llamada `muestra()` que mostraría el título del libro en una ventana de aviso. Obviamente se trata de un caso muy sencillo, pero la posibilidad de adjuntar funciones más o menos simples a objetos transmitidos desde el servidor al cliente puede tener muchas aplicaciones.

Imagine que su aplicación AJAX debe componer un formulario de entrada de datos a partir de la información que le facilita el servidor, es decir, los elementos del formulario no son estáticos, sino que sus definiciones se generan dinámicamente a partir de reglas almacenadas en una base de datos. Además de las definiciones de los objetos en sí, el servidor podría enviar también las funciones de validación asociadas. El código Javascript de la interfaz se ocuparía de agregar los elementos al formulario y ejecutar esas funciones de validación, sin saber nada sobre cómo han sido implementadas.

No obstante, la inclusión de código en Javascript dentro de un bloque JSON tiene sentido solamente cuando la interpretación va a efectuarse con el lenguaje Javascript, por ejemplo desde un navegador. Si se utiliza otro lenguaje para trabajar con JSON ese código no tendrá sentido y, por regla general, su existencia provocará un error de interpretación que impedirá trabajar con el resto de los datos.

9.3. Interpretar JSON en el cliente

Tal y como se ha indicado anteriormente, es posible trabajar sobre datos en formato JSON desde multitud de lenguajes distintos. El que nos interesa a nosotros, no obstante, es Javascript, por lo que nos centraremos en este caso concreto obviando el resto de posibilidades.

Cualquier isla JSON, definiendo un objeto o un vector, puede asignarse directamente a una variable Javascript que, automáticamente, contará con los valores y propiedades que se hubiesen indicado. La siguiente declaración, por ejemplo, crearía una variable `objetoJS` con una propiedad que, a su vez, tiene tres subpropiedades, una de ellas es un vector, y una función:

```
var objetoJS = { "libro": {
    "isbn":"8441582992",
    "titulo":"Guía práctica AJAX",
    "autores":["autor 1", "autor 2"],
    "muestra": function() {
      alert(this.titulo);
    }
  }
};
```

Después de esta declaración, podríamos utilizar la notación `objetoJS.libro.titulo` para acceder al título del libro, `objetoJS.libro.autores[0]` para obtener el primer autor o `objetoJS.libro.muestra()` para ejecutar la función que muestra en una ventana el título.

En la mayoría de las ocasiones los datos en formato JSON no los introduciremos directamente en nuestro código Javascript, sino que los recibiremos en forma de cadena como respuesta del servidor a alguna solicitud que hayamos efectuado. En este caso la simple asignación directa a una variable no convertirá la cadena de caracteres en un vector o un objeto, es necesario utilizar la función `eval()` de Javascript para interpretar los datos JSON. Otra posibilidad es utilizar un analizador JSON externo, como el ofrecido en json.org.

9.3.1. Uso de la función eval()

Una cadena de caracteres que siga el formato antes descrito de JSON es, en esencia, un objeto Javascript, pudiendo ser interpretado como tal por la función `eval()`. Éste es el método más fácil y rápido para interpretar datos JSON desde Javascript, aunque no está carente de riesgos.

Vamos a realizar una prueba simple, partiendo de una página que tendrá el cuerpo siguiente:

```
<body onload="insertaDatos()">
  <div id="resultado">
  </div>
</body>
```

Sencillamente una sección vacía y una invocación a la función `insertaDatos()`, cuyo código se muestra ahora:

```
function insertaDatos()
{
   // Una cadena de caracteres conteniendo
   var objetoJSON='{' + // la definición de
     '"libro":{' +  // un objeto en JSON
       '"isbn":"8441582992",' +
       '"titulo":"Guía práctica AJAX",' +
       '"autores":[' +
         '"autor 1",' +
         '"autor 2"' +
       '],' +
       '"muestra":function () '+
       '{alert(this.titulo);}'+
     '}' +
   '}';

   // Otra cadena, conteniendo una matriz
   var elementosJSON = // de elementos
     '["uno", "dos", 1, true, null]';

   // Usamos eval() para convertir las cadenas
   var objeto =  eval('('+objetoJSON+')');
   var vector =  eval('('+elementosJSON+')');
   var divRes =
     document.getElementById('resultado');

   // Invocamos a la función del objeto
   objetoJS.libro.muestra();

   // Extraemos los datos del objeto para
   // mostrarlos en la página
   var cadena = '<p>Contenido del libro <b>' +
     objeto.libro.titulo + '</b></p>';

   cadena = cadena + '<p>ISBN: ' +
     objeto.libro.isbn + '</p><p>Autores: ';

   // Recorremos todos los autores añadiéndolos
   for(var elemento in objeto.libro.autores)
     cadena = cadena +
       objeto.libro.autores[elemento] + ', ';

   // Ahora vamos a añadir los elementos
   // del vector
```

```
cadena = cadena +
  '</p><hr /><p>Contenido del vector</p>';

for(var elemento in vector)
  cadena = cadena + '<p>' +
    vector[elemento] + '</p>';

// Mostramos la información en la página
divRes.innerHTML = cadena;
}
```

Las variables `objetoJSON` y `elementosJSON` son dos cadenas de caracteres, que convertimos en un objeto y una matriz, respectivamente, entregándolas como parámetro a la función `eval()`. Esto permite, como se aprecia en el código, acceder directamente a propiedades y métodos, así como enumerar los elementos de las matrices o vectores.

El resultado (véase la figura 9.1) no es llamativo, pero nos permite comprobar que, efectivamente, Javascript ha convertido una cadena JSON en un objeto y una matriz nativos.

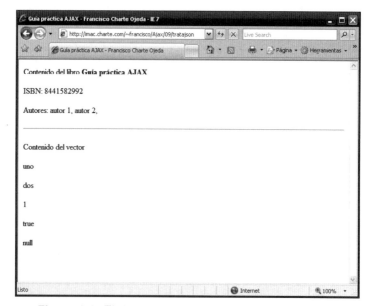

Figura 9.1. El documento contiene los datos extraídos de las cadenas en formato JSON.

9.3.2. El analizador JSON para Javascript

Como acabamos de comprobar, la interpretación de bloques de datos JSON mediante la función `eval()` es cómoda y rápida, pero es capaz de interpretar incluso elementos que no forman parte de la especificación formal de JSON. En ésta, las propiedades de un objeto pueden ser cadenas, números, matrices y otros objetos, pero no funciones. La inclusión de código ejecutable en un bloque de información que viaja por la red es un potencial agujero de seguridad, porque al llegar al cliente puede haber sido modificado para realizar una tarea muy distinta y que seguramente no será beneficiosa.

La forma de evitar que el proceso de interpretación de un bloque JSON se convierta en algo peligroso, la simple llamada a `eval()` con la cadena adecuada podría ejecutar un código malicioso, consiste en recurrir a un analizador JSON que se asegure de que lo que recibimos es una descripción JSON válida y correcta. Dicho analizador existe y, para utilizarlo, no tenemos más que agregar a nuestras páginas la siguiente referencia:

```
<script type="text/javascript"
    src="http://www.json.org/json.js">
</script>
```

Este analizador extiende el tipo cadena de caracteres de Javascript, agregando un método `parseJSON()` que efectúa el análisis del bloque JSON y, en caso de ser correcto, lo evalúa. También se agregan métodos `toJSONString()` a distintos tipos de datos, como matrices, números, cadenas y fechas, permitiendo efectuar así el proceso inverso: obtener una cadena JSON a partir de una variable Javascript cualquiera.

Asumiendo que hemos añadido la referencia a json.js en la página del ejemplo anterior, para usar este analizador cambiaríamos las líneas en las que empleábamos `eval()` dejándolas como se muestra a continuación:

```
var objeto =  objetoJSON.parseJSON();
var vector =  elementosJSON.parseJSON();
```

La invocación a `parseJSON()` sobre la cadena `objeto-JSON` provocará un error, ya que se detecta la existencia de una función y, como se ha indicado antes, esto no es válido en JSON. Tendremos que modificar la declaración de esa cadena dejándola como sigue:

```
var objetoJSON='{' + // la definición de
  '"libro":{' +  // un objeto en JSON
    '"isbn":"8441582992",' +
    '"titulo":"Guía práctica AJAX",' +
    '"autores":[' +
      '"autor 1",' +
      '"autor 2"' +
    ']' +
  '}' +
'}';
```

Obviamente también tenemos que eliminar la llamada a `objeto.libro.muestra()`, puesto que ya no existe. La actualización de la página tendrá un resultado similar al de la figura 9.2. Algo parece ir mal, ¿verdad?

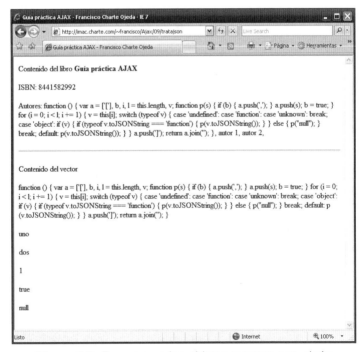

Figura 9.2. Parece que los objetos cuentan con algún elemento de más.

Si examinamos el código del guión json.js, alojado en `http://www.json.org`, encontraremos al inicio del archivo una función que comienza de la siguiente forma:

```
Array.prototype.toJSONString = function () {
    var a = ['['], b, i, l = this.length, v;

    function p(s) {
        if (b) {
            a.push(',');
        }
        a.push(s);
        b = true;
    }
...
```

Lo que se hace con esta función es agregar al tipo de dato `Array`, a todas las matrices en Javascript, una función llamada `toJSONString()`, cuyo código, si compara estas líneas con lo que aparece en la figura 9.2, aparece en la página al recorrer los elementos mediante la construcción `for/in`. El problema es que esa nueva función aparece como un elemento más de la matriz, a pesar de que no es un elemento en sí sino una extensión del tipo.

Para evitar que al recorrer un vector de elementos accedamos a información que realmente no es tal, lo que hemos de hacer es utilizar el método `hasOwnProperty()` para comprobar si el elemento es o no una propiedad del objeto o matriz. En el caso de la variable `vector`, por ejemplo, nuestro bucle quedaría así:

```
for(var elemento in vector)
    if(vector.hasOwnProperty(elemento))
    cadena = cadena + '<p>' +
        vector[elemento] + '</p>';
```

Hecho este cambio, y de una forma similar al recorrer el vector de autores del objeto `objeto.libros`, el resultado volverá a ser el correcto. El uso del analizador JSON para Javascript es así de sencillo.

9.4. Generar JSON en el servidor

En el sitio oficial de JSON, `http://www.json.org`, encontrará enlaces a multitud de recursos que permiten usar

JSON, ya sea generándolo o interpretándolo, desde infinidad de lenguajes de programación. Uno de los lenguajes para el que existen más soluciones es PHP, algo lógico al ser uno de los principales mecanismos para generación de contenido dinámico en el servidor.

Realmente cualquier guión de servidor puede generar bloques de datos JSON creando cadenas de caracteres con la información adecuada, según la sintaxis descrita antes, pero si lo que se quieren enviar son objetos relativamente complejos, esa técnica no es precisamente la más cómoda.

El nuevo PHP 5.2 incluye una extensión por defecto para trabajar con JSON, existiendo otras de terceros que pueden utilizarse en distintas versiones del lenguaje. Seguramente la más popular sea JSON-PHP.

9.4.1. JSON-PHP

JSON-PHP es una implementación JSON escrita directamente en PHP que forma parte del repositorio PEAR. Es posible encontrar información sobre ella en `http://mike.teczno.com/json.html`. No requiere más instalación que la copia del archivo JSON.php a nuestro directorio de PHP o, en su defecto, al de la propia aplicación que va a utilizar JSON. La inclusión de este código en nuestros propios guiones lo llevaremos a cabo por medio de una línea como la siguiente, insertada al inicio de nuestro propio módulo:

```
require_once("JSON.php");
```

En JSON.php se define una clase de objeto, que se llama `Services_JSON`, y que usaremos para interpretar o generar bloques de datos en formato JSON. Para crear un objeto de esa clase usaremos el operador `new` habitual de PHP 5, tras lo cual podremos invocar a los métodos `encode()` y `decode()`, entre otros.

El método `encode()` toma como parámetro una variable PHP cualquiera, puede contener desde un valor simple hasta un objeto completo, pasando por matrices simples o asociativas, y devuelve como resultado una cadena con esa información en formato JSON.

Como es fácil imaginar, mediante el método `decode()` se lleva a cabo la tarea complementaria, creando un objeto de PHP a partir de la definición JSON almacenada en una cadena.

9.4.2. Un ejemplo completo con JSON

Veamos en la práctica cómo emplear JSON de forma conjunta en servidor y cliente, simplificando el ejemplo del séptimo capítulo en el que había un guión PHP que producía XML. La interfaz de dicho programa debería extraer los datos del documento XML para mostrarlos al usuario, un trabajo para el cual debería recurrir a DOM como ya sabemos. En esta nueva versión del proyecto sustituiremos XML por JSON, obteniendo un código más sencillo y rápido.

Para empezar, actualizaremos el cuerpo del documento dejándolo como se muestra a continuación:

```
<form  id="formulario"  action="biblio.php"
    onsubmit="return enviaFormulario()">
  Usuario: <input id="usuario" type="text"  />
  Contraseña: <input id="clave" type="text" />
  Temática: <input id="tematica" type="text" />
  <input type="submit" />
</form>
<div  id="resultado">
</div>
```

Básicamente es lo que ya teníamos, pero modificando los títulos de los datos solicitados y también el identificador de los campos del formulario.

La primera parte de la función `enviaFormulario()` se encargará de recoger los datos introducidos en el formulario, crear el objeto `XMLHttpRequest` y enviar la solicitud al servidor ejecutando el guión biblio.php que habrá en éste:

```
var frmDatos =
    document.getElementById('formulario');
var iIndice;
var strContenido = "";
var strSeparador = "";

// Recorremos los tres controles que hay
for(iIndice = 0; iIndice < 3; iIndice++) {
  strContenido =  // concatenando los datos
    strContenido + strSeparador +
    frmDatos.elements[iIndice].id + '=' +
    encodeURIComponent(
      frmDatos.elements[iIndice].value);
```

```javascript
    strSeparador = '&';
}

var elemento =
   document.getElementById('resultado');

var objXML = CreaXHR();
// Si no tenemos el objeto
if(!objXML) return false;

// Enviamos la solicitud al servidor
objXML.open('POST', 'biblio.php',
   false);
// con las cabeceras apropiadas
objXML.setRequestHeader('Content-Type',
   'application/x-www-form-urlencoded');
objXML.setRequestHeader('Content-Length',
   strContenido.length);
objXML.send(strContenido);
```

Por simplicidad se ha optado por operar de manera síncrona. La ejecución del método `send()`, por tanto, bloqueará la interfaz mientras en el servidor se ejecuta el siguiente guión:

```php
<?php
   require_once("JSON.php");

   // Tomamos como nombre de usuario el nombre
   $usuario = $_POST["usuario"];
   // como contraseña los apellidos
   $contrasena = $_POST["clave"];
   // y como temática el teléfono
   $tematica = $_POST["tematica"];

   // Conectamos con la base de datos
   $hBdd = mysql_connect('localhost',
     $usuario, $contrasena);
   if(mysql_select_db('biblio')) {
     // Componemos la sentencia de recuperación
     $SQL = 'SELECT * '.
            'FROM libros '.
            'WHERE categoria='.$tematica;

     // ejecutamos la consulta
     $Resultado = mysql_query($SQL);
```

```php
    // Si no tenemos fotografías
    if(!$Resultado ||
       mysql_num_rows($Resultado) == 0)
       // no continuamos
       echo 'No hay libros de esa temática';
    else {
      $filas = array();
      // Recorremos las filas
       while($Fila=mysql_fetch_assoc($Resultado))
         $filas[] = $Fila;
    }
    mysql_free_result($Resultado);
    $json = new Services_JSON();
    print $json->encode($filas);

    // Cerramos la conexión
    mysql_close($hBdd);

  } else echo
    'Se produce un fallo en la base de datos';
?>
```

Al inicio del guión se hace referencia al módulo JSON.php, que nos permitirá trabajar con JSON en PHP. Se ha modificado la consulta para obtener todas las columnas de los libros que correspondan a la temática solicitada.

La parte más interesante comienza tras comprobar que la consulta ha generado un resultado. En la parte `else` del condicional. Primero definimos una variable llamada `$filas` como de tipo `array`, tras lo cual vamos añadiéndole todas las filas que recuperamos de la base de datos Lo que tenemos al final, por tanto, es una matriz asociativa con la información de cada libro. Creamos un objeto `Services_JSON` y llamamos a su método `encode()` para enviar el bloque JSON al cliente.

Recibida la respuesta en el cliente, lo primero que haremos entonces será mostrarla en una ventana con la sentencia siguiente:

```
alert(objXML.responseText);
```

Esto nos permitirá comprobar, como se aprecia en la figura 9.3, que la cadena que recibimos tiene formato JSON, siendo un vector de elementos cada uno de los cuales es un objeto con varias propiedades.

Figura 9.3. Comprobamos el bloque JSON que nos envía el servidor.

A continuación, sin necesidad de usar DOM, convertimos el bloque JSON en una variable Javascript, recorremos sus elementos y producimos una tabla XHTML con ellos:

```
// Analizamos la respuesta obteniendo
// las filas de datos
var filas = objXML.responseText.parseJSON();

// preparamos una tabla XHTML
var cadena =
  '<table border="1"><tr><td><b>Código</b>' +
  '</td><td><b>Título</b></td><td><b>Autor' +
  '</b></td><td><b>Disponible</b></td>';

// recorremos las filas
for(var i in filas)
  if(filas.hasOwnProperty(i)) // por cada una
    // insertamos una fila en la tabla
    cadena = cadena + '<tr>' +
    '<td>' + filas[i].codigo + '</td>' +
    '<td>' + filas[i].titulo + '</td>' +
    '<td>' + filas[i].autor + '</td>' +
    '<td>' + filas[i].disponible + '</td>' +
    '</tr>';

cadena = cadena + '</table>'; // fin de tabla
elemento.innerHTML = cadena;
```

El resultado final será similar al que se muestra en la figura 9.4.

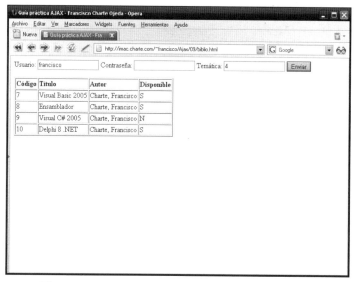

Figura 9.4. Tabla XHTML con los datos devueltos
en formato JSON.

9.5. Resumen

Este capítulo nos ha mostrado que existen alternativas, a la hora de transferir información entre cliente y servidor en cualquiera de los dos sentidos, al uso de XML o cadenas de caracteres sin formato alguno. Una de esas alternativas, quizá la más cómoda y eficiente, se llama JSON. Con JSON se mejora el código Javascript ejecutado en el cliente, al hacerlo más simple y breve, al tiempo que se reduce el tiempo de transferencia de datos por ser bastante más compacto que XML.

En ejemplos simples, como los propuestos, esto no se aprecia porque el tamaño de los bloques de información es pequeño, pero en una aplicación real la diferencia entre operar con XML y JSON puede tener como resultado que la interfaz sea más o menos ágil de cara al usuario.

Aunque la evaluación de bloques de datos JSON mediante la función `eval()` no es recomendable en entornos donde la seguridad pueda ser un problema, lo cierto es que en aplicaciones de uso interno, en redes propias de empresas, ese uso nos permite introducir funciones Javascript completas en las respuestas. Las aplicaciones posibles son muchas, una de las más inmediatas, según se indicó, sería la inclusión de código de validación de formularios generado en el servidor. Es una posibilidad que puede afrontar como ejercicio de aprendizaje.

10

Interfaces Web 2.0

10.1. Introducción

La mayoría de los usuarios que utilizan una aplicación AJAX esperan de ésta no solamente que se comporte de forma ágil, gracias a la comunicación asíncrona con el servidor, sino también que su aspecto se asemeje lo más posible al de una aplicación nativa.

Este tipo de interfaces, conocidas genéricamente como de tipo Web 2.0, hacen un uso intensivo de Javascript y CSS para adaptar su apariencia y comportamiento. No es algo que, en la mayoría de las ocasiones, tenga que ver intrínsecamente con AJAX, puesto que no interviene para nada el objeto `XMLHttpRequest`, la comunicación asíncrona con el servidor ni XML.

Como tendrá ocasión de conocer en el capítulo siguiente, existen multitud de bibliotecas AJAX que ofrecen conjuntos de *widgets* o controles visuales prefabricados, objetos que automatizan gran parte del trabajo que, de otra forma, habría que codificar manualmente escribiendo XHTML, CSS, Javascript y algunos guiones en PHP, ASP, Perl, Python, JSP o cualquier otro lenguaje de servidor. Usar esas bibliotecas le permitirá desarrollar sus aplicaciones de forma mucho más rápida y con menos trabajo, pero posiblemente no llegue a saber cómo hace su aplicación lo que hace.

El objetivo de este capítulo es mostrarle algunas técnicas que le permitirán realizar la interfaz de sus aplicaciones AJAX o, si recurre a una biblioteca AJAX prefabricada como es lógico por otra parte, a entender cómo esos *widgets* prefabricados efectúan su trabajo.

10.2. Construcción de secciones dinámicas

En las interfaces gráficas nativas el usuario suele tener un control bastante alto sobre la información que hay visible en cada momento, contando con los elementos precisos para abrir nuevas ventanas, cerrar las que tiene abiertas, reducirlas y ampliarlas, etc.

Son operaciones simples en una interfaz de ventanas ya que, en la mayoría de los casos, es el propio sistema operativo o bien el gestor de escritorio el que responde a dichas acciones.

Implementar esta funcionalidad en una interfaz Web requiere bastante más trabajo, pero en la mayoría de los casos el esfuerzo merece la pena.

Entendiendo por sección un elemento `div` de XHTML, recurriendo a DOM y con el código Javascript adecuado podemos agregar nuevas secciones, eliminar las existentes, alterar su posición, dimensiones y contenido, etc.

Desde Javascript es posible alterar tanto el árbol de elementos DOM como cualquiera de las propiedades CSS de un elemento, lo cual nos permite abrir un mundo de posibilidades.

Mediante los métodos que van a explicarse a continuación crearemos una aplicación que, basada en el proyecto biblio.htm del capítulo previo, nos permita ejecutar múltiples consultas obteniendo los resultados de cada una de ellas en un área independiente que podríamos identificar como una ventana dentro de la página. Esas ventanas podrán expandirse, para mostrar su contenido, y contraerse, quedando visibles únicamente el título y dos botones. Uno de esos botones será el que permita contraer/expandir la ventana, mientras que el otro la cerrará definitivamente eliminándola de la página.

La apariencia final de esta aplicación será la que aparece en la figura 10.1.

Observe que hay ocho consultas abiertas, si bien cinco de ellas se han contraído. Fíjese en que el primer botón que hay en la parte derecha cambia según que la ventana esté desplegada o contraída. También puede apreciarse cómo el puntero del ratón cambia de forma al situarse sobre uno de esos botones.

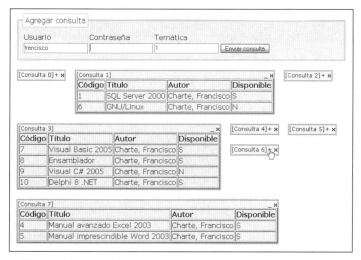

Figura 10.1. Interfaz del programa con secciones de datos dinámicas.

10.2.1. Documento inicial

La interfaz de nuestro programa partirá de un documento inicial que, aparte de la cabecera, tendrá el contenido siguiente:

```
<form id="formulario" action=""
  onsubmit="return agregaConsulta_onclick()">
  <fieldset>
    <legend>Agregar consulta</legend>
    <table><tr>
      <td>Usuario</td>
      <td>Contraseña</td>
      <td>Temática</td>
    </tr><tr>
      <td>
        <input id="usuario" type="text" />
      </td>
      <td>
        <input id="clave" type="text" />
      </td>
      <td>
        <input id="tematica" type="text" />
      </td>
```

```
       <td>
          <input type="submit"
             value="Enviar consulta" onclick=
             "return agregaConsulta_onclick()" />
       </td>
     </tr></table>
   </fieldset>
</form>
<div id="consultas">
</div>
```

El formulario en el que se solicitan los datos para la consulta se ha rediseñado, respecto al código del capítulo previo, agregándole un título mediante el elemento `legeng` y
colocando títulos y campos de entrada de datos en columnas con la ayuda de una tabla.

El envío del formulario ejecutará una función llamada
`agregaConsulta_onclick()`.

Tras el formulario tenemos una sección a la que hemos
llamado `consultas`, a ella iremos añadiendo subsecciones a medida que el usuario solicite consultas.

La apariencia que tendrá en principio el formulario será
la de la figura 10.2, puesto que aún no hemos asociado información de estilo alguna.

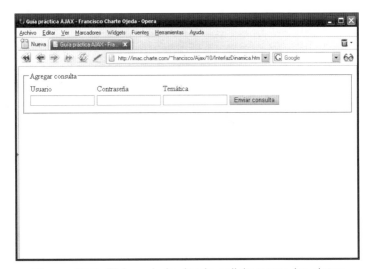

Figura 10.2. El formulario donde solicitaremos los datos
para efectuar la consulta.

10.2.2. Código Javascript

El documento XHTML anterior, al cual hemos llamado InterfazDinamica.htm, hará referencia en su encabezado al archivo InterfazDinamica.js, en el que introduciremos todo el código Javascript de la aplicación.

Lo primero que dispondremos en ese módulo serán las sentencias siguientes:

```
// Id único para cada consulta
var n = 0;

// Devuelve una referencia al elemento XHTML
// cuyo nombre se facilita como parámetro
function el(nombre)
{
    return document.getElementById(nombre);
}
```

Cada una de las secciones que vayamos añadiendo a la interfaz precisará un identificador único, que nos permita encontrarlas cuando necesitemos manipularlas. La variable n será un contador que nos irá facilitando esos identificadores únicos.

Puesto que vamos a trabajar intensivamente sobre los elementos XHTML del documento, para evitar tener que escribir `document.getElementById('id')` cada vez que tengamos que acceder a un elemento hemos escrito la función `el()`, que sencillamente actúa como un atajo que nos permite obtener el mismo resultado escribiendo `el('id')`.

También tendremos al principio del módulo la función `CreaXHR()` que venimos reutilizando desde los primeros capítulos.

Agregar nuevas secciones

Al hacer clic en el botón que hay en el formulario se ejecutará la función `agregaConsulta_onclick()`, que será la encargada de añadir a la interfaz una nueva sección, ejecutar la consulta y agregar los datos obtenidos del servidor como contenido de esa sección.

Para insertar nuevos elementos en nuestra interfaz tenemos básicamente dos opciones: describirlos textualmente y añadirlos a lo que ya había mediante la propiedad `innerHTML`, que es el método que vamos a usar, o bien recurrir a los métodos de DOM como `createElement()`, `insert-Before()`, `appendChild()` y similares para ir creando los elementos e introduciéndolos en su lugar. El uso de esta segunda opción tiene la ventaja de que nos permite no solamente agregar contenido al final del que ya existía, sino también insertarlo desplazando al existente.

Lo primero que haremos en esta función, por lo tanto, será preparar una descripción textual de los elementos que vamos a añadir al documento, asignando la secuencia de caracteres a una variable:

```
// Procedimiento de suscripción a una fuente
function agregaConsulta_onclick() {
 var nuevaConsulta =
  '<div class="consulta" id="c' + n + '">' +
   '<div class="titulo">' +
    '<span style="float:left"> [Consulta ' +
     n + ']</span>' +
    '<span class="controles">' +
     '<span class="cierre" onclick=' +
      '"alto(this, ' + n + ')">' +
     '_</span>' +
     '<span class="cierre" onclick=' +
      '"cierra(' + n + ')"> x</span>' +
    '</span>' +
   '</div>' +
   '<div class="contenido" id="con' + n +
    '"><p>Aquí se insertaría el resultado ' +
    'de la consulta</p>' +
   '</div>' +
  '</div>';
```

La longitud de la cadena, conjuntamente con el uso de comillas simples y dobles, el operador + y la variable n hace que no sea fácil interpretar a primera vista el código y saber cuál sería el contenido de `nuevaConsulta`. Suponiendo que el valor de n es 0, porque es la primera vez que se llama a `agregaConsulta_onclick()`, dicha variable tendría el contenido siguiente:

```
<div class="consulta" id="c0">
 <div class="titulo">
  <span style='float: left'>[Consulta 0]</span>
  <span class="controles">
   <span class="cierre"
      onclick="alto(this, 0)">_</span>
```

```
<span class="cierre" onclick="cierra(0)">x
</span>
</span>
</div>
<div class="contenido" id="con0">
Aquí se insertaría el resultado
</div>
</div>
```

Hay una sección con el identificador c0 que contiene a otras dos: una de clase titulo, para alojar el título de la sección y los botones, y otra de clase contenido donde se introducirá el resultado de la consulta. Esa segunda sección tiene el identificador con0. La sección de título tiene, a su vez, tres subsecciones: el título de la ventana, a la izquierda, y los controles o botones que permitirán desplegarla/contraerla y cerrarla, respectivamente. Fíjese en que esos dos elementos span son de clase cierre y que invocan a una función cuando detectan el evento onclick.

A medida que fuésemos añadiendo secciones aparecerían los identificadores c1 y con1, c2 y con2 y así sucesivamente. El primero de cada pareja hace referencia a la ventana completa, mientras que el segundo corresponde al área donde se encuentra el resultado de la consulta.

Tras definir el contenido de la variable nuevaConsulta, agregaremos esa secuencia de elementos a la interfaz con la sentencia siguiente:

```
// Por ahora añadimos una sección vacía
el('consultas').innerHTML =
    el('consultas').innerHTML + nuevaConsulta;
```

Ejecución de la consulta

Teniendo la nueva ventana ya en la interfaz, el paso siguiente será ejecutar la consulta para obtener del servidor los datos de los libros solicitados.

Al final de la función agregaConsulta_onclick() tendremos las sentencias siguientes:

```
enviaFormulario(el('con' + n));
n++;
```

Llamamos a la función enviaFormulario(), una versión modificada de la que teníamos en el capítulo previo, facilitándole como parámetro directamente el elemento en el que debe insertar el contenido. Éste lo obtenemos uniendo el identificador con y el número almacenado en n. El último paso es incrementar esa variable para que la siguiente operación genere secciones con nombres distintos.

La consulta propiamente dicha se ejecuta en la función enviaFormulario(), que quedará como se muestra a continuación tras introducir algunos cambios en ella:

```
function enviaFormulario(elemento)
{
  var strContenido =
    'usuario=' + el('usuario').value + '&' +
    'clave=' + el('clave').value + '&' +
    'tematica=' + el('tematica').value;

  var objXML = CreaXHR();
  // Si no tenemos el objeto
  if(!objXML) return false;

  // Enviamos la solicitud al servidor
  objXML.open('POST', 'biblio.php',
    false);
  // con las cabeceras apropiadas
  objXML.setRequestHeader('Content-Type',
    'application/x-www-form-urlencoded');
  objXML.setRequestHeader('Content-Length',
    strContenido.length);
  objXML.send(strContenido);

  // Analizamos la respuesta obteniendo
  // las filas de datos
  var filas;

  var cadena = // preparamos una tabla XHTML
    '<table border="1"><tr><td><b>Código</b>' +
    '</td><td><b>Título</b></td><td><b>Autor' +
    '</b></td><td><b>Disponible</b></td>';

  try { // prevenimos un posible error de JSON
    filas = objXML.responseText.parseJSON();

    for(var i in filas) // recorremos las filas
      if(filas.hasOwnProperty(i))
        cadena = cadena + '<tr>' +
        '<td>' + filas[i].codigo + '</td>' +
```

```
        '<td>' + filas[i].titulo + '</td>' +
        '<td>' + filas[i].autor + '</td>' +
        '<td>' + filas[i].disponible + '</td>' +
        '</tr>';
   } catch(e) {
     cadena = 'No hay datos';
  }
cadena = cadena + '</table>'; // fin de tabla
elemento.innerHTML = cadena;
}
```

La función recibe ahora el elemento en el que debe insertar los datos obtenidos, por lo que no tiene que buscar dicho elemento como ocurría en la versión del capítulo previo.

Se ha modificado el algoritmo por el que se recuperan
los datos introducidos en el formulario, ya que éste no tiene la estructura secuencial de ejemplos previos y, por tanto, el bucle que usábamos no funcionaría.

Otro cambio importante es el uso de try/catch para
evitar que un fallo en la interpretación del bloque JSON, por
parte de la función parseJSON(), provoque la interrup-
ción del programa. Ese fallo puede venir provocado por la
inexistencia de la temática solicitada o la invalidez de las
credenciales de identificadores.

En este momento ya podríamos efectuar consultas y obtener secciones independientes de resultados, como se aprecia en la figura 10.3, si bien el aspecto aún está lejos del que
apuntábamos en la figura 10.1. Además, los botones que aparecen a la derecha de cada título no reaccionan a los clics de
ratón, algo lógico puesto que aún no hemos escrito las funciones alto() y cierra() a las que invocaban sus respectivos eventos onclick.

Respuesta de los botones

El contenido que se genera dinámicamente, cada vez que
se procesa el formulario, agrega una serie de elementos en
los que se hace referencia a funciones, en concreto alto()
y cierra(), que codificaremos en el módulo Javascript como lo haríamos con cualquier otra función.

La primera de ellas recibe como parámetro el botón sobre el que se ha hecho clic así como el número de la sección
a expandir o contraer, mientras que el segundo necesita únicamente el número de la sección que corresponde a la ventana a eliminar.

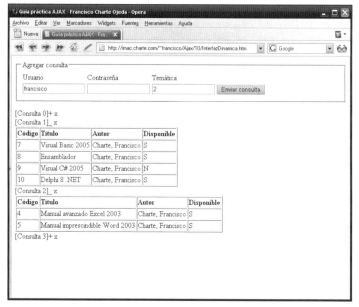

Figura 10.3. Las consultas aparecen como ventanas
en la interfaz.

Dentro de cada ventana tenemos una sección, llamada
conN, que es la que aloja la respuesta de la consulta. Por
defecto los elementos div se muestran como elementos de
bloque, pero esto es algo que podemos modificar alterando
la propiedad display de CSS. Si le asignamos none la sección desaparecerá, mientras que si le devolvemos el valor
block volverá entonces a aparecer. Esto es lo que hace la
función alto():

```
function alto(boton, n) {
    var seccion = el('con' + n);
    seccion.style.display =
        seccion.style.display == 'none' ?
        'block' : 'none';
    boton.innerHTML =
        seccion.style.display == 'none' ?
        '+' : '_';
}
```

Además de ocultar o mostrar el contenido, según su estado actual, esta función también cambia el contenido del

botón sobre el que se ha hecho clic, de forma que aparece en su interior un carácter de subrayado o un signo + dependiendo de que su función vaya a ser contraer o expandir el contenido.

El código de la función encargada de cerrar una ventana, al usar el botón en forma de X que aparece a la derecha, es aún más simple.

No tiene más que obtener una referencia a la sección adecuada y a continuación eliminarla:

```
function cierra(n) {
    // Obtenemos una referencia a la sección
    var consulta = el('c' + n);
    // y lo eliminamos
     consulta.parentNode.removeChild(consulta);
}
```

Para borrar un elemento del documento es necesario facilitar su referencia al método `removeChild()` del elemento al que pertenece. Aunque podríamos haber utilizado la notación `el('consultas').removeChild(consulta)`, en este caso se ha usado la propiedad `parentNode` para obtener el nodo padre al actual. De esta forma una posterior modificación de la estructura del documento no repercutirá en el funcionamiento de este código.

Tras agregar estas dos funciones podrá comprobar que ya le es posible contraer, expandir y cerrar las ventanas que genera la ejecución de consultas.

10.2.3. Hoja de estilos

A pesar de que la aplicación ya es funcionalmente operativa, permitiendo agregar ventanas, cerrarlas, contraerlas y expandirlas, su apariencia visual dista bastante del objetivo que nos poníamos. Cada ventana aparece debajo de la anterior, con los botones pegados al título y el contenido justo debajo, sin ninguna separación aparente.

Además, el puntero del ratón no cambia de forma para indicar que es posible hacer clic sobre los elementos que actúan como botones.

Todos los aspectos estéticos de la interfaz quedarán en manos de la hoja de estilos que tienen a continuación, a la cual haremos referencia desde la cabecera del documento XHTML como es habitual:

```css
body {
    font-family:
        'Lucida Grande', Verdana, Sans-Serif;
}

div.consulta {
    margin: 10px;
    padding: 0px;
    border: 3px solid silver;
    background-color: #EFEFEF;
    float: left;
}

div.titulo
{
  margin: 0px; padding: 0px;
  background-color: #ccffff;
  font-size: smaller;
  text-align: right;
}

span.controles {
    position: relative;
    left: 0px;
}

span.cierre {
    font-weight: bolder;
    cursor: pointer;
}

fieldset {
  margin: 10px 10px;
  padding: 10px 10px;
   background-color:#EFEFEF;
  border: 3px double silver;
}

legend {
  padding: 5px 5px;
  color: black;
  background-color: white;
  border: 1px solid silver;
}
```

El selector `div.consulta` establece los atributos de cada una de las ventanas, incluyendo el borde alrededor de ellas, la separación y el hecho de que vayan apareciendo unas a la derecha de las otras mientras haya espacio en la ventana del navegador. El selector `div.titulo` fija el color y tipo de letra más pequeño del título, así como la alineación a la derecha de los caracteres que actúan como botones.

Mediante el atributo `cursor` se indica que el puntero del ratón debe aparecer con estilo `pointer` al situarse sobre elementos `span` de la clase `cierre`. El resto de selectores configuran bordes, colores y márgenes de los elementos del formulario. Una vez que haya enlazado esta hoja de estilos con la interfaz, comprobará que la apariencia del programa mejora considerablemente. Puede mejorarla modificando las propiedades CSS para adaptarlas a sus preferencias, alterando la separación entre ventanas, colores, bordes, tipos de letra, etc. Intente utilizar imágenes para los botones de cierre y expandir/contraer en lugar de caracteres.

10.3. Ventanas flotantes

Ciertos elementos XHTML, tales como las imágenes y definiciones, pueden llevar asociada una descripción que suele aparecer en una ventana flotante cuando el puntero del ratón se sitúa sobre ellos. Es lo que se conoce habitualmente como *tooltip*, un pequeño recuadro conteniendo un texto relativamente breve.

Mostrar un contenido en una ventana emergente, que solamente aparece cuando es necesario, en el momento en que el usuario coloca el puntero en el lugar adecuado, puede tener muchas aplicaciones. En nuestro proyecto, por ejemplo, serviría para poder ver el resultado de una consulta que tengamos minimizada, simplemente colocando el puntero sobre su título, tal como se aprecia en la figura 10.4. En este caso la ventana flotante muestra una tabla y es semitransparente, pero podría servir para mostrar una imagen, un menú contextual de opciones o cualquier otro elemento de interfaz que seamos capaces de imaginar.

Para agregar esta nueva funcionalidad a nuestra aplicación deberemos agregar algo de código al módulo Javascript, pero ni la página XHTML ni la hoja de estilos CSS precisa cambio alguno. Veamos cuáles serían esos cambios.

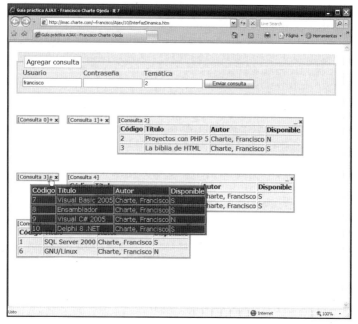

Figura 10.4. Al colocar el puntero del ratón
sobre una consulta cerrada podemos ver en una ventana
emergente el resultado que genera.

10.3.1. Detectar el puntero del ratón sobre un elemento

A fin de mostrar la ventana flotante cuando el puntero
del ratón se sitúe sobre una consulta minimizada, tendremos que detectar dos eventos: la entrada del puntero del
ratón en el área que ocupa en ese momento el elemento `div`
correspondiente, momento en el que mostraríamos la ventana emergente, y la salida del puntero del ratón de dicho
elemento.

Aunque podríamos efectuar un seguimiento continuo
del puntero del ratón mediante el evento `onmousemove` por
todo el documento, comparando las coordenadas actuales
con el área de cada consulta minimizada para comprobar
qué ventana emergente hay que mostrar, para implementar la actual implementación sólo necesitamos responder a
dos eventos: `onmouseover` y `onmouseout`.

El evento onmouseover se produce en el momento en que el puntero del ratón entra en la superficie correspondiente al elemento de la interfaz que recibe dicho evento. La función que asociemos a este evento recibirá normalmente una variable, conocida como event, en la que se facilita información sobre el elemento afectado: propiedad target; la posición del puntero en ese instante: propiedades clientX y clientY; el tipo de evento, etc.

Un paquete de parámetros similar recibe la función asociada al evento onmouseout, si bien en este caso resultan de menos interés porque a partir de que el puntero del ratón sale del área del elemento no nos interesa, por regla general, dónde se encuentre.

Modificando en nuestra actual función agregaConsulta_onclick() la declaración de la variable nuevaConsulta, que quedaría como se muestra a continuación, conseguiríamos que cada ventana de consulta invocase a sendas funciones al detectar los dos eventos descritos. En el primer caso se envían como parámetros la información del evento y el valor de n, que permitirá saber la ventana en que se encuentra el puntero. En el segundo basta con el valor de n, identificando así la consulta de cuya área acaba de salir el puntero del ratón.

```
var nuevaConsulta =
  '<div class="consulta" id="c' + n + '">' +
  '<div class="titulo" ' +
      'onmouseover="muestraVentana(event, '+
      n+')" onmouseout="ocultaFlotante('+
      n+')">' +
    '<span style="float:left"> [Consulta ' +
        n + ']</span>' +
    '<span class="controles" id="abre'+n+'">' +
      '<span class="cierre" onclick=' +
        '"alto(this, ' + n + ')">' +
      '_</span>' +
      '<span class="cierre" onclick=' +
        '"cierra(' + n + ')"> x</span>' +
    '</span>' +
  '</div>' +
  '<div class="contenido" id="con' + n +
    '"><p>Aquí se insertaría el resultado ' +
    'de la consulta</p>' +
  '</div>' +
  '</div>';
```

Solamente con agregar las líneas resaltadas en negrita ya conseguiremos que las áreas de cada consulta detecten la entrada y salida del puntero del ratón sobre ellas. Ahora, lógicamente, tendremos que escribir las funciones a las que se invoca desde esos eventos.

10.3.2. ¿Qué es una ventana flotante?

Una ventana flotante no es más que un recuadro, con contenido o no, que aparece superpuesto al contenido actual de la interfaz. En XHTML cualquier elemento que tenga el valor `absolute` en la propiedad `position` de CSS aparecerá como independiente del resto del documento, pudiendo colocarse en cualquier posición mediante las propiedades `left` y `top`. El hecho de que aparezca sobre los demás elementos de la interfaz o debajo, lo que se conoce como la profundidad u orden en el eje Z, dependerá de la propiedad `zIndex`. Es habitual que los elementos que van añadiéndose queden sobre los que ya existen en la interfaz, por lo que si creamos dinámicamente la ventana, agregando al documento un elemento `div`, la profundidad no debería ser un problema y aparecería sobre el resto de la página.

Podemos incrementar la sensación de que la ventana está superpuesta a otros objetos, podemos jugar con la transparencia. Una ventana superpuesta a las demás y semitransparente consigue transmitir al usuario una sensación mayor de "flotabilidad", de que es un elemento temporal que está ahí pero que desaparecerá.

La función `muestraVentana()`, a la que se invoca desde el evento `onmouseover` de toda sección `div` que contenga una consulta, deberá comenzar por comprobar si la consulta está o no minimizada.

Si la consulta está abierta no tiene sentido que mostremos una ventana emergente para enseñar su contenido, puesto que éste ya se encuentra visible:

```
function muestraVentana(evt, n)
{
  // Si la consulta está abierta
  if(el('con'+n).style.display != 'none')
    return; // no tenemos que hacer nada
```

Como puede verse, usamos la número que identifica a cada consulta para verificar si el elemento `div` que aloja el contenido está visible. En caso de no ser así, devolvemos el control y no continuamos ejecutando el resto de la función.

Para definir la ventana flotante usaremos una técnica habitual a la usada antes para agregar las consultas: asignamos a una variable la descripción textual del elemento `div` a agregar al documento, incluyendo información sobre su estilo, eventos y contenido, como se aprecia a continuación:

```
// Generamos la ventana flotante
var divFlotante =
  '<div class="flotante" id="f' + n + '" ' +
  'onmouseout="ocultaFlotante('+n+')" ' +
  'style="position: absolute; left: ' +
  // usando las coordenadas donde se
  // encuentra el puntero
  evt.clientX / 2 + 'px; top: ' +
  (evt.clientY + 10) +
  'px; border: solid 1px black; ' +
  'background-color: blue; color: white;' +
  'opacity: .8; filter: alpha(opacity=80);">' +
  // y el contenido original de la sección
  + el('con' + n).innerHTML + '</div>';
```

Asignamos a cada ventana flotante un identificador único que nos permita recuperar el elemento cuando lo necesitemos. El evento `onmouseout` de este elemento también invoca a la función `ocultaFlotante()`, de manera que la ventana se oculte cuando el puntero del ratón salga del área que corresponde a la consulta o de la propia ventana flotante.

La posición de la ventana vendrá determinada por la que tenga actualmente el puntero del ratón, que recuperamos de las propiedades `clientX` y `clientY` del parámetro `evt`, descrito antes y que contiene la información del evento. También establecemos un borde, los colores de tinta y fondo y el nivel de transparencia.

En la última línea del fragmento de código anterior insertamos en el contenido de la ventana flotante, tras la marca `<div>` y antes de `</div>`, la propiedad `innerHTML` de la sección oculta que aloja el resultado de la consulta, es decir, el contenido del elemento `div` que habíamos cerrado previamente.

Finalmente, tendremos que agregar ese código XHTML al contenido actual del documento, para hacerlo visible en la interfaz. Esta operación, sin embargo, debe efectuarse una única vez, puesto que de lo contrario podría generarse un molesto parpadeo. Por ello se comprueba que el elemento con identificador fN no exista ya en el documento, caso éste en que se añade al final:

```
// agregamos la ventana flotante
if(!el('f'+n)) // si no está visible ya
   el('consultas').innerHTML =
   el('consultas').innerHTML + divFlotante;
}
```

A pesar de que el nuevo elemento div se agrega al final del documento, concretamente como último elemento de la sección consultas, la configuración que le hemos dado provocará como una ventana flotante según se mostró antes en la figura 10.4.

10.3.3. Ocultar la ventana

El último paso será agregar la función ocultaFlotante() al código de nuestro módulo Javascript. Esta función recibe como parámetro el índice correspondiente a la consulta cuya ventana emergente se ha de eliminar. Hay que tener en cuenta que a esta función se llega siempre que se produzca el evento onmouseout de una consulta, incluso cuando ésta no está minimizada ni hay visible ventana flotante alguna. Por eso lo primero que hacemos es comprobar si existe esa ventana y, en caso afirmativo, la eliminamos del documento, lo que provocará su desaparición inmediata:

```
function ocultaFlotante(n)
{
   if(el('f'+n)) // Si hay una ventana flotante
      // la eliminamos
      el('consultas').removeChild(el('f'+n));
}
```

Con esto ya tenemos terminada la segunda versión de nuestra interfaz dinámica. Para verla en funcionamiento no tiene más que agregar los cambios indicados al módulo Javascript, actualizar la página en el navegador, efectuar algunas consultas, minimizar al menos una de ellas y situar el puntero sobre el título, que es lo único que queda visible. El código facilitado ha sido probado en Internet Explorer 7, Mozilla 2.0, Opera 9.0 y Safari 2.0 obteniendo un comportamiento bastante homogéneo.

10.4. Arrastrar y soltar ventanas

Al permitir que el usuario pueda efectuar múltiples consultas, obteniendo el resultado de cada una de ellas en una ventana independiente, que puede ser minimizada, restaurada y cerrada, hemos conseguido crear una interfaz bastante flexible. La facilidad de uso se ha incrementado al añadir la posibilidad de ver el contenido de una consulta sin necesidad de restaurar la ventana, sencillamente colocando el puntero del ratón sobre el recuadro se obtiene el resultado de la consulta en una ventana flotante.

Las ventanas de las consultas van agregándose al documento siguiendo el flujo normal en una interfaz XHTML, es decir, los nuevos elementos van al final y cada vez que se elimina un elemento, o sus dimensiones cambian, toda la interfaz se redistribuye de acuerdo con la nueva situación, desplazando las ventanas inferiores hacia la izquierda y hacia arriba.

Aunque no es algo indispensable, permitir que los usuarios dispongan las ventanas en distintas posiciones, por ejemplo llevando la última sobre las demás, hará que la interfaz sea aún más versátil. En la figura 10.5 puede verse cómo la ventana con título Consulta 11 está superpuesta a Consulta 14 y Consulta 15, así como el momento en el que la ventana Consulta 3, semitransparente, está siendo arrastrada a otra posición. En el papel no puede apreciarse el efecto de deslizamiento de la ventana, sobre todas las demás, a medida que es arrastrada con el puntero del ratón. Tendrá que probarlo en su navegador para observar el resultado.

Veamos cuáles serían los pasos a seguir para alcanzar el resultado de la figura 10.5.

10.4.1. Eventos de ratón

Ya conocemos, al menos, dos eventos relacionados con el ratón: onmouseover y onmouseout. Éstos, sin embargo, no nos servirán para lo que pretendemos hacer ahora. Las ventanas no se moverán de su posición simplemente por desplazar el puntero del ratón sobre ellas, el usuario tendrá que hacer clic con un botón y deberá mantenerlo pulsado mientras mueve el ratón, liberándolo en el punto donde desee colocar la ventana.

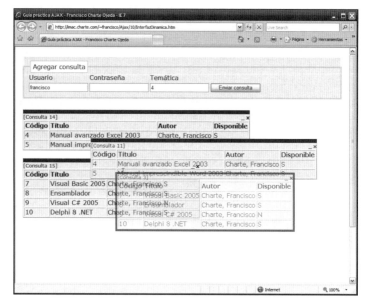

Figura 10.5. El usuario puede colocar las ventanas donde quiera, incluso sobre otras.

Aunque solamente nos interesa detectar la pulsación de los botones del ratón sobre alguna de las ventanas de consulta, para iniciar la operación de arrastrar y soltar, el desplazamiento del puntero, y la liberación del botón, podrá realizarse por todo el documento, es decir, por toda el área de la ventana que ocupe el navegador en la pantalla. Necesitaremos, por tanto, controlar los eventos de ratón a nivel global, en todo el documento, y no en una ventana concreta.

Los eventos onmousedown y onmouseup tienen lugar cada vez que se pulsa o libera un botón del ratón, respectivamente. El evento onmousemove se produce continuamente a medida que el puntero del ratón se desplaza. Los tres aportan un parámetro, a la función que los gestione, que contiene información sobre el botón pulsado, elemento sobre el que se encuentra el puntero, la posición actual en la pantalla, etc. La secuencia lógica en que se producen, y lo que haríamos nosotros en respuesta a ellos, sería la siguiente:

- onmousedown: Al recibir este evento comprobaremos si el puntero del ratón se encuentra sobre una de las consultas, en cuyo caso iniciaremos la operación de arrastrar y soltar. Para ello adecuaremos los atributos de esa ventana, cambiando su borde y nivel de transparencia, y guardaremos una referencia a la misma para poder moverla a medida que se mueva el ratón.

- onmousemove: Cada vez que se detecte movimiento en el ratón comprobaremos si tenemos una ventana arrastrándose, mediante la referencia guardada en onmousedown. En caso afirmativo actualizaremos la posición de la ventana para que siga al puntero del ratón.

- onmouseup: Cuando se suelte el botón del ratón la ventana deberá quedar donde esté en ese momento, recuperar su borde anterior y dejar de ser semitransparente. Habrá que eliminar la referencia creada en onmousedown para evitar que la ventana se siga moviendo con cada onmousemove.

Tendremos, por tanto, tres funciones, asociadas a los tres eventos anteriores, más un breve conjunto de sentencias previas.

10.4.2. Pasos previos

Lo primero que haremos será introducir un pequeño cambio en la hoja de estilos de la interfaz, a fin de hacer el borde superior de las ventanas de consulta algo más grueso, como se aprecia en la figura 10.5. Si intentamos arrastrar la ventana poniendo el puntero en su título, o el contenido de la tabla, veremos que no nos es posible y que, en su lugar, lo que ocurre es que se selecciona el texto que hay dentro del elemento. Haciendo el borde superior más grueso facilitamos la operación, usando ese borde como "asidero" para seleccionar la ventana y moverla.

Ciñéndonos ya al módulo de código Javascript, agregaremos la declaración de las dos variables siguientes al inicio:

```
// Referencia a la ventana que se mueve
var consultaD = null;
// profundidad que tenía originalmente
var consultazIndex;
```

La variable consultaD contendrá una referencia al elemento que está moviéndose, es decir, el valor devuelto por document.getElementById("nombre"), siendo nombre el identificador de la ventana de consulta elegida.

En cuanto a la variable `consultazIndex`, nos servirá para alterar temporalmente el orden en profundidad de la ventana a arrastrar y devolverle el suyo original al terminar. Al estudiar el código de los puntos siguientes veremos la razón de ser de esta variable.

También al inicio o final del módulo, en cualquier caso fuera de cualquier función, agregaremos las tres sentencias siguientes:

```
// Conectamos los eventos de ratón con tres
// funciones propias
document.onmousedown  = inicioMovimiento;
document.onmouseup    = finMovimiento;
document.onmousemove  = moviendose;
```

Con ellas conectamos los eventos `onmousedown`, `onmouseup` y `onmousemove` del documento con tres funciones propias, lo que nos permitirá controlarlos de manera global, para toda la interfaz de usuario.

10.4.3. Inicio de la operación

Al detectar la pulsación de uno de los botones del ratón se invocará a la función `inicioMovimiento()`, sin importar dónde se encuentre en ese momento el puntero. Esta función recibirá un parámetro que nos permitirá saber, entre otras cosas, qué elemento hay debajo del puntero en ese momento. El problema es que hay navegadores en los que ese parámetro es nulo, circunstancia que hemos de controlar.

Lo primero que hacemos en esta función es obtener en la variable `elemento` una referencia al elemento que hay bajo el puntero del ratón. Para ello comprobamos si el parámetro `evento` es o no `null`, dependiendo de lo cual obtenemos ese dato de la propiedad `target` del propio evento o directamente de la propiedad `window.event.srcElement`:

```
// Se activa cada vez que se detecta un clic
// de ratón sobre algún elemento de la interfaz
function inicioMovimiento(evento)
{
  // Referencia al elemento sobre el que se ha
  var elemento =  // pulsado el botón del ratón
      evento != null ?
      evento.target :
      window.event.srcElement;
```

A continuación tenemos que comprobar si ese elemento es la sección `div` de una consulta, porque es el único caso en que nos interesa este evento. Todas las ventanas de consulta tienen el valor `consulta` en su atributo `class`, algo que podemos comprobar mediante la propiedad `class-Name` del propio elemento:

```
// Si ese elemento es una consulta
if(elemento.className == 'consulta') {
```

El resto del código de esta función se ejecutará únicamente si la expresión anterior se evalúa a `true`.

Sabiendo que vamos a iniciar la operación de arrastrar y soltar, lo primero será guardar la referencia al elemento seleccionado en la variable `consultaD` declarada anteriormente:

```
consultaD = elemento;
```

Acto seguido cambiaremos la propiedad `position` del elemento asignándole el valor `absolute`, lo cual nos permitirá moverlo a cualquier punto de la interfaz. Ese punto será siempre relativo a la posición actual del propio puntero del ratón, con un leve desplazamiento con el que se pretende conseguir el efecto de que lo tomamos de la esquina superior izquierda:

```
// convertimos la posición en absoluta
consultaD.style.position = 'absolute';
// y ponemos la esquina superior izquierda
// de la ventana cerca del puntero
consultaD.style.left = (
    evento && evento.clientX ?
    evento.clientX :
    window.event.clientX ) - 32 + 'px';
consultaD.style.top = (
    evento && evento.clientY ?
    evento.clientY :
    window.event.clientY ) - 10+ 'px';
```

La recuperación de las coordenadas actuales del puntero del ratón plantea otro problema, ya que según el navegador se encontrarán en el parámetro `evento` o, si éste es nulo, en la propiedad `window.event`, por ello es necesario usar un condicional para obtener el dato correcto. A esa posición se le resta un cierto número de píxeles, para desplazar la ventana, y se le añade la unidad de medida: px.

Acto seguido obtenemos el contenido actual de la propiedad zIndex, en la variable zIndexAnt declarada previamente, y la cambiamos para llevar la ventana que se va a arrastrar sobre todas las demás. Para ello, sabiendo que en la variable n tenemos el índice de la última consulta añadida, basta con asignar a zIndex un valor una unidad superior y la ventana será la primera en el eje Z, apareciendo sobre todas las demás.

```
// guardamos la posición en profundidad para
zIndexAnt = consultaD.style.zIndex;
// colocar la ventana arrastrada sobre
consultaD.style.zIndex = n + 1; // las otras
```

Si no realizásemos esta modificación, se podría dar el caso que se puede ver en la figura 10.6. La ventana arrastrada está sobre Consulta 0 pero debajo de Consulta 3. Dependiendo de las otras consultas y el espacio que ocupen, es posible incluso que la ventana que está desplazándose quede totalmente oculta tras otra.

Cambiando su orden en profundidad evitamos esto, aunque al final, cuando se suelte la ventana, le devolveremos a zIndex su valor original.

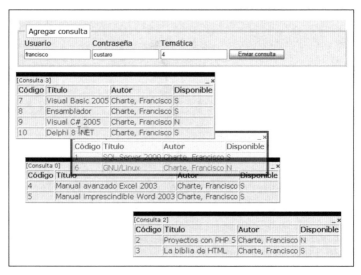

Figura 10.6. Efecto indeseado por el que la ventana arrastrada aparece bajo otras.

Lo último que haremos, antes de devolver el control, será modificar el borde y transparencia de la ventana, a fin de que se diferencie claramente de las restantes que haya abiertas en ese momento:

```
// El borde de la ventana cambiará
consultaD.style.border = "5px groove black";
// y la ventana será semitransparente
if (navigator.appName ==
    'Microsoft Internet Explorer')
  // para IE
  consultaD.style.filter =
      'alpha(opacity="50")';
else  // para Mozilla, Opera, Safari y otros
  consultaD.style.opacity = '0.5';

  // no procesar normalmente onmousedown
  return false;
  }
}
```

Observe que la función devuelve el valor `false`, evitando de esta manera que el navegador procese el evento `onmousedown` como lo haría normalmente. Esto ocurre solamente cuando se pulsa sobre una ventana de consulta, es decir, exclusivamente cuando se va a iniciar la operación de arrastrar y soltar.

10.4.4. Seguimiento de la posición del ratón

Tal como se ha indicado antes, el evento `onmousemove` se produce de forma continua a medida que se desplaza el puntero del ratón. No obstante, a nosotros solamente nos interesará procesarlo si antes se ha iniciado una operación de arrastrar y soltar, caso éste en el que la variable `consultaD` contendrá la referencia a la consulta elegida.

Por eso si `consultaD` es `null` salimos directamente de la función:

```
// Esta función se activa continuamente con
// el desplazamiento del ratón
function moviendose(evento)
{
  // Entrar solamente si estamos arrastrando
  if(!consultaD) return;
```

Por lo demás, lo único que tenemos que hacer en esta función es actualizar la posición de la ventana arrastrada, para que siga al puntero del ratón:

```
// Hacer que la ventana siga al puntero
consultaD.style.left = ( // del ratón
   evento && evento.clientX ?
    evento.clientX :
    window.event.clientX ) - 32 + 'px';
consultaD.style.top = (
   evento && evento.clientY ?
    evento.clientY :
    window.event.clientY ) - 10+ 'px';

return false;
}
```

Fíjese una vez más en el valor de retorno de la función. Devolvemos `false` exclusivamente si estamos arrastrando una ventana, en el resto de los casos será el navegador quien procese normalmente el evento. Si no devolviésemos ese valor, a medida que desplazásemos una ventana sobre otras veríamos cómo el texto contenido en éstas se va marcando y desmarcando, generando un efecto que no es muy agradable.

10.4.5. Fin del proceso

Al liberar el botón del ratón se finaliza el proceso de arrastrar y soltar. Una vez más, la función asociada al evento deberá comprobar si estaba en marcha una operación de desplazamiento, porque de lo contrario no hay nada pendiente por hacer:

```
// Esta función se activa cada vez que se libera
// un botón del ratón
function finMovimiento()
{
   // Si no estamos arrastrando una ventana
   if(!consultaD) return; // no hacer nada
```

La operación se termina sencillamente devolviendo a la ventana sus atributos iniciales, salvo en lo que respecta a la posición: restablecemos el borde, la posición en el eje Z y la opacidad total. Terminamos asignando el valor `null` a la variable `consultaD`, de forma que ni esta función ni la del punto anterior crean que la operación sigue todavía en marcha:

```
// Restablecer el borde original de la ventana
consultaD.style.border = '1px solid silver';
consultaD.style.borderTop = '10px solid navy';
// y su profundidad
consultaD.style.zIndex = zIndexAnt;
// eliminar la transparencia
if (navigator.appName ==
    'Microsoft Internet Explorer')
  // para IE
  consultaD.style.filter =
    'alpha(opacity="100")';
else  // para Mozilla, Opera, Safari y otros
  consultaD.style.opacity = '1';

// Hemos terminado la operación
consultaD = null;
}
```

Puede alterar este código, es recomendable que lo intente, para que mientras se está arrastrando la ventana en lugar de todo su contenido se muestre únicamente un borde, o bien una superficie traslúcida pero sin todo el contenido de la ventana.

También puede agregar a las ventanas botones que le permitan alterar su posición en el eje Z o de profundidad, por ejemplo para enviarlas al final, bajo todas las demás, o al principio, sobre todas las demás. Éstos, y todos los cambios que se le ocurran, le servirán para ir adquiriendo más experiencia y confianza en el diseño de interfaces al estilo Web 2.0.

10.5. Resumen

A lo largo de este capítulo ha conocido una serie de técnicas que, usando los fundamentos teóricos que ya tenía, le permitirán diseñar interfaces de usuario cómodas y flexibles, aplicaciones con un estilo que se asemeja al de muchas otras de la llamada *ola Web 2.0*. Más allá de modas, este tipo de funcionalidad permitirá a los usuarios de sus programas operar sobre interfaces que se asemejan a las que ya conocen, a las de aplicaciones nativas de su sistema operativo, pero sin necesidad de tener que instalar nada en su ordenador. Basta con que abran su navegador, introduzcan un URL y obtendrán la interfaz, así de simple.

En el capítulo siguiente podrá comprobar que el objetivo que hemos alcanzado en éste puede lograrse con mucho menos trabajo por nuestra parte, gracias a la existencia de bibliotecas que simplifican la mayoría de las operaciones, tanto las relacionadas con la interfaz como aquellas más propias de AJAX, incluyendo la comunicación asíncrona con el servidor. También se mencionan algunas herramientas que pueden resultarle de utilidad a la hora de trabajar con Javascript, especialmente con la depuración de las aplicaciones que, en un entorno distribuido como la Web, no siempre resulta difícil.

11

Bibliotecas y herramientas

11.1. Introducción

La combinación de las técnicas AJAX descritas en los diez capítulos previos le permiten desarrollar aplicaciones con interfaces y comportamiento similar, hasta cierto punto, al de los programas nativos. Tener que ocuparse de hasta el más mínimo detalle, sin embargo, requiere mucho tiempo, algo de lo que normalmente no se anda sobrado cuando se tiene a un cliente esperando la finalización de un proyecto. Conocer esos detalles, no obstante, nos permitirá solucionar con mayor facilidad los problemas que puedan surgir, así como realizar hasta el más mínimo ajuste que se precise en cualquier elemento de la aplicación.

La cada vez mayor difusión de AJAX ha provocado que, con el tiempo, surjan multitud de bibliotecas que permiten diseñar este tipo de aplicaciones con mucho menos esfuerzo por nuestra parte. Estas bibliotecas pueden clasificarse en distintos niveles o categorías, desde las que encapsulan la funcionalidad del objeto XMLHttpRequest para facilitar la comunicación y poco más, hasta las que aportan funcionalidades como arrastrar y soltar, *widgets* prefabricados y multitud de efectos visuales.

El objetivo de este capítulo no es otro que el de facilitarle la información adecuada para que pueda evaluar algunas de las bibliotecas AJAX más importantes y elegir la que mejor se ajuste a sus necesidades. Debe tener en cuenta que el estado al que se hace referencia es el de finales del año 2006, pero que la rápida evolución de las tecnologías relacionadas con la Web puede provocar que en poco tiempo haya bibliotecas que hayan ganado mayor popularidad y que las mencionadas aquí queden poco a poco en desuso.

Aparte de las bibliotecas, que le permitirán desarrollar sus proyectos en mucho menos tiempo, también se mencionan algunas herramientas que le resultarán de utilidad durante esa fase de desarrollo.

11.2. Prototype

Actualmente en su versión 1.4.0, Prototype es una de las bibliotecas AJAX más conocidas y usadas para el desarrollo de aplicaciones y otras bibliotecas con mayor nivel de abstracción. Prototype facilita las operaciones de comunicación con el servidor y ofrece diversos objetos de ayuda para la manipulación de la estructura de la interfaz, pero no incorpora controles prefabricados, efectos visuales y otros elementos que sí encontramos en otras bibliotecas.

Prototype es la base de, entre otras, las bibliotecas Rico y la famosa script.aculo.us, descritas más adelante en este mismo capítulo. Para trabajar con Prototype no tenemos más que ir a `http://prototype.conio.net/` y obtener el archivo prototype-1.4.0.js o el correspondiente a una versión posterior si la hay disponible. Incluyendo dicho archivo en nuestras páginas XHTML, mediante la habitual marca `<script ...`, ya tendremos a nuestra disposición todos los objetos de esta biblioteca. En la figura 11.1 puede ver el sitio Web oficial de Prototype.

11.2.1. Comunicación AJAX con Prototype

Enviar una solicitud al servidor y procesar la correspondiente respuesta resulta sumamente fácil con Prototype, ya que basta con crear un objeto `Ajax.Request` y facilitarle los parámetros adecuados. De inmediato se establecerá la comunicación con el servidor y, al recibir la respuesta, se invocará a la función que hayamos designado.

El código para crear un objeto `Ajax.Request` será siempre similar al siguiente:

```
new Ajax.Request(url_servidor,
   { method: método_solicitud,
     parameters: cuerpo_solicitud,
```

```
    onComplete: función
});
```

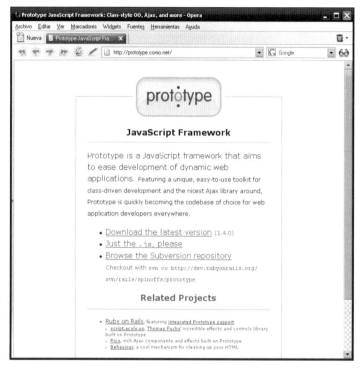

Figura 11.1. Prototype es una de las bibliotecas AJAX
más conocidas.

Ajax.Request es una clase Javascript definida en Prototype, de la que podemos crear objetos mediante el operador new, como es habitual. El primer parámetro será el URL al que se enviará la solicitud, normalmente el nombre del guión que se ejecutará en el servidor, mientras que el segundo es un objeto JSON, siguiendo la habitual sintaxis { propiedad: valor ... } que conoció en un capítulo previo. Ese objeto puede tener un número variable de propiedades, siendo las más habituales las tres que aparecen en este fragmento: method establece el método de solicitud, parameters recibe la lista de parámetros a enviar en la solicitud y onComplete asignará la función a la que hay que invocar cuando se reciba la respuesta.

Si vamos a efectuar una solicitud cuyo único fin es el de mostrar en un elemento de la interfaz la respuesta que recibamos del servidor, en lugar del objeto `Ajax.Request` podemos recurrir a `Ajax.Updater` de la siguiente forma:

```
new Ajax.Updater(id_elemento, url_servidor,
  { method: método_solicitud,
    parameters: cuerpo_solicitud
  });
```

El primer parámetro que se facilita es el identificador del elemento en el que se mostrará la respuesta devuelta por el servidor, de forma que será Prototype el que se encargue de gestionar el estado del objeto y, cuando éste indique que se ha obtenido la respuesta, actualice la interfaz, sin intervención alguna por nuestra parte.

Existe una versión de `Ajax.Updater`, llamada `Ajax.PeriodicalUpdater`, que automatiza el envío periódico de una solicitud al servidor para actualizar con cierta frecuencia un elemento.

11.2.2. Funciones auxiliares

Además de los objetos principales que facilitan la comunicación, entre los que están los tres comentados en el punto previo, Prototype aporta también una serie de funciones y objetos auxiliares que pueden ayudarnos a simplificar nuestro código.

Algunos de ellos son:

- `$()`: Devuelve una referencia al elemento XHTML cuyo identificador se facilita como parámetro. Es similar a la función `el()` que definíamos en un capítulo previo, encapsulando la llamada a `document.getElementById()`, pero es capaz de recuperar las referencias a varios elementos en una única llamada, devolviendo una matriz como resultado.
- `$F()`: Permite leer el contenido de cualquier elemento `input type="text"` de un formulario XHTML sin más que facilitar el identificador.
- `Element`: Es una clase de objeto que aporta multitud de métodos para manipular elementos XHTML, por ejemplo obteniendo sus dimensiones, alterando la posición y otra información de estilo, actualizando su contenido, etc.

- `Insertion`: Mediante este objeto es posible insertar nuevos elementos XHTML en la posición de la interfaz que nos interese, gracias a métodos tales como `Before()`, `After()`, `Bottom()` y `Top()`.
- `Form` y `Field`: Facilitan métodos para operar sobre formularios y sus cambios, por ejemplo, activando y desactivando elementos del formulario, dando el foco de entrada a un cierto campo, etc.

Por último, Prototype extiende la mayoría de los tipos de datos de Javascript, como `String`, `Array` o `Function`, agregando una extensa lista de métodos útiles. Puede encontrar una descripción bastante detallada de todos ellos, con algunos ejemplos de uso, en `http://www.sergio-pereira.com/articles/prototype.js.html`.

11.2.3. Ejemplo de uso de Prototype

Veamos cómo Prototype puede simplificar el desarrollo de una aplicación AJAX tomando uno de los ejemplos de capítulos previos, concretamente la aplicación biblio del noveno capítulo.

En este programa consultábamos una base de datos utilizando unas ciertas credenciales, introducidas en un formulario, y mostrando en forma de tabla los datos recibidos en formato JSON.

Lo primero que haremos será eliminar la función `Crea-XHR()`, ya que no volveremos a necesitarla, agregando en su lugar una referencia al archivo Javascript de Prototype. La función `enviaFormulario()` utilizará un objeto `Ajax.Request` para efectuar la solicitud, usando también la función `$F()` para recuperar los datos del formulario.

En consecuencia esta función, relativamente extensa en el programa original, queda ahora reducida a las sentencias siguientes:

```
function enviaFormulario()
{
  var strContenido = '';

  strContenido = // preparamos los datos
      'usuario='   + $F('usuario')  +
      '&clave='    + $F('clave')    +
      '&tematica=' + $F('tematica');
```

```
   // y efectuamos la solicitud
   var solicitud = new Ajax.Request('biblio.php',
     { method: 'post',
       parameters: strContenido,
       onComplete: trataRespuesta
     }
   );
   return false;
}
```

Este código se encarga de crear el objeto XMLHttpRequest, enviar la solicitud, controlar el estado e invocar a la función trataRespuesta cuando la comunicación haya finalizado. No habría problema alguno en invocar varias veces a enviaFormulario() mientras se espera la respuesta de solicitudes previas, cada llamada a trataRespuesta recibirá como argumento una referencia al objeto XMLHttpRequest adecuado, pudiendo usar sus propiedades, por ejemplo status o responseText y responseXML, para obtener la información. Es lo que se hace en nuestra función trataRespuesta():

```
function trataRespuesta(solicitud)
{
   // Analizamos la respuesta obteniendo
   // las filas de datos
   var filas=solicitud.responseText.parseJSON();
   var cadena = // preparamos una tabla XHTML
      '<table border="1"><tr><td><b>Código</b>' +
      '</td><td><b>Título</b></td><td><b>Autor' +
      '</b></td><td><b>Disponible</b></td>';

   for(var i in filas) // recorremos las filas
      if(filas.hasOwnProperty(i)) // por cada una
         // insertamos una fila en la tabla
         cadena = cadena + '<tr>' +
         '<td>' + filas[i].codigo + '</td>' +
         '<td>' + filas[i].titulo + '</td>' +
         '<td>' + filas[i].autor + '</td>' +
         '<td>' + filas[i].disponible + '</td>' +
         '</tr>';

   cadena = cadena + '</table>'; // fin de tabla
   $('resultado').innerHTML = cadena;
}
```

La mayor parte del código de esta función se dedica a construir la tabla XHTML y poco tiene que ver ya con AJAX si exceptuamos la lectura de la propiedad `responseText` del objeto que se recibe como parámetro.

En el código de esta última función utilizamos `parse-JSON()` para recuperar la información que recibimos en el formato JSON. Si modificásemos nuestro guión PHP para que incluyese esa información en un encabezado X-JSON, también la llamada a `parseJSON()` sería innecesaria porque el propio Prototype analizaría el bloque de datos JSON y lo entregaría como segundo parámetro a la función `trataRespuesta()`. Es una modificación interesante que puede servirle como ejercicio.

11.3. script.aculo.us

Construida sobre Prototype, ésta es sin duda la biblioteca AJAX que más renombre ha alcanzado gracias sobre todo a la cantidad de efectos visuales que incluye. script.aculo.us está formada por media docena de módulos Javascript, a los cuales hay que añadir el correspondiente a Prototype. El principal de ellos, que se encarga de incluir a los demás, es scriptaculous.js. La última versión, en la actualidad la 1.6.5, siempre puede obtenerse de `http://script.aculo.us/` que es el sitio oficial de esta biblioteca (véase la figura 11.2).

Desde su página inicial ya es posible experimentar con script.aculo.us, porque los elementos que la componen pueden moverse por la página.

Uno de los mayores inconvenientes de esta biblioteca es su tamaño, pues suma más de 100 Kb adicionales a los 64 Kb que ocupa Prototype. Como resultado, cualquier sitio que utilice script.aculo.us ha de tener en cuenta el tiempo de la transferencia inicial hacia el cliente. Una vez que los módulos Javascript hayan llegado al navegador, no obstante, el resto de operaciones sobre la aplicación serán tan ágiles como lo serían con cualquier otra solución.

11.3.1. Elementos que componen script.aculo.us

Al descargar script.aculo.us se obtiene asimismo la biblioteca Prototype, que va incluida, por lo que de partida ya contamos con las mismas clases y funciones descritas anteriormente. De hecho, script.aculo.us depende de Prototype para muchas de las operaciones.

Figura 11.2. Portada del sitio Web oficial de script.aculo.us.

Los elementos adicionales que forman script.aculo.us se pueden clasificar en cuatro grandes grupos:

- **Controles**: Esta biblioteca aporta algunos controles, tales como un deslizador o *slider*, campos con función de autocompletado y edición in-situ.
- **Arrastrar y soltar**: Con script.aculo.us es muy fácil crear interfaces que usan la técnica de arrastrar y soltar, basta con definir los elementos que pueden arrastrarse y aquellos que pueden actuar como receptores.
- **Efectos visuales**: Es la parte más llamativa de script.aculo.us, incluyendo una amplia lista de efectos que pueden ser aplicados a los elementos XHTML.
- **Builder**: El módulo **Builder** de script.aculo.us facilita la creación dinámica de nuevos elementos XHTML utilizando DOM, pero con una gran sencillez.

En la propia Web de script.aculo.us puede encontrar una sección de demostraciones de uso de la biblioteca. En la figura 11.3, por ejemplo, se muestra un carrito de la compra en el que los objetos se arrastran hasta un área que actúa como carrito, añadiéndose y eliminándose de esta forma.

Figura 11.3. Una de las demostraciones de uso de script.aculo.us.

Otro de los puntos fuertes de esta biblioteca lo encontramos en su documentación, ya que cuenta con una Wiki (véase la figura 11.4) en la que es posible encontrar todos los detalles sobre cada efecto y control, junto con ejemplos de uso.

11.3.2. Ejemplo de uso de script.aculo.us

Como acaba de apuntarse, en la propia Web de script. aculo.us encontrará multitud de ejemplos que muestran cómo utilizar los distintos efectos visuales que ofrece esta biblioteca. Muchos de ellos podrían emplearse para simplificar el código del proyecto que desarrollamos en el capítulo previo, en el que era posible ir agregando ventanas con consultas, minimizarlas, cerrarlas, etc.

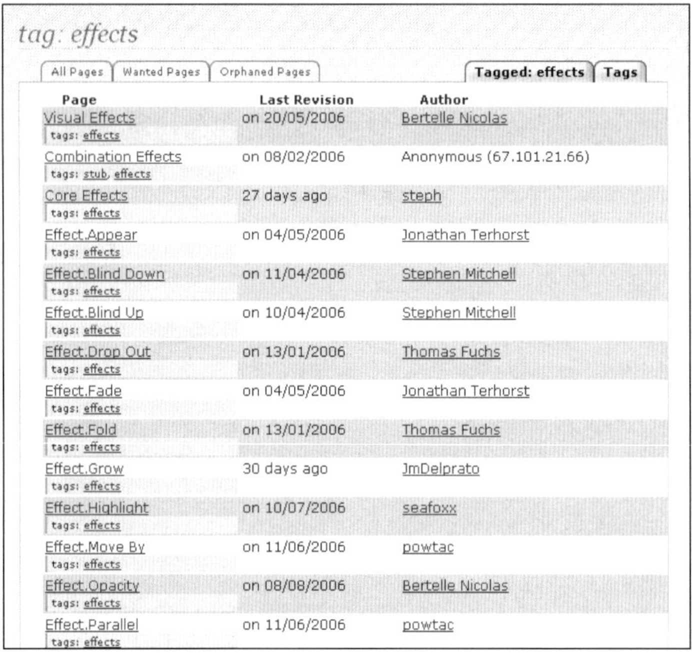

Page	Last Revision	Author
Visual Effects tags: effects	on 20/05/2006	Bertelle Nicolas
Combination Effects tags: stub, effects	on 08/02/2006	Anonymous (67.101.21.66)
Core Effects tags: effects	27 days ago	steph
Effect.Appear tags: effects	on 04/05/2006	Jonathan Terhorst
Effect.Blind Down tags: effects	on 11/04/2006	Stephen Mitchell
Effect.Blind Up tags: effects	on 10/04/2006	Stephen Mitchell
Effect.Drop Out tags: effects	on 13/01/2006	Thomas Fuchs
Effect.Fade tags: effects	on 04/05/2006	Jonathan Terhorst
Effect.Fold tags: effects	on 13/01/2006	Thomas Fuchs
Effect.Grow tags: effects	30 days ago	JmDelprato
Effect.Highlight tags: effects	on 10/07/2006	seafoxx
Effect.Move By tags: effects	on 11/06/2006	powtac
Effect.Opacity tags: effects	on 08/08/2006	Bertelle Nicolas
Effect.Parallel tags: effects	on 11/06/2006	powtac

Figura 11.4. script.aculo.us es una de las bibliotecas mejor documentadas.

Solamente a modo de ejemplo, modifique la declaración de la variable `nuevaConsulta`, en la función `agregaConsulta_onclick()`, para incluir las líneas resaltadas a continuación en negrita:

```
var nuevaConsulta =
  '<div class="consulta" id="c' + n + '">' +
   '<div class="titulo" ' +
      'onclick="new Effect.Grow(\'c' +
       n +'\');" ' +
       'onmouseover="muestraVentana(event, '+
  ....
```

Se ha añadido al título de cada ventana el evento onclick, que se encargará de crear un nuevo objeto Effect
e invocar al método Grow() para que actúe sobre la ventana de consulta. Este efecto hace que el elemento al que se
aplica, en este caso la ventana con la consulta, se convierta
en un punto en la página que va creciendo poco a poco hasta llegar a sus dimensiones originales.

De forma similar podría probar el resto de los efectos de
script.aculo.us. No tiene más que añadir eventos onclick
en los elementos que quiera y utilizar un objeto Effect para
poner en marcha cada efecto, así de simple.

11.4. Rico

Es otra de las bibliotecas diseñadas en torno a Prototype,
que aporta los servicios de más bajo nivel de acceso a los
elementos de la interfaz y se ocupa de la comunicación con
el servidor. Rico ofrece, como script.aculo.us, efectos de animación y operaciones de arrastrar y soltar, así como funciones a las que se denomina *comportamientos* y que se asocian
a elementos XHTML. Estos comportamientos hacen posible, por ejemplo, la unión de varias secciones div para crear
una serie de paneles desplegables, componente al que se
llama Accordion. Otro comportamiento es LiveGrid, que
facilita el enlace entre una tabla y una serie de llamadas
AJAX que se producen automáticamente para ir rellenán-
dola cuando sea necesario.

La última versión de Rico es la 1.1.2 y puede obtenerla
de http://openrico.org/rico (véase la figura 11.5).
Necesitará también la versión 1.4.0 de Prototype. La biblioteca ha sido desarrollada por la empresa Sabre Airline Solu-
tions y se encuentra disponible bajo la licencia Apache 2.0
de código abierto.

11.4.1. Elementos de Rico

La mayor parte de la funcionalidad de Rico se expone en
forma de clases u objetos, como en el caso de script.aculo.us.
Uno de los componentes más interesantes es ajaxEngi-
ne, capaz de interpretar la respuesta enviada por el servidor y actualizar de forma automática el contenido de los
elementos indicados en dicha respuesta.

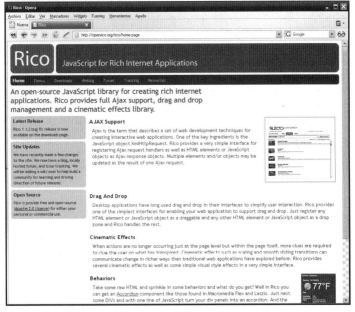

Figura 11.5. Sitio Web oficial de la biblioteca Rico.

El objeto de primer nivel se denomina `Rico`, y usaremos el operador `new` para ir creando efectos: `Effect`, elementos que pueden ser arrastrados: `Draggable` o que actuarán como recipientes: `Dropzone`, secciones desplegables: `Accordion`, etc. La mayoría de estas clases precisan como primer argumento el identificador del elemento sobre el que van a trabajar y, opcionalmente, parámetros adicionales que determinan, por ejemplo, la duración de un efecto o el código que ha de ejecutarse cuando éste concluya.

En el propio sitio Web de Rico encontrará demostraciones de uso de la mayoría de las funciones que ofrece esta biblioteca, como se aprecia en la figura 11.6 facilitando el código para generarlos y una explicación breve y concisa.

11.4.2. Ejemplo de uso de Rico

Tomando el ejemplo que modificábamos al inicio de este capítulo, empleando Prototype para la comunicación con el servidor, veamos cómo utilizar Rico para mostrar los resultados y unas instrucciones en un panel desplegable que, además, aparecerá inicialmente en la interfaz mediante una animación.

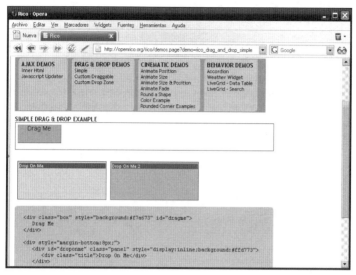

Figura 11.6. Arrastrar y soltar con Rico resulta muy fácil.

Comenzaremos modificando el código XHTML del cuerpo del documento, definiendo el conjunto de elementos `div` en los que se mostrarán las instrucciones y los resultados obtenidos de la consulta. También se ha agregado el evento `onload` al elemento `body` a fin de ejecutar la función `inicializa()`. El cuerpo de la página quedará así:

```
<body onload="inicializa()">
<form id="formulario" action=""
  onsubmit="return enviaFormulario()">
  Usuario: <input id="usuario" type="text" />
  Contraseña: <input id="clave" type="text" />
  Temática: <input id="tematica" type="text" />
  <input type="submit" />
</form>
<div id="desplegable" style=
"width: 0px;height: 0px;background-color: Aqua">
 <div id="instrucciones">
  <div>Instrucciones</div>
  <div>Introduzca las credenciales y código de
  temática que desea consultar</div>
```

```
  </div>
  <div id="consulta">
    <div id="titulo">Resultado de la consulta</div>
    <div id="resultado">Tabla de datos</div>
  </div>
</div>
</body>
```

Nada especial, salvo el hecho de que la sección `desple-gable` contiene, por cada panel desplegable, un `div` con el título y otro con el contenido. Esos elementos serán procesados por el código siguiente:

```
function inicializa()
{
  new Rico.Effect.Size('desplegable',
   450, 300, 1000, 20, {
    complete: function() {
        new Rico.Accordion($('desplegable'));
    }
  });
}
```

Primero utilizamos `Rico.Effect.Size` para alterar el tamaño de toda la sección hasta alcanzar 450 píxeles de ancho por 300 de alto, en un proceso que durará un segundo (1000 milisegundos) y que constará de 20 pasos. Al terminar esa animación se creará el conjunto de paneles desplegables `Accordion`.

Cuando termine el proceso de animación el aspecto de la página será similar al de la figura 11.7. Aunque ejecute una consulta no verá el resultado, éste se encuentra oculto en el panel **Resultado de la consulta**. Un clic sobre el título bastará para abrirlo, tal y como se aprecia en la figura 11.8. Obviamente el aspecto puede mejorar agregando una hoja de estilos con la que no cuenta este programa.

11.5. Otras bibliotecas AJAX

Como se indicaba al inicio del capítulo, son multitud las bibliotecas disponibles para simplificar el desarrollo de aplicaciones AJAX. Consideramos que las más importantes, por su compatibilidad y difusión, son las tres descritas en los puntos anteriores, dejando en un escalón inferior, si no por calidad sí por popularidad, a las que se mencionan a continuación.

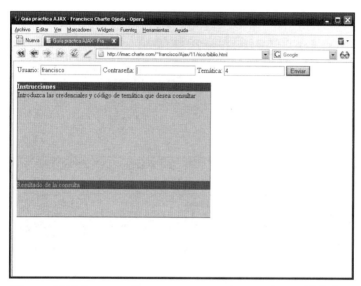

Figura 11.7. La consulta permanece oculta en el panel inferior.

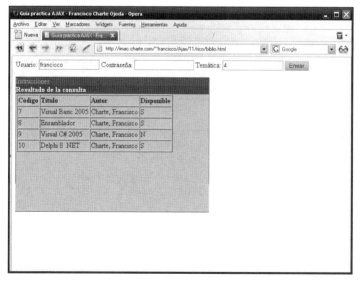

Figura 11.8. Un clic sobre el título de un panel lo abrirá.

- **Microsoft AJAX Library**: Microsoft ha desarrollado una biblioteca propia que facilita la creación de aplicaciones AJAX con ASP.NET 2.0, su tecnología de páginas de servidor que se basa en la plataforma .NET. ASP.NET AJAX se compone de varias partes, siendo la denominada Microsoft AJAX Library una biblioteca Javascript estándar con la mayoría de los navegadores y que puede ser usada con distintos lenguajes de guiones en el servidor. Esta biblioteca se puede obtener, de forma independiente a ASP.NET AJAX, de `http://ajax.asp.net/`. En este mismo sitio se facilita documentación y diversos ejemplos.

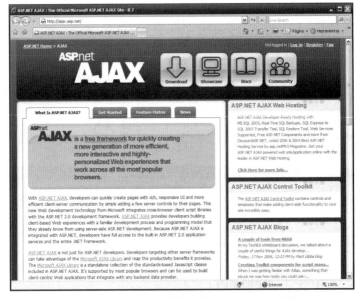

Figura 11.9. Microsoft AJAX Library es una biblioteca muy potente y flexible.

- **SAJAX**: *Simple AJAX Toolkit*, más conocida como SAJAX, es una biblioteca en la que prima la simplicidad, siendo similar en este sentido a Prototype. Aporta los mecanismos necesarios para invocar, por medio del objeto `XMLHttpRequest`, a guiones de servidor escritos en PHP, Perl y Python, sin aportar elementos ni efectos visuales. Lo que diferencia a SAJAX es que incorpora módulos de servidor, en los lenguajes mencionados, que generan el código Javascript adecuado (véase la figura 11.10), no siendo por tanto una biblioteca Javascript pura como otras de las mencionadas. Puede obtener esta biblioteca de `http://www.modernmethod.com/sajax/`.

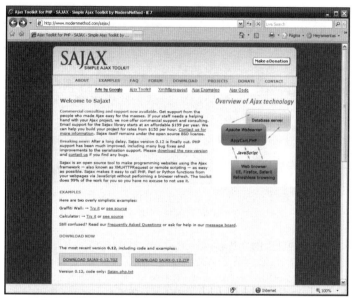

Figura 11.10. SAJAX genera el código Javascript en el servidor.

- **Dojo**: Se trata de una de las bibliotecas más completas que podamos encontrar, incluyendo módulos que abarcan desde funciones de accesibilidad hasta generación de representaciones gráficas, animaciones de todo tipo y controles prefabricados para la composición de formularios, selección de fechas, relojes, barras de progreso, almacenamiento remoto, etc. En `http://dojotoolkit.org/` además de obtener la última versión de la biblioteca podemos ver en acción la mayoría de las funciones que ofrece, incluyendo aplicaciones muy elaboradas como un cliente de correo y un editor que almacena remotamente los documentos.

Figura 11.11. Dojo es una de las bibliotecas más completas que podemos encontrar.

- **Yahoo! UI Library** y **Google Web Toolkit**: Si hay alguien que sabe sobre desarrollo de aplicaciones Web, ésas son las grandes empresas que tienen en marcha buscadores como Yahoo! y Google. Precisamente estas dos empresas ofrecen sus propias bibliotecas AJAX, cada una con sus peculiaridades. La de Yahoo! ofrece principalmente elementos visuales: contenedores, calendarios, menús, pestañas, etc., así como herramientas para utilizar CSS y DOM y, por supuesto, efectos de animación, arrastrar y soltar y comunicación con el servidor, (véase la figura 11.12). Podemos encontrarla en `http://developer.yahoo.com/yui/` y, como la mayoría, está disponible bajo una licencia de código abierto. La biblioteca de Google es más específica en cuanto al servidor, ya que está pensada para utilizarse con un servidor Java, (véase la figura 11.13). Es la que ha utilizado la propia empresa para crear aplicaciones tales como Google Maps o bien Gmail. Se puede obtener desde `http://code.google.com/webtoolkit/`.

Figura 11.12. Yahoo! ofrece una biblioteca Javascript
con multitud de controles prediseñados.

Figura 11.13. La biblioteca de Google utiliza Java
en el lado servidor.

Si quiere seguir explorando el universo de las bibliotecas AJAX, tras probar las mencionadas a lo largo de este capítulo puede recurrir a `http://ajaxpatterns.org/Frameworks` para acceder a una lista que, a finales de noviembre de 2006, contiene más de 150 referencias, clasificadas según los servicios que ofrecen y los lenguajes utilizados en el servidor. Este sitio Web, además, le resultará también de ayuda para poder encontrar patrones de uso, herramientas, código de ejemplo y multitud de enlaces a lugares relacionados con AJAX.

Figura 11.14. En Ajax Patterns encontraremos una extensa lista de bibliotecas AJAX.

11.6. Herramientas para desarrollar aplicaciones AJAX

La programación de aplicaciones Web no solamente representa la necesidad de conocer multitud de lenguajes, tales como XHTML, CSS, Javascript o bien PHP, sino también superar los obstáculos que supone el trabajar en un entorno cliente/servidor. Cuando se trabaja sobre una aplicación AJAX y algo va mal, primero hay que determinar si el problema se encuentra en el cliente o en el servidor, algo que ya de partida no resulta fácil discernir siempre.

Otro problema viene dado por la generación y manipulación de elementos dinámicos en la interfaz, elementos que se crean durante la ejecución del programa, como en el ejemplo del capítulo previo, y que pueden contener errores difíciles de detectar.

Incluso cuando usamos bibliotecas prefabricadas, como Prototype o script.aculo.us, basta con facilitar un parámetro incorrecto, por ejemplo el identificador de un elemento inexistente, para obtener un error difícilmente detectable si no se cuenta con las herramientas adecuadas.

Las dos herramientas básicas que necesitamos son un inspector DOM, que nos permita recorrer un documento y ver dinámicamente su definición, y un depurador Javascript con el que poder seguir el código viendo el valor que toman las variables y el estado en que queda la interfaz en cada momento. Si estas herramientas se unen en un mismo programa habremos encontrado la utilidad ideal.

11.6.1. Firebug

Creado por Joe Hewitt, Firebug es una extensión para Firefox que se instala en unos segundos y añade a este navegador funciones de exploración de elementos y depuración de Javascript. Podemos obtenerlo de `http://www.get-firebug.com/` e instalarlo como cualquier otra extensión Firefox.

Una vez instalado, Firebug añadirá una nueva opción al menú **Herramientas** y además mostrará, tras finalizar la carga de cada documento, una indicación en la parte inferior derecha de la ventana del navegador que nos permitirá saber si existen o no errores. Esa indicación tiene asociado un menú emergente.

Basta con usar una cierta combinación de teclas, o bien elegir la opción correspondiente del menú de Firebug, para abrir un panel que irá mostrando información de los elementos sobre los que vayamos desplazando el puntero del ratón. En la figura 11.16 puede observarse cómo Firebug resalta, en la parte inferior, el elemento sobre el que nos encontramos en ese momento que es el botón de minimizado

283

de una de las ventanas de consulta. Ése código XHTML no estaba ahí originalmente en el documento, sino que ha sido generado durante la ejecución del programa. Firebug nos permite no solamente comprobar su estructura, sino también modificar la clase de los elementos, acceder a la información de estilo, cambiar propiedades CSS, examinar eventos, etc., todo ello a través de las páginas a las que dan paso las pestañas que aparecen en la parte inferior derecha de la ventana.

Figura 11.15. Sitio Web oficial de Firebug.

En la página **Debugger** tendremos acceso a los distintos módulos Javascript que tenga asociados la aplicación. En el caso de InterfazDinamica, en la última versión que construimos, se usan los módulos InterfazDinamica.js y json.js. Un simple doble clic es suficiente para ir situando puntos de parada en el código, de forma que cuando llegue a las sentencias marcadas será posible examinar los valores de variables y objetos, ejecutar paso a paso, efectuar cambios sobre la marcha y ver el resultado.

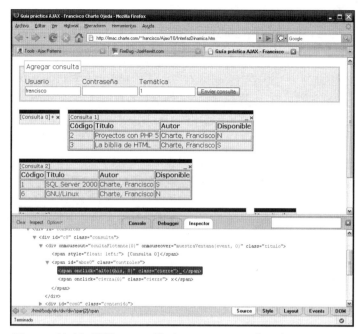

Figura 11.16. Utilizamos Firebug para examinar la estructura de la interfaz.

La figura 11.17 muestra un instante de la depuración de la misma aplicación InterfazDinamica que desarrollamos en el capítulo previo.

En la parte inferior izquierda puede verse el punto de parada situado en la sentencia que invoca al método `open()` de `XMLHttpRequest`. Justo debajo aparecen los botones que permiten ir ejecutando paso a paso, hasta el final de la función o del programa. En la zona de la derecha aparecen los identificadores existentes en el ámbito actual, junto con su contenido. Éste irá cambiando a medida que vayamos ejecutando la sentencia, lo que nos permite comprobar el funcionamiento del programa y encontrar más fácilmente los posibles errores.

11.6.2. Internet Explorer Developer Toolbar

Firebug es una herramienta extraordinaria que puede ahorrarnos mucho tiempo en la verificación y depuración de nuestras aplicaciones AJAX, pero solamente podremos usarlas con Firefox. Si queremos probar el funcionamiento del programa en Internet Explorer tendremos que recurrir a otros complementos, por ejemplo los que nos ofrece la propia empresa Microsoft en `http://www.ieaddons.com`. Tal y como se aprecia en la figura 11.18, existen distintas categorías de complementos, entre ellas una denominada Developer Tools en la que encontraremos, además de otras herramientas, la denominada Internet Explorer Developer Toolbar.

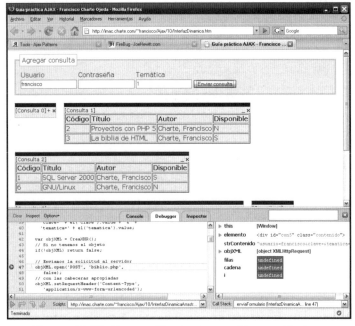

Figura 11.17. Una sesión de depuración con Firebug.

Una vez tengamos instalado este complemento, no tendremos más que activarlo para contar con una barra de herramientas conteniendo opciones para ver el árbol DOM del documento actual, marcar sobre la propia interfaz datos como el identificador o clase de cada elemento, propiedades de las imágenes, etc. También existen opciones para validar el documento frente a distintos estándares y niveles de accesibilidad.

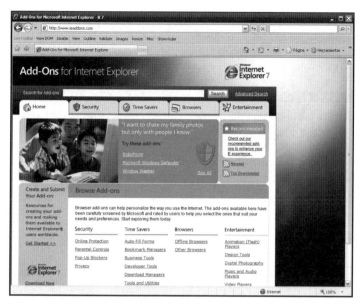

Figura 11.18. Sitio de complementos para Internet Explorer 7.

En la figura 11.19 puede ver la interfaz de nuestra aplicación InterfazDinamica mostrando sobre cada elemento span y div su identificador y clase. En los casos en que no haya espacio para mostrar todos los datos, basta con situar el puntero del ratón sobre un elemento para poder verlos en una ventana emergente. En la parte inferior se aprecia el árbol DOM que conduce a la tabla de datos sobre la que se encuentra el puntero del ratón, así como unos paneles en los que pueden verse las propiedades de cada elemento y su estilo. Lo que no aporta este complemento son opciones de depuración. Microsoft ofrece su propio depurador para Internet Explorer, capaz de interpretar distintos lenguajes de guiones entre ellos Javascript, si bien está pensado más para usarse de forma nativa sobre Windows y con IIS como servidor Web.

11.6.3. XmlHttpRequestDebugger

Una vez que tenemos las herramientas para examinar la estructura de la interfaz, alterándola si fuese preciso, y depurar el código Javascript que se ejecuta en el navegador,

otra utilidad imprescindible será la que nos permita supervisar las solicitudes enviadas al servidor y las respuestas
de éste. Será la única forma de estar seguros de que no hay
fallos en la información que se envía o recibe.

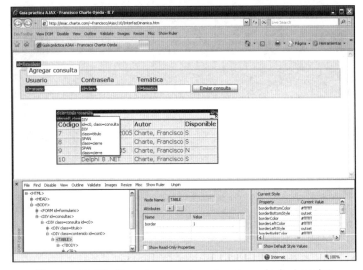

Figura 11.19. Examinamos la estructura de la interfaz
en Internet Explorer.

Aunque hay muchos programas que pueden examinar
todas las conexiones HTTP entrantes y salientes, lo que nosotros precisamos es algo bastante más específico: una opción para supervisar exclusivamente el tráfico generado por
el objeto XMLHttpRequest. Esa opción podemos añadirla
al navegador, concretamente a Internet Explorer y a Firefox, gracias al XmlHttpRequestDebugger escrito por Julien
Couvreur y que podemos encontrar, tal como se indica en
la figura 11.20, en http://userscripts.org/scripts/
show/601.

Una vez instalado, este complemento resulta muy fácil
de usar y, en el caso de Mozilla, se abre automáticamente en
cuanto detecta que se usa el objeto XMLHttpRequest, es
un guión Javascript. En cualquier caso, existe una opción
para abrir la consulta XmlHttpRequest debugging, que aparece como una ventana flotante sobre la interfaz de la aplicación según se aprecia en la figura 11.21.

Figura 11.20. Podemos encontrar XmlHttpRequestDebugger en Userscripts.org.

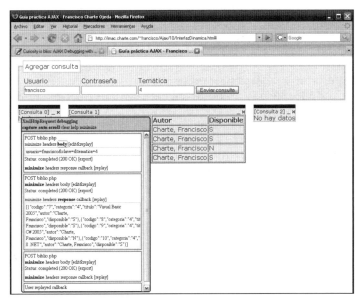

Figura 11.21. Usamos XmlHttpRequestDebugger para analizar el tráfico de uno de nuestros ejemplos.

Por cada solicitud efectuada por medio del objeto XML-HttpRequest se crea una sección en la que es posible ver el método utilizado, el guión invocado en el servidor, las cabeceras y cuerpo tanto de la solicitud como de la respuesta, el estado, etc. El color de esa sección va cambiando a medida que se progresa desde la solicitud hasta recibir la respuesta completa.

Una de las funciones más interesantes de esta herramienta es que cualquier solicitud que aparezca en la consola puede, a través del enlace **edit&replace**, ser editada y reenviada al servidor para comprobar qué respuesta generaría. De esta forma es posible realizar pruebas con los datos enviados al guión del servidor, examinando los resultados, sin necesidad de modificar constantemente el código del programa.

11.7. Resumen

En este capítulo ha conocido bibliotecas y herramientas que le ayudarán durante el proceso de desarrollo de sus aplicaciones AJAX, bien ofreciéndoles servicios prefabricados, tales como los de Prototype; conjuntos de efectos visuales y controles, como script.aculo.us y Rico, o bien los medios para detectar fallos ya sea en la estructura de la interfaz, el código Javascript o la transferencia de datos con el objeto XMLHttpRequest, mediante los distintos inspectores DOM, depuradores y otras herramientas.

Todo lo que ha aprendido en los capítulos previos sobre la familia AJAX: Javascript, DOM, XML, CSS, XMLHttp-Request, etc., conjuntamente con las bibliotecas y herramientas que elija para sus proyectos, le permitirá desarrollar aplicaciones Web de última generación aprovechando todas las posibilidades de las actuales redes de comunicaciones y navegadores. No obstante, no debe olvidar mantenerse al día sobre aspectos que, de una forma u otra, determinarán el futuro de las técnicas que se han descrito. En el último capítulo podrá encontrar algunas referencias que le resultarán útiles en este sentido.

El futuro de AJAX

12.1. Introducción

Desarrollar aplicaciones Web con las técnicas AJAX requiere, sin duda alguna, un mayor esfuerzo si es que lo comparamos con el trabajo empleado para las aplicaciones Web clásicas o, incluso, aquellas que se ejecutan nativamente sobre un cierto sistema operativo. ¿Merece la pena ese esfuerzo adicional?

A diferencia de otras innovaciones que han surgido y que, con más o menos suerte, quedaron en el olvido en un plazo de tiempo relativamente corto, AJAX está aquí para quedarse, por el simple hecho de que gracias a este conjunto de técnicas es posible aprovechar mejor una infraestructura, la de la Web, que está muy extendida y consolidada, una infraestructura que en la actualidad se considera indispensable para el funcionamiento de miles de organismos y de empresas y que emplean a diario cientos de millones de personas.

Son muchos los factores que hacen de AJAX una metodología de trabajo con futuro, y no pocos los aspectos que influirán en que ese futuro vaya evolucionando.

12.2. Las ventajas de AJAX

Aunque al principio de este libro se citaban algunas de las ventajas que suponía el uso de AJAX, la lista que se describe a continuación resume lo que podríamos considerar como ventajas competitivas que otorgan a AJAX un futuro a largo plazo:

- El ancho de banda es un recurso escaso. Ciertamente, los operadores de comunicaciones ofrecen productos de banda ancha, tales como el cable o el ADSL, a un mayor número de clientes, pero no es menos cierto que el número de usuarios de esas redes también se incrementa, así como que el acceso por red telefónica básica sigue siendo una realidad en multitud de poblaciones alejadas de los grandes núcleos. Las aplicaciones AJAX implican un mayor tamaño de la página que se transfiere inicialmente al cliente, debido a la inclusión de la lógica escrita en Javascript, pero a partir de ahí la recuperación de datos se efectúa en paquetes discretos, no actualizando páginas completas, de manera que globalmente, a lo largo de una sesión de uso de la aplicación, el resultado es que se necesita apreciablemente menor ancho de banda y, en consecuencia, el programa responde de una forma más ágil.

- La distribución de aplicaciones supone un obstáculo. Una de las mayores dificultades para que el uso de una aplicación se extienda lo representa su distribución que, en el caso de las aplicaciones nativas, suele implicar la adquisición en un soporte físico o bien la descarga y la posterior instalación. Las aplicaciones AJAX, como ocurre con cualquier página Web, no precisan canal de distribución ni instalación alguna, basta con que los usuarios abran su navegador e introduzcan un URL o seleccionen un marcador. La aplicación estará en pocos segundos funcionando en su equipo, lo cual representa un acceso mucho más fácil y rápido.

- Las dependencias de las aplicaciones dificultan su uso. Todos los programas nativos dependen de que en el ordenador del cliente se esté utilizando un cierto sistema operativo (Windows, Linux, etc.), haya instalada una determinada plataforma (.NET, Java) o se encuentren bibliotecas de servicios que, de no existir, han de instalarse. Frente a estas dificultades, lo único que necesita una aplicación AJAX para funcionar es que el navegador del usuario tenga activada la ejecución de guiones Javascript, configuración que suele ser la habitual. La misma aplicación AJAX puede ejecutarse en diferentes sistemas operativos y sin necesidad de instalar software adicional.

- Actualizar una aplicación allí donde esté instalada requiere mucho esfuerzo. Las aplicaciones que tienen un ciclo de vida largo han de ser modificadas con relativa frecuencia, a fin de adaptarlas a los cambios de las necesidades de los usuarios o el propio entorno. Si se trata de un programa nativo, esto implica una reinstalación en todos los equipos donde esté utilizándose, lo cual puede suponer desplazamientos físicos y muchas horas de trabajo. Una aplicación AJAX puede actualizarse casi de forma instantánea, basta con efectuar los cambios deseados en el servidor para que, a partir de ese momento, todos los clientes estén usando la nueva versión.

- Centralizar la información no resulta fácil. Un requerimiento común de empresas y organizaciones es el mantenimiento de un depósito central para toda su información, con el objetivo de poder analizar los datos de forma centralizada, obtener resultados y tomar decisiones. En una aplicación AJAX la centralización resulta más fácil, ya que el acceso a las bases de datos no lo efectúa cada cliente de forma individual sino que es el servidor Web el único que procesa, extrae y almacena los datos en el RDBMS.

- Acceso universal a las aplicaciones: Las aplicaciones AJAX, siempre que se diseñen apropiadamente, son tan accesibles como cualquier página Web. Esto quiere decir que no es necesario localizar un ordenador en donde se encuentre instalada la aplicación para poder utilizarla, sino que es posible acceder a ella desde cualquier dispositivo que permita la navegación por la Web, incluidos los PDA y los teléfonos móviles de última generación, sin importar el momento ni el lugar.

Todas estas cualidades representan mejoras de AJAX respecto a las aplicaciones nativas y las aplicaciones Web tradicionales, ventajas que hacen que incluso aplicaciones que hasta hace poco era impensable que pudieran existir, como un procesador de textos, una hoja de cálculo o bien un editor de imágenes AJAX, sean ya una realidad, (véase la figura 12.1).

Figura 12.1. Google Docs nos permite componer documentos y hojas de cálculo mediante una aplicación AJAX.

12.3. Los futuros estándares

Todo el diseño de una aplicación AJAX se basa en el uso de elementos que ya son un estándar o bien están camino de serlo. Son estándares XHTML, CSS y DOM, así como Javascript. Los avances en estos estándares afectarán a la propia evolución de AJAX, por ejemplo a los métodos de diseño de interfaces a medida que XHTML se extienda con novedades como XForms o DOM incluya nuevos eventos.

Gran parte de estos futuros estándares vendrán de la mano del denominado *Web API Working Group* del W3C, el mismo consorcio que es responsable de los ya mencionados XHTML, CSS y DOM. Hasta el momento este grupo de trabajo ha publicado ya media docena de documentos relacionados con el diseño de distintas API para el desarrollo de aplicaciones Web:

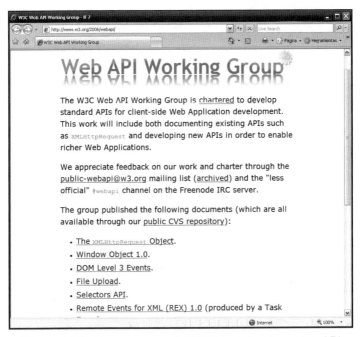

Figura 12.2. Hay un grupo del W3C trabajando en las API del futuro AJAX.

- `http://www.w3.org/TR/XMLHttpRequest`: Actualmente en fase de borrador, este documento será el estándar que establezca la interfaz de programación del objeto `XMLHttpRequest`, definiendo cuáles serán sus propiedades, métodos y eventos. Cualquier ampliación futura a dicho objeto deberá ser previamente recogida en este documento, por lo que no está de más revisarlo de vez en cuando para estar al día de las novedades que surjan.

- `http://www.w3.org/TR/Window`: Este documento recoge la especificación del objeto `Window`, objeto de primer nivel que ofrecen los navegadores y que puede ser utilizado desde Javascript en aquellos casos en los que la aplicación se componga de varias páginas, para acceder a funciones de navegación y temporizadores.

- `http://www.w3.org/TR/DOM-Level-3-Events`: Es la especificación de *DOM Lever 3 Events*, en la que se recoge el modelo de eventos que tendrá en el futuro DOM y el flujo que seguirán dichos eventos hasta llegar a los distintos elementos de la interfaz.

- `http://www.w3.org/TR/file-upload`: La transferencia de archivos desde el cliente hacia el servidor es una posibilidad existente en HTML, aunque con ciertas limitaciones. Esta futura especificación aportará una serie de interfaces, tales como `FileDialog`, `FileList` y `File`, que se integrarán con el objeto `XMLHttpRequest` para hacer posible la transferencia de archivos en aplicaciones AJAX, sin necesidad de recurrir a los actuales trucos que emplean elementos `div` ocultos.

- `http://www.w3.org/TR/selectors-api`: Esta futura especificación facilitará la selección de elementos de la interfaz de usuario, agregando para ello una nueva interfaz de programación, llamada `Selector`, que contará con estos dos métodos: `matchSingle()` y `matchAll()`. Éstos permitirán el uso de patrones para obtener referencias a elementos del documento XHTML.

Además de éstos, en los que se trabaja desde 2006, este mismo grupo de trabajo planifica iniciar el desarrollo en el futuro de especificaciones que permitan iniciar conexiones de red desde el cliente, sin la limitación de que deba ser con el mismo servidor del que procede la aplicación; definir un API que nos permita trabajar con el portapapeles, intercambiando datos con el sistema, así como realizar operaciones de arrastrar y soltar; agregar eventos que permitan seguir el progreso de una conexión, tanto cuando la transferencia es desde el cliente al servidor como a la inversa, o crear un mecanismo de almacenamiento persistente en el cliente que permita utilizar las aplicaciones AJAX sin precisar una conexión continua, al estilo de los programas nativos.

Otro de los elementos fundamentales de AJAX que irá evolucionando con el tiempo será el lenguaje Javascript, (véase la figura 12.3), un estándar ECMA e ISO de cuya futura versión 2.0 existe un borrador en `http://www.mozilla.org/js/language/js20/`. La adopción de las distintas renovaciones de este lenguaje, cuyas últimas revisiones son la 1.6 y 1.7, es desigual entre los fabricantes de navegadores, yendo Mozilla un paso por delante de los demás.

Figura 12.3. Javascript es un componente esencial de AJAX.

12.4. Futuras necesidades

A pesar de las ventajas de AJAX respecto a otros modelos de desarrollo de aplicaciones, y la gran cantidad de trabajos en curso que definirán su futuro, en la viabilidad o no del uso de estas técnicas también influirá el hecho de que cubra las necesidades futuras, especialmente las de aquellas aplicaciones dirigidas a empresas.

Una necesidad inmediata, más que futura, se encuentra en la definición de mecanismos que garanticen la seguridad en el acceso y uso de las aplicaciones, impidiendo, por ejemplo, que un usuario manipule el código que recibe para, utilizando el objeto XMLHttpRequest, atacar al servidor u obtener información confidencial.

Además de bibliotecas que facilitan el desarrollo de aplicaciones AJAX, tales como Prototype o script.aculo.us, también es imprescindible que aparezcan entornos integrados, de tipo RAD, que faciliten ese desarrollo. Estos entornos permitirán diseñar la interfaz, conectar el código Javascript con los eventos de esa interfaz, definir las transferencias de datos y programar los guiones de servidor que se ocuparán de responder a las solicitudes, todo ello mediante operaciones de arrastrar y soltar y los editores adecuados. Un primer avance en este sentido es ASP.NET AJAX, que permitirá utilizar Visual Studio 2005 junto con ASP.NET para escribir aplicaciones AJAX completas, sin necesidad de editar Javascript, ocuparse de detalles de bajo nivel como la recepción de parámetros del cliente ni nada parecido.

Otra necesidad a corto plazo será la existencia de un conjunto de componentes de interfaz más rico que el que ofrece XHTML por defecto, un paquete de *widgets* que permita diseñar aplicaciones mucho más cercanas, en lo que a apariencia se refiere, a los programas nativos. El trabajo del W3C en este sentido será fundamental, así como la posterior adopción de sus especificaciones por parte de los fabricantes de navegadores.

En un escenario ideal la comunicación entre la interfaz de la aplicación y el servidor se mantendría de manera indefinida, pero ésta no es una situación real. Son muchos los casos en que un usuario necesita utilizar una aplicación sin tener en ese momento acceso a la red de la empresa o bien a Internet. La posibilidad de operar sin conexión, a partir de datos almacenados localmente que se sincronizan esporádicamente cuando hay comunicación con el servidor, será otro aspecto interesante en el futuro de AJAX.

Finalmente, una aplicación AJAX debería, como cualquier otra aplicación Web, respetar las normas de accesibilidad establecidas, así como adecuarse a la configuración regional de cada ordenador desde la que se emplee. Hay que tener en cuenta que la interfaz puede estar utilizándose en un ordenador que se encuentra en un país distinto del que ejecuta el lado servidor, con idiomas diferentes y distintas configuraciones de fechas, horas, separadores, etc. No es lógico que en cada proyecto se reinvente la rueda para agregar todas estas características a una aplicación, por lo que deberían desarrollarse mecanismos y herramientas que lo hiciesen posible con facilidad.

Índice alfabético

status, 61
statusText, 61
stopPropagation, 107
style, 108
substr, 215

T

table, 75
target, 249, 256
td, 75
text-align, 84
text-indent, 84
textarea, 78
this, 105, 207
title, 71, 102
toJSONString, 225
toLocaleString, 133
tooltip, 247
tr, 75
TRACE, 137
try, 243
type, 86
typeof, 51

U

ul, 75
UPDATE, 178
URI, 138

V

var, 120
variables, 120
visibility, 201

W

WHERE, 176
while, 127
widgets, 235
width, 84
window, 209, 256
window.event, 105
write, 112

X

x-www-form-urlencoded, 141
XMLHttp, 46
XMLHttpRequest, 30
xmlns, 71

Y

Yahoo! UI Library, 280

Z

zIndex, 250, 258